Transportes

Vicente de Britto Pereira

Transportes
História, crises e caminhos

Apresentação de
Miriam Leitão

1ª edição

CIVILIZAÇÃO BRASILEIRA
Rio de Janeiro
2014

CIP-BRASIL. CATALOGAÇÃO NA PUBLICAÇÃO
SINDICATO NACIONAL DOS EDITORES DE LIVROS, RJ

P496t
Pereira, Vicente de Britto, 1942-
Transportes: história, crises e caminhos / Vicente de Britto Pereira. – 1. ed. – Rio de Janeiro: Civilização Brasileira, 2014.
322 p. : il. ; 23 cm.

Inclui bibliografia
ISBN 978-85-200-1093-8

1. Transportes-Brasil – História. I. Título.

14-12132
CDD: 385.0981
CDU: 656.2(81)

Texto revisado segundo o novo Acordo Ortográfico da Língua Portuguesa

Direitos desta edição adquiridos
EDITORA CIVILIZAÇÃO BRASILEIRA
Um selo da
EDITORA JOSÉ OLYMPIO LTDA.
Rua Argentina, 171 – Rio de Janeiro, RJ – 20921-380

Impresso no Brasil
2014

À Lya, companheira e parceira sempre.

Ao engenheiro ferroviário Vicente de Britto Pereira Filho.
(*In memoriam*)

Ao engenheiro rodoviário Francisco Mattos de Britto Pereira.
(*In memoriam*)

Ao técnico em contabilidade rodoviária Aloísio Mattos de Britto Pereira.
(*In memoriam*)

Ao engenheiro rodoviário José Luiz Mattos de Britto Pereira.

Aos amigos e colegas que comigo estiveram ao longo destes cinquenta anos de trabalhos no setor Transportes.

Sumário

Apresentação

Miriam Leitão

No meio do caminho tem o transporte. E o meio do caminho é grande: o Brasil inteiro. A economia está prisioneira do nó que se formou num país que por tempo demais errou nessa área. É para iluminar essa estrada que precisamos trilhar o que Vicente de Britto Pereira escreveu este livro.

Entre as nossas urgências está a do transporte. Não se pode falar nesse tema no jornalismo cotidiano, nas análises econômicas, no planejamento das empresas, nas políticas públicas sem que a palavra "gargalo" apareça, porque é o ponto em que se afunilam as nossas chances de realizar o projeto de país desenvolvido com o qual teimosamente temos sonhado.

No princípio, era uma colônia onde as capitanias que floresceriam estavam em pontos distantes entre si, em que as áreas econômicas promissoras no litoral tinham a serra como barreira para usar o mar como elo, em que os rios de planalto corriam na direção contrária do mar ou então buscavam o oceano em grandes quedas. Foi mais difícil realizar aqui o que outras nações fizeram: usar os rios navegáveis como parte do seu desenvolvimento inicial. A exceção foi o velho São Francisco, e mesmo assim com a queda de Paulo Afonso.

Por terra, mar e rios, o Brasil tinha dificuldades de se encontrar. É espantoso, olhando essas barreiras naturais, que um território disperso e gigante como o nosso tenha conseguido se unir na formação de um país.

Desse fio inicial, o autor vai nos levando pelas várias mudanças de modelo até as confusões atuais, que apresentam desafios diários a quem tenta cruzar o Brasil por qualquer meio de transporte. Há algo em comum entre ferrovias, rodovias, hidrovias, navegação de cabotagem, portos, aeroportos: temos errado de maneira consistente em todos eles. Os números e comparações internacionais registrados neste livro não deixam dúvidas disso.

O autor fez parte do mais bem-sucedido esforço para pensar o transporte brasileiro de forma integrada: o Geipot, Grupo Executivo para a Integração da Política de Transportes, criado em 1965. Esteve lá bem no seu início, quando, com a ajuda do Banco Mundial e de consultorias estrangeiras, o governo montou o órgão que por muito tempo planejou o transporte brasileiro. Depois ele viu o setor por outro ângulo, o da iniciativa privada. Ao todo quase meio século lidando com uma área que tem passado por intensas transformações de conceito. As empresas de transportes são atualmente empresas de logística. E o autor alerta: essa não é uma diferença apenas semântica.

Hoje, a logística está no centro da equação que pode aumentar a produtividade do Brasil ou minar nossa capacidade de competir com outras nações numa economia que se globalizou. Por isso é preciso entender onde estão os vários gargalos nos quais estamos parados, perdendo vidas, produtividade, tempo, eficiência.

O esforço de Vicente Pereira Britto é guiar o leitor no cipoal de erros velhos e novos, mudanças de modelo interrompidas, experiências bem-sucedidas abandonadas e múltiplas instâncias decisórias. Há desde a duplicidade do Ministério dos Transportes e a Secretaria dos Portos, por exemplo, até as muitas agências reguladoras se sobrepondo. Há apostas privadas variadas com graus diferentes de erros e acertos. Há marcos regulatórios mutantes. Pior: há baixo investimento crônico no setor.

Como o assunto é complexo, o escritor explica, de forma metódica, a história, os vários atores, os números da dimensão de cada modal, a natureza da crise, os erros de gestão pública, o papel do setor privado e as novas apostas. O livro entra nos detalhes técnicos, mas deixa clara sua visão sistêmica. "De uma forma geral, e principalmente no momento atual, o setor é considerado um dos entraves mais sérios ao desenvolvimento econômico, com elevadas taxas de crescimento de demanda por seus serviços, especialmente devido ao crescimento do consumo urbano das famílias e ao forte incremento da produção agrícola. Ao mesmo tempo, tem de enfrentar uma crise generalizada em praticamente todos os seus segmentos, sem precedentes na história recente, resultado de um largo histórico de descasos, negligências e baixa prioridade por parte das políticas governamentais, bem como de atitudes e comportamentos dos estratos privados de caráter circunstancial e imediatista", registra o autor.

Bastava ao Brasil ser enorme e ter obstáculos naturais à integração. Isso já nos daria muito trabalho na área de transportes. Mas vieram as irracionalidades. Só para falar das recentes, o governo tem subsidiado o carro particular e o combustível e eliminou um imposto sobre combustíveis fósseis cuja função era levar recursos para os investimentos em infraestrutura.

Tudo faz o setor de transportes ser "extenso, complexo, desarticulado". Por isso o tema é para ser explicado por profissionais, como Vicente Britto, autor deste livro, que demonstra intimidade com o assunto e a necessária objetividade para ajudar quem quer entender por que no meio do caminho do nosso desenvolvimento há um obstáculo: o transporte.

Introdução

Em outubro de 1965, dei um passo na área profissional que iria me marcar definitivamente até os dias de hoje. Trabalhava na época na implantação do Fundo de Financiamento de Estudos e Programas (Finep), desenvolvendo os primeiros formulários para a solicitação de financiamento para projetos, algo bastante inovador e que teve consequências importantes, porque aquele embrião de organização governamental acabou vingando e hoje é um dos órgãos mais prestigiados na área de ciência e tecnologia. Entretanto, foi divulgado um chamado público para teste direcionado para engenheiros e economistas que estivessem interessados em trabalhar na área de transportes, em um órgão recém-criado, denominado Grupo Executivo de Integração da Política de Transportes (Geipot), subordinado ao Ministério de Viação e Obras Públicas e fruto de um acordo do governo brasileiro com o Banco Mundial (Bird). A seleção dos interessados seria feita através de teste de capacidade e inteligência pessoal, sem exigências de prévio conhecimento do assunto, para trabalhar como técnicos contrapartes de especialistas estrangeiros pertencentes a empresas de consultoria internacionais, com grande *expertise* na área de transportes, contratadas pelo Bird dentro do mencionado acordo.

Fiquei naturalmente interessado, até porque os salários eram altamente atraentes e representavam, na pior das hipóteses, dobrar o que recebia para trabalhar no Finep. Fiz o tal teste, passei e fui o primeiro técnico contratado pelo Geipot para trabalhar como contraparte do economista-chefe da empresa selecionada para a coordenação geral dos trabalhos. Foram contratadas pelo Bird quatro empresas internacionais:[1] a Coverdale & Colpitts (americana), para desenvolver os estudos na área ferroviária e ao mesmo tempo atuar como coordenadora-geral com a ajuda do Stanford Research Institute; a holandesa Netherlands Engineering Consultants (Nedeco), para os trabalhos relativos ao transporte aquaviário; e duas empresas para a área rodoviária, a Ingeroute (francesa) e a Kampsax (dinamarquesa), que atuariam descentralizadas em Belo Horizonte e Porto Alegre, com o objetivo de realizar estudos sobre as redes rodoviárias de Minas Gerais e da região Sul.

Certamente o Geipot, nesses primeiros anos, contribuiu decisivamente no treinamento de mais de cem técnicos em planejamento de transportes, em uma modalidade de *training under job*, com total assistência dos técnicos estrangeiros. Nessa época, não havia nenhum curso universitário no país sobre a matéria, coisa que somente ocorreria alguns anos depois. Ainda mais, por meio do Bird abriu-se a possibilidade de se conseguirem bolsas de estudo para os técnicos fazerem mestrado em transportes no exterior. O impacto e as consequências da formação desse pessoal em planejamento de transportes podem ser avaliados pelo número de técnicos formados pelo Geipot que, ao decidir continuar na área pública, exerceram e ainda exercem cargos de grande relevância no setor de transportes como ministros, secretários executivos e dirigentes de estatais, entre outros.

Entretanto, o maior impacto se deu em termos da criação e consolidação da engenharia consultiva na área de transportes, que abarcaria o planejamento e a elaboração de projetos. Várias e importantes empresas de consultoria foram estabelecidas por aqueles técnicos, que mudaram significativamente o mercado, com repercussões que são sentidas até hoje. Empresas como Sociedade de Formação, Consultoria e Auditoria em Transportes e Comunicações (Transcon), Engenheiros e Economistas Consultores (Enecon), Consultoria para Decisão Ltda. (Prodec), Transplan Planejamento e Projetos S/A e tantas outras marcaram época em suas respectivas áreas com importante acervo de estudos e projetos.

---

[1]Coverdale & Colpitts Consulting Engineers, Netherlands Engineering Consultants (Nedeco), Ingeroute French Consulting Engineers e Kampsax A/S.

Dessa forma, ingressei na área de transportes para nunca mais sair, a não ser esporadicamente, em determinadas situações. Portanto, foram mais de 48 anos em que estive envolvido direta ou indiretamente com esse setor. Na realidade, quando ingressei no Geipot estava seguindo certa tradição familiar. Meu pai, na época já aposentado, havia sido um importante engenheiro ferroviário, tendo desempenhado funções importantes na ferrovia São Luís-Teresina, na Rede Ferroviária do Nordeste (antiga Great-Western) e na Leopoldina, e por mais de dez anos foi diretor-geral do Departamento Nacional de Estradas de Ferro (DNEF). O trem desde cedo fez parte de minha vida, pois ele gostava de me levar em muitas de suas viagens de inspeção por este Brasil afora. De outro lado, meus três irmãos mais velhos trabalhavam no antigo Departamento Nacional de Estradas de Rodagem (DNER): o mais velho como contador na Divisão de Orçamento e Controle (DOC) e outros dois como engenheiros na famosa e importante Divisão de Estudos e Projetos (DEP).

A grande diferença de meu percurso profissional foi que, ao contrário de meu pai e de meus irmãos, ele foi exercido em sua quase totalidade no setor privado, e não como agente público. Após o Geipot e uma breve passagem pelo Instituto de Pesquisa Econômica Aplicada (Ipea), participei como dirigente de empresas de consultoria em planejamento de transportes ou como consultor independente, a não ser nos últimos seis anos, em que exerci funções públicas. Entretanto, a grande maioria dos contratos em que estive envolvido tinha como clientes as agências públicas federais e estaduais do setor de transportes ou mesmo empresas privadas prestadoras de serviços públicos.

Dessa forma, ao longo de todos estes anos, coordenei um número incontável de projetos em todos os setores de transportes: rodoviário, ferroviário, portuário, bem como na área urbana, por meio de estudos de transportes coletivos, metroviários e hidroviários de passageiros. Estive presente em alguns momentos importantes do setor, como coordenador econômico do Geipot, na fusão dos estados da Guanabara e do Rio de Janeiro, em 1975, na elaboração de planos diretores rodoviários para todas as regiões do país, na elaboração de contratos-programa para as extintas Rede Ferroviária Federal (RFFSA) e Empresa de Portos Brasil (Portobrás), na coordenação do Programa de Desenvolvimento do Setor de Transportes Terrestres (Prodest), nos estudos de privatização da RFFSA, nos estudos iniciais do Programa de Concessões de Rodovias Federais (Procrofe), no lançamento do Programa Nacional de Manutenção de Rodovias Estaduais (PNMRE) e em estudos de concessões rodoviárias, ferroviárias, portuárias e aeroportuárias. Atualmente, sou conselheiro da Agência Estadual de Regulação de Serviços Públicos Concedidos do Estado do Rio Grande do Sul (Agergs), após ter sido diretor-geral do Departamento Autônomo de Estradas de Rodagem do Rio Grande do Sul (Daer) por alguns anos.

As motivações que me levam a escrever mais uma vez sobre a problemática de transportes no país são, portanto, de um lado, a proximidade de uma aposentadoria que se delineia com cada vez mais clareza e, por outro, a possibilidade de dar uma contribuição ao debate que novamente se instalou em amplas camadas de analistas do momento brasileiro, que situam como um dos principais fatores que impedem um crescimento mais vigoroso da economia a situação de carência e de atraso da infraestrutura de uma forma geral, mais especificamente da de transportes.

Esse certamente não é um assunto original, visto que qualquer análise histórica do desenvolvimento dos transportes no Brasil, por mais superficial que seja, evidencia que esse argumento, de uma forma ou de outra, sempre esteve presente na maioria dos esforços de planejamento econômico desde pelo menos a década de 1940, para ficarmos apenas no período moderno. Passando pelo Plano Salte (Saúde, Alimentação, Transportes e Energia, do Governo Dutra [1946-51]), pelas missões Taub, Cooke e Abbink (técnicos americanos que fizeram estudos sobre os gargalos para o desenvolvimento da economia brasileira em 1941, 1942-43 e 1948), pela Comissão Mista Brasil-Estados Unidos (1951-53), pelo Plano de Metas do presidente Juscelino Kubitschek (1955-61), pelo Programa de Ação Econômica do Governo (Paeg), de 1964-1967, pela criação do Geipot e, mais recentemente, pelo conhecido Programa de Aceleração do Crescimento (PAC), o setor transportes sempre foi identificado e qualificado como um dos "pontos de estrangulamento" da economia nacional.

Os argumentos atuais nesse sentido destacam que, dadas as restrições do crescimento da poupança interna e, por consequência, a escassez de recursos públicos e privados para investimentos, o crescimento econômico teria de se dar via aumento da produtividade da economia, no qual o setor de transportes seria de crucial importância. No trabalho "Infraestrutura: os caminhos para sair do buraco", apresentado no Fórum Nacional de 2012, os autores ressaltam essa importância.

> Ganhos de produtividade devem ocorrer especialmente por meio dos investimentos no setor de infraestrutura de transportes, seja porque é necessário aumentar a participação desse serviço no total do PIB [Produto Interno Bruto], seja pelo alto poder de irradiação dos transportes para toda a economia, já que representa redução de custos, aproximação de mercados e criação de novas oportunidades de negócios em todos os setores.[2]

O debate atual acerca da problemática do setor apresenta uma nova e importante variável, que é sem dúvida a consolidação da política de concessão dos serviços públicos de transportes à iniciativa privada. Processo iniciado na década de 1990, após a Constituição de 1988, na área rodoviária com o Procrofe, mas que se estendeu aos setores ferroviários e portuários e, mais recentemente, ao setor aeroportuário. Com parcelas expressivas dos sistemas concedidos ao setor privado não somente em nível federal, mas igualmente por vários dos estados, as estruturas e as funções do setor público tiveram de ser ajustadas. A face mais visível dessas transformações foi, é claro, a emergência das agências reguladoras, motivo de tantos debates no momento.

Dessa forma, passou a ter um componente adicional de complexidade qualquer análise mais abrangente dos sistemas de transportes no país que já apresentava dificuldades não desprezíveis, dada a participação dos segmentos públicos federal, estadual e municipal em todas as atividades inerentes ao planejamento e à administração de seus sistemas. Especialmente na área de oferta, operação e manutenção das infraestruturas, de segmentos privados

---

[2]Raul Velloso et al., *Infraestrutura.*

na área de operações nos diversos meios de transporte, de contratação pelas agências públicas de projetos e obras de construção e de ampliação e manutenção pelos setores privados. Trata-se da participação privada também na oferta, manutenção e operação das infraestruturas com o objetivo de prestação de serviços públicos aos usuários dos sistemas, com a consequente necessidade pelo setor público de regular e fiscalizar esses serviços.

O objetivo deste livro é, assim, dar uma visão atual e prospectiva do setor e tentar responder à questão atualmente levantada de que a infraestrutura de transportes é considerada um dos gargalos que impedem um crescimento econômico mais acelerado e que, de uma forma geral, poderia facilitar o incremento da produtividade da economia. De outro lado, será também examinado o papel que pode desempenhar o setor privado, posto que alguns analistas consideram que por meio do aumento dos investimentos em infraestrutura pela iniciativa privada seria possível resolver essa questão. Nesse sentido, serão examinadas as recentes iniciativas do governo federal nas concessões ao setor privado em rodovias, ferrovias, portos e aeroportos e, claro, será levada em conta a atuação das agências reguladoras.

Entretanto, há que se colocar inicialmente algumas restrições e dificuldades, bem como o tratamento, ainda que teórico, que se pretende dar a aspectos fundamentais que limitam de alguma forma uma análise consistente do papel dos transportes na economia. Levantamos anteriormente a extensão e a complexidade do setor, o que nos obriga desde já a adotar uma abordagem em todos os sentidos seletiva, prioritária e qualitativa das questões a serem examinadas, tendo em vista nossos objetivos. A segunda importante constatação é a necessidade de considerar, em uma forma conjunta e analítica, a relação entre infraestrutura e transportes, que obviamente são dois universos bem distintos, com tendências em muitos casos conflitantes, que historicamente sempre foram analisados, quando isso ocorreu, com baixo nível de integração e de interação. Portanto, o primeiro grande desafio é tentar delimitar de alguma forma a abrangência e o contorno de nossas reflexões entre aqueles dois aspectos, mesmo sabedores das dificuldades implícitas nessa abordagem, particularmente em termos de informações, o que nos parece inevitável, pois afeta até a própria discussão.

Historicamente, as análises empreendidas com relação aos transportes, e que serviram de apoio para programas de investimentos no setor, sempre focaram seus esforços na área de infraestrutura e desconheceram deliberadamente a questão dos transportes propriamente dita. O ferroviário é talvez o caso no qual no passado essa separação era menos possível, tendo em vista que as empresas ferroviárias acumulavam as duas funções. Porém, mesmo hoje em dia existe o conceito de que as responsabilidades pela infraestrutura e pelo transporte nas ferrovias podem e devem ser atribuídas a entidades distintas. No caso dos portos, que em última análise são terminais de transportes, as questões são mais complexas, pois se trata inicialmente de uma interação entre dois sistemas distintos, quais sejam, o de transporte terrestre e o de transporte fluvial ou marítimo. E, mais, tanto a infraestrutura quanto a operação podem ser de responsabilidade de entidades relacionadas a cada um dos sistemas, ademais das responsabilidades das próprias autoridades portuárias.

Mas ignorar a estreita relação entre aqueles dois aspectos é particularmente grave no caso do transporte de mercadorias, no qual é usado o meio rodoviário, de longe o mais importante naquele segmento. Devido ao enorme peso da participação das rodovias naquela modalidade de transporte, vale a pena nos determos nesse segmento, para melhor esclarecer nossa primeira constatação.

O quadro geral de referência no caso rodoviário é o seguinte: a oferta, a manutenção e a operação da infraestrutura rodoviária são de responsabilidade do setor público em suas várias instâncias, atualmente com participação de empresas concessionárias que agem em nome das mesmas instâncias, ao passo que a oferta de serviços de transportes é de responsabilidade do setor privado, por meio de empresas, de autônomos e de cooperativas. Vejamos algumas das dificuldades mencionadas, especialmente quanto à reduzida interação em termos de planejamento, ao desconhecimento das condições em que se tomam decisões em ambos os setores e a suas principais tendências.

Vamos iniciar nossas considerações a partir de simplificados modelos teóricos de planejamento de transportes, voltados para a oferta de infraestrutura rodoviária, e reduzir gradativamente os níveis de abstração embutidos neles. As variáveis determinantes da demanda de um projeto de rodovias são o VDM (volume diário médio de veículos), sua estrutura, classificada em automóveis, ônibus e caminhões, e sua taxa de crescimento ao longo do tempo, calculada por intermédio de indicadores gerais de população, renda e frota de veículos. Antigamente, por meio das custosas pesquisas de origem/destino, tinha-se um pouco mais de informações representadas pelos desejos de viagem: ir de um ponto "A" para um ponto "B", passando pelas rodovias "C" e "D". De forma a calibrar o modelo e expandi-lo, admitia-se a racionalidade dos usuários, que, ao selecionar certas rotas, levavam em conta os custos econômicos de transportes, no caso de caminhões, e o tempo de percurso nos demais casos.

Apesar de esse modelo ter sido efetivamente muito pouco usado para decisões de investimentos, pois no geral eram outras as motivações, fica claro que no caso de infraestrutura temos um *mixed* de demandas finais, especialmente no caso dos automóveis, e demandas intermediárias, como no caso de transportes de mercadorias. Neste último, os usuários são claramente os donos da carga a ser transportada e, evidentemente, qualquer avaliação com relação aos transportes em termos de fretes, segurança, confiabilidade, rapidez e outros somente pode ser feita por eles, levando em conta principalmente o peso dos transportes no preço final dos produtos. De outro lado, até pouco tempo atrás existia, pela ausência de regulamentação dessa atividade, uma total liberdade de organização e administração dos transportadores, que ponderavam de uma forma ou de outra os elementos que compõem o seu negócio, até com relação à infraestrutura.

Avançando um pouco mais, podem-se inferir de um lado as dificuldades existentes na avaliação prospectiva da demanda de serviços pelos transportadores, visto que depende de decisões atomizadas de um sem-número de usuários. De outro lado, como reagir a essa demanda do ponto de vista empresarial em termos de administração e de investimentos, para falar apenas do nível microeconômico? Porém a realidade nos mostra a toda hora as consequências de certas decisões de política econômica do governo, que afetam não somente os detentores de cargas, os transportadores, mas milhões de pessoas que dependem dos transportes para viver.

A listagem é interminável. Vamos ver algumas recentes: o subsídio na compra de veículos via controle de preços, desonerações fiscais e financiamentos, que evidentemente levam ao crescimento da demanda; a política de preços dos combustíveis, que, no intuito de segurar a inflação, reduz temporariamente os custos de transportes e aumenta os desejos de viagens, com sérias repercussões também nos níveis de demanda; a redução e a extinção de impostos indiretos sobre os combustíveis, que alteram o já precário balanço de preços entre o diesel e a gasolina, com claros subsídios aos transportes comerciais e importantes transferências de renda de setores urbanos para o transporte de longas distâncias de mercadorias; além de variados efeitos sociais e ambientais, não valorados e liberados pelo poder público, dos sistemas rodoviários sobre a quase totalidade das comunidades, sejam elas pequenas, médias ou com características metropolitanas.

Em resumo, independentemente da política governamental de investimentos na área de infraestrutura, uma série de outros fatores, especialmente os derivados de decisões de política econômica, também recai diretamente no fim da linha, que são os ofertantes de serviços de transportes, com claras repercussões na estrutura da demanda e na própria matriz de transportes. Temos de levar em conta a importante mudança estrutural que está ocorrendo agora com uma velocidade inesperada, que é a transformação das empresas tradicionais de transportes em empresas de logística de transportes. Não é apenas uma diferença semântica, mas algo que evidencia o dinamismo desse setor.

Essa transformação apresenta um vetor muito claro: os custos de transportes não podem mais ser considerados isoladamente de outros, como os de estocagem, de armazenagem e administrativos. Além disso, o planejamento das atividades das empresas passa a se basear em um conjunto de percursos logísticos integrados e contidos em verdadeiras redes (*networks*) logísticas, que evidentemente nada têm a ver com rotas ou corredores de transportes. As consequências mais importantes desse fato são, de um lado, a ineficácia dos pressupostos básicos usados no planejamento da infraestrutura e, principalmente, de outro, que a importância da infraestrutura é cada vez mais relativa, seja em quantidade ou em qualidade, e passa a ser apenas um dado a mais a ser trabalhado em termos logísticos.

A segunda questão que gostaríamos de discutir previamente diz respeito à integração e à interação das instâncias governamentais que atuam no setor de transportes. Novamente, aqui o grande desafio encontra-se na área rodoviária, pois o universo dos municípios e dos estados, a par do governo federal, tem atuação destacada nessa área. Os dois primeiros, possivelmente, de forma crescente nos próximos anos. Isso sem falar da complexidade e da participação de cada vez mais atores na arena federal, por meio de órgãos de administração superiores, executivos, de regulação e de controle. No caso do transporte ferroviário, hoje bastante concentrado no setor privado com seus três grandes operadores, o governo federal é praticamente a única instância com participação. Na área portuária, os problemas de interação entre as esferas federal e estadual são igualmente relevantes, não somente por causa das concessões estaduais, mas também pelo protagonismo de alguns importantes estados, como Pernambuco, São Paulo e Santa Catarina.

De imediato, pode-se afirmar que o sistema de transportes em um país com características territoriais e com extensa costa como o Brasil exige tratamento, definições de políticas e atuação em nível "nacional" relacionados com os demais níveis, mas que em última análise somente podem ser capitaneados pela instância federal. As formas de exercer esse papel podem variar e têm variado ao longo do tempo, visto que já há algum tempo existe uma consciência clara de que, do ponto de vista histórico, o país se desenvolveu por meio de economias relativamente autônomas, separadas e de baixo nível de abertura, o que torna altamente relevante e importante a atuação do setor na integração daquelas economias.

Entretanto, esse protagonismo do governo federal vem em franca descendência, já foi muito mais expressivo em décadas anteriores, e torna muito mais complexas as possibilidades de se encaminharem as soluções necessárias para o desenvolvimento do setor. No caso rodoviário, essa afirmação é particularmente pertinente. O DNER, criado em 1937, a instituição do Fundo Rodoviário para Estados e Municípios em 1940, o estabelecimento do Plano Rodoviário Nacional (PRN) em 1944 e a Lei Joppert (Decreto-Lei 8.463/1945), que consolidou o DNER e criou o Fundo Rodoviário Nacional

(FRN), tiveram como preocupação essencial a atuação do DNER como executante de uma política rodoviária nacional, além de suas naturais competências com relação à malha de rodovias federais.

No processo de extinção do FRN, iniciado na década de 1970 e concluído na Constituição de 1988, o debate ficou centrado unicamente na questão da vinculação de recursos. Nas sucessivas crises que levaram igualmente à extinção do DNER e à consequente criação do Departamento Nacional de Infraestrutura de Transportes (DNIT), em 2002, as discussões ficaram restritas ao gigantismo, ao poder e às denúncias contra aquele órgão. Em nenhum momento foi levantada a questão de como ficaria a política nacional rodoviária que estava sendo desmontada de forma leviana, sem se pensar em qualquer opção concreta. Tanto isso é verdade que o importante projeto de lei de revisão do Sistema Nacional de Viação (SNV), de 1995, de autoria do senador Eliseu Resende, somente foi aprovado pelo Congresso em fins de 2010 e vetado pelo atual governo.

O fato é que justamente nesse momento de transição, com o aumento da participação privada, especialmente no sistema federal, e com as claras evidências de que estados e municípios serão os principais responsáveis pela expansão da malha rodoviária pública, não se tem marco regulatório para as relações entre as instâncias envolvidas e nem ao menos um esboço mínimo de uma política nacional para o setor. E, mais, também não existe processo integrado de planejamento digno desse nome nem programa específico de financiamento. O Banco Nacional de Desenvolvimento Econômico e Social (BNDES) atua de forma circunstancial e espasmódica em alguns estados. Para fechar esse assunto, é importante ressaltar o desconhecimento total que existe hoje quanto às redes rodoviárias estaduais e municipais. Não se tem as quilometragens corretas dessas redes, muito menos um diagnóstico de sua situação, como também a capacidade instalada de seus órgãos rodoviários. O último levantamento que se conhece sobre o assunto, feito ainda pelo DNER, data de 1998.[3]

[3]É o estudo "Diagnóstico da capacidade gerencial e instalada dos órgãos rodoviários", desenvolvido pela empresa Desenvolvimento e Execução de Projetos de Transportes (Dexpro).

No caso portuário, a situação é algo semelhante, porém com matizes totalmente específicas. Mais uma vez é no período Vargas que as coisas começam. Em 1932, é criado o Departamento Nacional de Portos e Navegação (DNPN), com um conceito interessante de cuidar simultaneamente da infraestrutura e da navegação. Até então, tanto os portos como as empresas de navegação eram privados. Em 1943, o DNPN é substituído pelo Departamento Nacional de Portos, Rios e Canais (DNPRC), ainda mais abrangente do que o órgão anterior. Em 1963, no governo Jango, é criado o Departamento Nacional de Portos e Vias Navegáveis (DNPVN). A consciência de que as questões portuárias, marítimas e de navegação interior somente podiam ser enfrentadas em conjunto por meio de uma visão nacional esteve sempre presente. Esses órgãos atuavam de forma semelhante ao DNER e ao DNEF, com encargos normativos e de planejamento naquele nível, até com mais propriedade, devido às especificidades do setor. Companhias Docas pertencentes ao governo federal, delegações a estados e municípios, concessões estaduais, concessões privadas, entre outros, exigiam um tratamento "nacional", isso sem falar na questão de pessoal com fortes sindicatos com aquela visão.

A criação da Empresa de Portos do Brasil (Portobrás), em 1975, representou uma mudança importante, por meio da tentativa de organizar o setor em outros moldes e com um direcionamento prioritário para resolver a questão portuária e das empresas Docas, que passavam a ser suas subsidiárias. Os desafios da nova empresa eram gigantescos: órgão central do sistema de portos e hidrovias, operava diretamente vários portos entre os mais importantes do país, controlava as empresas Docas e ainda cuidava temporariamente de todo o sistema hidroviário. E, além disso, apesar de seu formato de empresa mista, foram mantidas aquelas atribuições específicas com relação à coordenação de uma política portuária nacional nos moldes citados. Porém, se a situação não era a ideal no sentido de acomodar de forma harmônica e eficiente suas variadas atribuições, sua extinção em 1990 pelo governo Collor, com a consequente transferência para a União de todos os seus encargos, causou um vazio institucional irreparável para o setor.

Mesmo com a Lei Geral dos Portos, de 1993, com seu enfoque microeconômico, e a proliferação acentuada de novos atores, como o Conselho de Administração Portuária (CAP) e o Órgão Gestor de Mão de Obra (OGMO), perdura até os nossos dias aquela situação, agravada por vários fatores: abandono total de uma visão nacional; regionalização irracional das empresas Docas; não solução da questão da navegação interior, com as administrações hidroviárias acomodadas hoje na Companhia Docas do Maranhão (Codomar); e ações autônomas de importantes estados na implantação de portos de interesse local ou regional, e tendo que regular e fiscalizar o expressivo incremento da participação privada, tanto nos portos públicos organizados via arrendamentos e contratos operacionais, como em terminais privativos que até pouco tempo atrás não podiam movimentar cargas de terceiros. De outro lado, a administração de um porto público organizado, ou de uma Companhia Docas, hoje é sem dúvida um dos maiores desafios gerenciais existentes, tal o número de entidades e interesses conflitantes envolvidos, para o qual evidentemente o setor público não está preparado, sem contar igualmente com o respaldo de políticas portuárias em nível nacional suficientemente claras e coerentes.

Acrescenta-se que hoje, em nível federal, existe uma duplicidade de comando dessa área entre o Ministério dos Transportes — que controlava até pouco tempo atrás a Agência Nacional de Transportes Aquaviários (Antaq), o DNIT e a Codomar, por conta das administrações hidroviárias, e o Fundo de Marinha Mercante — e a Secretaria Especial de Portos, que controla as demais companhias Docas e todas as delegações e concessões de portos aos governos estaduais, municipais e ao setor privado, bem como todos os terminais privativos, o que certamente agrava sobremaneira a questão. Não são necessárias grandes reflexões para se constatar que existem áreas superpostas nas atribuições das duas autoridades, como nos portos fluviais, na regulação das atividades portuárias privadas e públicas delegadas e concedidas, sem falar em termos de políticas específicas de transportes, visto que, ao que se saiba, não existe instância superior encarregada delas.

A terceira constatação inevitável é relativa à concentração da demanda em cada um dos meios de transporte, de consequências importantes na matriz global de transportes do país e, principalmente, nas possibilidades de alteração dela em curto e médio prazos. Esse ponto será desenvolvido de forma adequada no capítulo 2, "Como se transporta hoje".

Uma última advertência relativa ao sempre louvado e buscado transporte intermodal, uma preocupação constante na definição das políticas de transportes ao longo do tempo. Consideramos que por causa da elevada participação do modal rodoviário na matriz de transporte de mercadorias, mas principalmente pela total inversão de funções entre os diversos meios de transporte, com o predomínio do setor rodoviário nas funções de estruturador do sistema, somente por meio de uma visão geral e integrada essa questão poderá ser encaminhada, e esta é basicamente formulada no fim do livro, por meio de uma opção para o desenvolvimento do setor.

Apresentadas essas considerações iniciais, que de certa forma vão permear todo o livro, uma vez que de um lado representam dificuldades e restrições, mas de outro indicam a natureza de nossa abordagem, vamos detalhar como ele foi desenvolvido.

Inicialmente, nos pareceu importante entender a formação histórica do setor por meio das principais evidências de como foram sendo implantados os sistemas de transportes, que, atuando como setor intermediário, acompanharam e apoiaram a evolução dos ciclos da economia brasileira, principalmente para tentar explicar como foram sendo moldadas as funções desse setor ao longo dos períodos de colônia, reino, império e república, até alcançarmos o período mais recente, no qual se configura a atual matriz de transportes brasileira, que está bem longe dos padrões internacionais. Em seguida, dedicaremos nossa atenção à conformação atual dessa matriz no atendimento à demanda de transportes, discutiremos as possibilidades de alterações em curto e médio prazos, posto que até o momento ela tende a privilegiar ainda mais a participação do modal rodoviário, o que frustra as irrealistas projeções e os desejos expressos de várias parcelas da sociedade brasileira.

Ainda nesse tema, faremos uma comparação entre nossa matriz e a matriz de transportes americana, analisaremos cada um dos meios de transporte e colocaremos no fim alguma dúvida sobre a exata conformação de nossa matriz, especialmente com relação à participação do modal rodoviário. Apresentaremos em seguida uma descrição do setor de transportes e ressaltaremos seus aspectos mais importantes por meio de duas abordagens distintas e complementares. Na primeira, será dada ênfase à descrição dos atores principais e de suas organizações. Procuraremos destacar a participação dos segmentos público e privado nas áreas de infraestrutura e operações e suas inevitáveis inter-relações, e discutiremos igualmente as intrincadas questões institucionais nas várias instâncias públicas. Na segunda abordagem, serão apresentadas avaliações dos principais sistemas no atual cenário de crise do setor, tanto nas infraestruturas como na área de transportes, e procuraremos detectar os principais problemas e suas consequências. Caracterizamos de forma geral o setor de transportes como "extenso, complexo e desarticulado", e nessa linha serão debatidos as razões e os argumentos para tal, que servirão de base para o desdobramento do diagnóstico específico dos setores rodoviário, ferroviário e portuário.

Relativamente ao primeiro, será dada ênfase às questões ligadas à insuficiência de recursos públicos federais para sustentar a necessária expansão do sistema, seja por meio do programa de implantação e pavimentação, seja por meio do programa de adequação de capacidade, para o período 1995/2012. Essa limitação sempre foi uma característica marcante de todo o setor de transportes, a não ser em determinados períodos específicos da história, como, aliás, para toda a área de infraestrutura em geral. Serão igualmente discutidas a natureza desses programas de expansão e a capacidade de gestão do DNIT em suas implantações, diante da baixa produtividade de suas atividades de contratação, acompanhamento e fiscalização de obras, como no caso da duplicação da BR-101, no Sul do país, que comprova que a escassez de recursos atinge não somente os investimentos, mas também, e de forma dramática, o financiamento dos gastos correntes dos órgãos, e causa prejuízos ainda mais sérios na manutenção dos capitais básicos existentes. A crise no sistema ferroviário será examinada por meio de duas linhas de ideias: a primeira, os efeitos das concessões das malhas da RFFSA e da Ferrovia Paulista S.A. (Fepasa) e, a segunda, a análise da política de expansão do setor, em grande parte sob administração do governo federal, que representa, a nosso ver, um significativo desperdício de recursos públicos. Na área portuária, as maiores atenções estarão voltadas para a concentração das movimentações portuárias em poucos portos organizados e as delicadas e abrangentes relações entre o setor público e o privado que condicionam o incremento de produtividade do setor.

O objetivo principal do capítulo seguinte é caracterizar da melhor forma possível o grande e significativo entrave na questão da infraestrutura de transportes que é a gestão pública dos sistemas. Examinaremos essa questão por meio de níveis distintos, que correspondem às funções eminentemente públicas, e às de gestão de determinados sistemas por meio de alguns princípios básicos. Por mais que se delegue à iniciativa privada, por mais que se terceirizem as atividades públicas, esbarra-se na necessidade de uma atuação eficiente do aparato estatal, mesmo porque existem determinadas funções que são eminentemente públicas. A definição de políticas públicas em nível nacional; a montagem institucional do setor; a participação do setor privado; as inter-relações entre os níveis federal, estadual e municipal; o planejamento dos sistemas; a avaliação de prioridades; as necessidades de expansão dos sistemas; a elaboração de programas de investimentos e o financiamento do setor, entre outras, são atividades indelegáveis, e as tentativas nesse sentido sempre foram frustrantes.

As gestões públicas serão examinadas detalhadamente, nos casos dos setores rodoviário e portuário, usando como paradigma a administração federal, do ponto de vista da necessidade de ter uma gestão moderna e eficiente, compatível com o momento atual da economia, não somente em função da importância que tem em seus respectivos sistemas, mas também pelos efeitos negativos generalizados que pode ocasionar para o setor. No caso rodoviário, serão examinados os gastos do DNIT com relação aos programas de conservação rotineira, manutenção e restauração para o mesmo período (1995/2012), que se mostram insuficientes para enfrentar o estado atual de conservação das rodovias pavimentadas, detectado pelas pesquisas da Confederação Nacional de Transportes (CNT). Serão examinados também os demais programas de segurança, controle de peso e sinalização e, principalmente, as questões relativas aos projetos básicos e executivos, não somente em termos de sua elaboração, mas principalmente em termos de acompanhamento, fiscalização e aceitação, levando-se em conta, de forma introdutória, os novos procedimentos trazidos pelo Regime Diferenciado de Contratações (RDC).

No caso do setor portuário, será apresentada a difícil tarefa das autoridades na gestão dos portos organizados, no cenário posterior à implantação da Lei dos Portos (8.630/1993), que de certa forma revolucionou aquele setor. Vamos procurar ver de perto a área de movimentação de cargas por meio dos vários tipos de terminais, que na realidade é a parcela do setor que responde concretamente às demandas da sociedade, tendo em vista o atendimento do enorme crescimento da demanda de transportes de mercadorias.

Será em seguida analisado o papel do setor privado, que se esboça a partir da Constituição de 1988, da constatação das limitações dos investimentos públicos em infraestrutura, especialmente de transportes, das leis federais de concessões e de parcerias público-privadas e das correspondentes leis estaduais. Teve início na década de 1990 o processo de concessões de exploração pela iniciativa privada de trechos rodoviários estaduais e federais, dos sistemas ferroviários das antigas RFFSA e da Fepasa, bem como de arrendamentos, autorizações e contratos operacionais na área portuária, e atualmente alcança as concessões de terminais aeroportuários. Esse processo passou por diversas fases, teve altos e baixos, mas acabou se consolidando e se expandindo e hoje é de uma realidade incontestável. Vamos examinar aqui as principais linhas de desenvolvimento, sua abrangência e características básicas, assim como os resultados alcançados em termos de operação e de investimentos. E também verificar como foram estabelecidos inicialmente os marcos regulatórios dessa atuação privada e, claro, sua evolução ao longo do tempo. Os governos federal e de São Paulo, com os programas de concessões rodoviárias mais significativos, estão hoje na terceira etapa e houve alterações substanciais nos marcos regulatórios iniciais.

Nos capítulos referentes aos atores principais, à gestão pública e à participação do setor privado, são igualmente examinados e discutidos, sempre que pertinentes, a criação, o desenvolvimento e a atuação na área de transportes das agências reguladoras, que assumiram a regulação e a fiscalização dos contratos de concessão a partir do fim dos anos 1990. Em nível federal, as agências de transportes terrestres, aquaviários e aéreos (ANTT, Antaq e Anac), as agências estaduais específicas de transportes, como as de São Paulo, do Rio de Janeiro e de outros estados, e as agências estaduais multissetoriais, que incluem em suas regulações os transportes. É importante assinalar que em muitos casos a atuação dessas agências extrapola em muito a regulação dos citados contratos, uma vez que tiveram de assumir funções de poder concedente e de regulamentação, além das naturais competências reguladoras para diversos sistemas: os transportes interestaduais e internacionais de passageiros e cargas (ANTT), os transportes intermunicipais e metropolitanos de passageiros (agências estaduais) e ainda, em alguns casos, os transportes hidroviários, metroviários e suburbanos de passageiros e veículos (Antaq e agências estaduais), entre outros.

A controvérsia acerca do desempenho dessas agências é grande, principalmente quanto à resistência encontrada no seio do setor público e também pelo uso político das indicações de seus conselheiros ou diretores, como também pelos riscos que correm, especialmente com relação à sua independência perante os poderes executivos. Porém, mesmo assim, consideramos que houve significativos e importantes avanços não somente na compreensão do papel dessas agências como órgãos de Estado, mas na própria regulação dos serviços. De qualquer forma, trata-se de uma atividade recente em nosso país e que muito tem a evoluir nos próximos anos.

Por fim, serão apresentados alguns caminhos de desenvolvimento que se abrem para o setor de transportes. Inicialmente, a partir das apostas que o governo federal deposita nos recentes pacotes de privatização, anunciados em 2012 e parcialmente iniciados em 2013, com relação às concessões de 7,5 mil quilômetros de rodovias, de reforma e construção de 10 mil quilômetros de ferrovias com R$ 133 bilhões de investimento, as concessões dos aeroportos do Galeão e de Confins, com investimento de R$ 11,4 bilhões, e, finalmente, as mudanças de regras com relação à área portuária, com investimento previsto de R$ 54,2 bilhões, com o objetivo claro de promover, por intermédio da iniciativa privada, os melhoramentos necessários na infraestrutura de transportes. Todos esses pacotes trazem mudanças expressivas de regras do jogo nas relações com o setor privado, além de alterações importantes nos marcos regulatórios específicos de cada subsetor, que merecem uma atenção toda especial.

Diante de tudo que é colocado ao longo do livro, serão apresentadas as principais conclusões quanto à natureza dos problemas que o setor enfrenta atualmente, sugestões e propostas de caminhos opcionais que possam resultar nas necessárias melhorias de eficiência e de redução dos custos de transportes em seus vários segmentos. Procurar-se-á igualmente responder às questões inicialmente colocadas quanto ao papel desempenhado pelo setor de limitador do crescimento econômico e as possibilidades concretas de que, por meio de investimentos na sua infraestrutura, a par de outras medidas, passe a ser um facilitador do crescimento da produtividade nos demais setores da economia.

Por último, duas advertências importantes sobre o alcance deste nosso trabalho. Tentamos entender a formação histórica, a problemática atual e apontamos alguns caminhos para o setor transportes de mercadorias no país, sem, portanto, discutir segmento de transportes de passageiros, seja urbano ou interurbano. De outro lado, nesta análise procuramos nos deter nas questões estruturais deste sistema, utilizando, sempre que possível, informações quantitativas disponíveis, pois o livro foi desenvolvido em caráter totalmente pessoal, em meu escritório, sem contar com o apoio de nenhuma estrutura ou organização.

1. Formação histórica

O sistema de transportes foi gradualmente montado a partir do Brasil colônia, de acordo com a exploração econômica do território, mas também levou em conta outras motivações, como a expansão do território, a procura de ouro e pedras preciosas, a servidão dos indígenas e a busca de pastos para o gado, e aproveitou o máximo possível das facilidades derivadas de sua geografia, como relevo, rios, cursos d'água, vales e outros. Nossa intenção aqui é tentar caracterizar alguns aspectos naturais do território e de sua colonização que marcaram com indelével acento o desenvolvimento dos transportes no país e acompanhar a evolução dos vários meios de transportes aquaviários e terrestres.

O primeiro desafio foi reconhecer e mapear o novo território, e, principalmente, cartografar o imenso litoral que havia sido intuído por Cabral e Pinzón. As duas viagens de Américo Vespúcio com o comando de Gonçalo Coelho em 1501 e 1503, as três expedições de defesa do litoral feitas por Cristóvão Jacques em 1516, 1521 e 1527 e a expedição de Martim Afonso de Souza alcançaram aquele objetivo e demonstraram, por meio das cartas, o potencial daquela imensa costa.

Assim, de início, as primeiras feitorias se localizaram no litoral, especialmente na Bahia e em Pernambuco, com o único propósito da retirada do pau-brasil, a única atividade que pareceu rentável para os decepcionados portugueses, que aqui esperavam encontrar riquezas fantásticas, como ouro e especiarias. Seguiram-se a essas primeiras incursões outras, de caráter defensivo (as de Cristóvão Jaques), tendo em vista o interesse demonstrado pelos espanhóis e principalmente franceses que traficavam a exploração do pau-brasil no amplo litoral descoberto e impossível de ser defendido.[4]

Em 1530, ocorre na realidade um redescobrimento do Brasil, por meio da expedição de Martim Afonso de Souza, que, juntamente com seu irmão e com embarcações de combate aos navios franceses, percorre praticamente toda a costa brasileira desde a Ilha de Marajó até a embocadura do rio da Prata, objetivo principal da expedição na tentativa de descoberta de um grande e rico reino indígena. Em seu retorno, instala a Vila de São Vicente (1532), no litoral paulista, e deixa encaminhada a de Piratininga, origem da cidade de São Paulo, já no planalto. Nesse mesmo ano, dom João III decidiu implantar as capitanias hereditárias como forma de colonização efetiva do território, sistema que tinha dado certo nos Açores e na Ilha da Madeira, dada a premência de enfrentar a constante ameaça francesa.[5]

As capitanias foram estabelecidas entre o atual Maranhão e as proximidades de Laguna, em Santa Catarina: eram 14, com 15 lotes e 12 donatários. Dessas, apenas as de Pernambuco e de São Vicente vingaram: as demais foram abandonadas, destruídas pelos silvícolas, tomadas pelos franceses ou sequer implantadas. Portanto, não houve colonização alguma em amplos vazios litorâneos, que permaneceram despovoados e sem funções econômicas, a não ser as de subsistência, como a pesca, do Maranhão à Paraíba, da Bahia ao Rio de Janeiro e do Paraná a Santa Catarina. Essa situação mudou muito pouco até hoje, a não ser em pequenos trechos entre Pernambuco e Rio Grande do Norte e em Santa Catarina.

Assim, a afirmação de que o Brasil foi objeto de uma ocupação litorânea é certamente um exagero, com poucas vilas implantadas e com baixa ou nenhuma relação entre elas. Desde os primórdios, foram reduzidas as possibilidades de um transporte marítimo significativo, que, como veremos,

---

[4]Eduardo Bueno, *Brasil: uma história* — Cinco séculos de um país em construção.
[5]Ibidem.

esteve desde sempre voltado para fora, com escassas possibilidades de desenvolvimento de sua cabotagem, a não ser entre dois ou três pontos do enorme litoral. Entretanto, não existem dúvidas da importância desse possível, precário e perigoso transporte que se fazia por mar entre algumas capitanias, pelos mais variados tipos de embarcações, como chatas, canoas, alvarengas, faluas e as famosas jangadas nesse início de colonização. As atividades mais promissoras nesse tipo de transporte se davam nas duas baías mais exploradas do litoral, quais sejam, a de Todos os Santos, na Bahia, e, posteriormente, a de Guanabara, e também nas embocaduras de alguns rios, como o Paraíba do Sul, em Campos dos Goytacazes, o Itapicuru, no Maranhão, o Parnaíba, no Piauí, o Jaguaribe, no Ceará, e, o mais favorável para a navegação, o Amazonas, além da Lagoa dos Patos, no Rio Grande do Sul.

Relativamente à questão dos portos, houve desde sempre duas atitudes que marcaram o período: a primeira, de caráter defensivo, na qual as poucas obras feitas tratavam de fortificar o local contra os invasores; e a segunda, de aproveitar as facilidades naturais de atracação, sem se importar com as dificuldades de carga e descarga das caravelas e com o objetivo claro de não as melhorar. Os primeiros portos explorados se situavam entre Itamaracá, em Pernambuco, e São Vicente, em São Paulo, e os demais, ao norte e ao sul desses, foram lentamente sendo aproveitados. Desde cedo, entretanto, foi constatado que na região que se mostrava mais apta para o desenvolvimento de uma atividade econômica consistente, entre parte do Rio de Janeiro, São Paulo, Paraná e Santa Catarina, existia uma serra que se constituía em uma verdadeira barreira, que dificultava e elevava em muito os custos dos acessos terrestres aos portos de Angra dos Reis, no Rio de Janeiro, e de Santos, da mesma forma que aos portos de Paranaguá e São Francisco do Sul.

Para complicar bastante tanto as possibilidades do transporte marítimo como as do transporte fluvial de interior, as redes fluviais do país mais promissoras em matéria de transportes, quais sejam, as bacias Amazônica e do Paraná-Paraguai, encontravam-se nos extremos do território, no Norte despovoado e não desenvolvido e no Sul, com uma configuração que facilitou em muito a penetração do homem em direção ao interior, mas que não contribuía para o desenvolvimento. De outro lado, na região promissora do planalto os rios corriam ao contrário, estavam orientados da serra para o interior, como no caso do Tietê, do Paraíba do Sul e do Iguaçu, entre outros. Quando acontecia de buscarem o mar, faziam-no por meio de grandes quedas e cataratas.[6]

Pode-se afirmar que o transporte hidroviário se constituiu inicialmente um grande facilitador do povoamento ao longo dos rios de penetração, mas, por causa de algumas de suas características, como rios de planalto, não lograram ao longo da história econômica desempenhar um papel importante em termos comerciais, mesmo porque nunca existiu intenção de se corrigir, adaptar, desbloquear e regularizar seus cursos para torná-los mais eficientes. A única possível exceção foi o São Francisco, que teve papel importante nas primeiras comunicações entre o Nordeste e o Centro-Sul, especialmente no desenvolvimento da mineração em Minas Gerais no século XVIII. Entretanto, esse rio, de quase 3 mil quilômetros de curso, corre paralelamente à costa, atravessa regiões pobres, pouco povoadas e de navegação restrita, devido à intransponível catarata de Paulo Afonso.[7]

Na Europa e nos Estados Unidos, o uso dos rios navegáveis foi fundamental no desenvolvimento econômico de enormes áreas desde o princípio, consolidou portos, terminais, armazenagem e cidades que dependiam daquele transporte, bem antes de ter de enfrentar a concorrência das ferrovias e dos caminhões, situação completamente oposta à nossa.

Voltemos nossa atenção agora para as explorações econômicas que ocorreram e seus impactos em termos de transportes terrestres. Em 1532, teve início o reinado do açúcar, que iria durar de forma absoluta até o último quartel do século XVII, mas que existe até hoje. Com a experiência dos portugueses na produção e no refino do açúcar nos Açores, e principalmente na Ilha da Madeira, aliada a capitais holandeses, foi montado no Brasil um dos maiores experimentos capitalistas de todos os tempos. Martim Afonso

---

[6] Jacques Lambert, *Os dois Brasis*.
[7] Ibidem.

de Souza, em associação com os holandeses, ergueu no Brasil o primeiro engenho, porém quem capitaneou o processo interno de difusão da cultura foi o donatário de Pernambuco, Duarte Coelho, com colonos vindos da Ilha da Madeira.

Os efeitos da exploração e dos gigantescos lucros auferidos não foram significativamente dirigidos para Portugal, para a colônia e mesmo para os donos de engenho. Os banqueiros financiadores da operação, os armadores e os comerciantes holandeses foram os maiores beneficiários do sistema. O engenho denominado "banguê"[8] funcionava de forma autossustentada e fechada e incluía a casa-grande, a moita (fábrica), a capela e a senzala. A grande maioria dos empregados acabou sendo de escravos, após as tentativas de uso dos indígenas, em que Portugal já tinha grande experiência, derivada de suas explorações em Cabo Verde e nos Açores.

Os engenhos funcionavam como uma unidade autônoma, produziam a cana-de-açúcar, todos os alimentos para a subsistência da mão de obra escrava e da livre, e mesmo da casa-grande, além de todos os serviços de manutenção necessários. Os insumos mais importantes, como lenha para queimar e juntas de boi para a geração de energia dos moinhos, eram do próprio engenho: o gasto com a compra de materiais e serviços de terceiros não alcançava 6% do total.[9] A cachaça, aguardente de cana, um subproduto da fabricação de açúcar, desempenhou um papel crucial, pois os escravos eram comprados com ela, que se tornou a moeda de troca mais importante do sistema, além de ser fator de amortecimento das questões sociais internas ao engenho.

Os primeiros negros trazidos para o Brasil vieram da Guiné com Martim Afonso de Souza, mas o comércio negreiro se intensificou a partir de 1559, quando a Coroa autorizou cada senhor de engenho a comprar até 120 escravos por ano. O governador-geral Salvador Correia de Sá oficializou o tráfico em 1568, e a partir daí, até a abolição, no século XIX, entraram no

---

[8]Banguê era um estrado feito de cipós e madeira, carregado por duas pessoas para transporte de bagaço de cana nos engenhos.

[9]Celso Furtado, *Formação econômica do Brasil.*

país cerca de 3,5 milhões de escravos, segundo estimativas de Sérgio Buarque de Holanda, ou, mais realisticamente, entre 4 e 5 milhões, segundo outros autores. De qualquer forma, o contingente de escravos que foram trazidos povoou o Brasil e pelo menos até meados daquele século representava, com seus descendentes, mais de 50% da população, e teve participação ativa em todas as formas de exploração econômica.

A localização dos primeiros engenhos era a mais próxima possível do litoral, nas zonas da mata de Pernambuco, Paraíba, Rio Grande do Norte e no Recôncavo Baiano. O açúcar era embalado em caixas e transportado pelos empregados do engenho para os portos em carros de boi, lombos de animais e, principalmente, ao longo dos rios, em canoas e barcaças a partir de trapiches próprios. Como vimos antes, os armadores eram em geral holandeses. No fim do século XIX e início do XX, com a retomada da importância da produção de açúcar e com as inovações dos engenhos centrais e das usinas, esse transporte vai ser todo feito por uma extensa rede ferroviária própria dos engenhos e das usinas e de empresas ferroviárias, como a Estrada de Ferro Recife-São Francisco, que serão consolidadas posteriormente na ferrovia inglesa Great Western.[10]

Na produção do açúcar já avulta a importância das juntas de boi como meio único de transporte, o que conferia à criação de gado um caráter estratégico não somente para a região, mas para toda a colônia. As primeiras cabeças de gado foram trazidas do arquipélago de Cabo Verde para São Vicente em 1534 por iniciativa de Ana Pimentel de Souza, esposa de Martim Afonso de Souza. Duarte de Souza, ao tomar posse em Pernambuco, trouxe mais de cem cabeças também de Cabo Verde. Como as terras próximas ao litoral eram destinadas à produção de açúcar, a criação de gado se espalhou para o interior, ao longo de rios perenes, por meio de caboclos e índios, que iam recebendo em pagamento terras e um gado para iniciar a exploração de caráter extensivo.

---

[10]A Great Western foi criada em 1872, nos moldes da existente na Inglaterra. Conseguiu a concessão do trecho Recife-Limoeiro e no início do século XX arrendou as demais ferrovias de Pernambuco.

O uso de juntas de boi também foi crucial para as vilas, em todo tipo de transportes, inclusive de pessoas. Para Salvador, primeira capital, na Baía de Todos os Santos, iam sistematicamente carregamentos especiais de gado dos Açores e de Cabo Verde por meio de uma embarcação própria, o que levou a Bahia e as margens do São Francisco à vanguarda dessa criação. Depois o gado foi levado para Minas Gerais, cujas necessidades seriam muito aumentadas durante o ciclo do ouro, mas que desde cedo despertou para a especialização de gado de leite, devido às condições de relevo. Em meados do século XVIII, alcançou o sul, onde encontrou as terras mais propícias para seu desenvolvimento, cumpriu papel importante nas guerras ocorridas na região e se tornaria o maior produto para os mercados interno e externo do Rio Grande do Sul.

Enquanto a produção de açúcar no Nordeste se consolidava a partir de Pernambuco, com seus efeitos sobre toda uma região, e com a construção da cidade de Salvador, as vilas do centro-sul, de São Vicente, de Santos e, principalmente, de Piratininga enfrentavam graves dificuldades para sobreviver e sair da pobreza. As duas primeiras tinham pouco contato com o planalto, visto que a empreitada de subir a serra era muito dura. Mas se espraiaram para o norte até Angra dos Reis e para o sul até Laguna. Os colonos de Piratininga encontravam-se em situação difícil: existiam terras em abundância para uma população branca muito reduzida. A fonte de incremento de renda desses colonos passou a ser no primeiro momento a escravidão dos indígenas, e na sua captura eles se embrenharam em direção ao sertão, dispostos a tudo, até a matar e a ser morto, tudo com rara violência. Isso acabou por transformar São Paulo no maior centro de escravismo do continente, uma terra sem lei, abandonada e distante da metrópole.

As chamadas bandeiras (costume tupiniquim de levantar uma bandeira em sinal de guerra), segundo alguns historiadores, devem ter sido iniciadas como negócio de capturar índios do sertão por volta de 1571, mas há evidências de que existia naquela região uma tradição de escravismo bem anterior. As primeiras incursões foram certamente em direção aos rios Tietê e Paraíba do Sul, pela sua proximidade com a vila de Piratininga e pela existência de tribos que habitavam suas margens. Esse negócio vai perdurar quase dois séculos, com a queda, em 1759, das últimas reduções jesuíticas, denominadas "Trinta Povos Guaranis".[11]

A história das atividades dos jesuítas portugueses, mas principalmente dos espanhóis, na criação das reduções de índios guaranis na região entre os rios Paraná, Uruguai, Iguaçu e Paranapanema se mistura com a história das atrocidades perpetradas pelos bandeirantes na perseguição e captura dos indígenas, facilitadas por aqueles "currais" organizados pelos jesuítas. De qualquer forma, nessas perseguições os bandeirantes andaram muito, estabeleceram caminhos em direção ao norte do Paraná, ao sul de Mato Grosso, ao noroeste e centro do Rio Grande do Sul e ao oeste de Santa Catarina e ainda atravessaram as atuais fronteiras do Paraguai, do Uruguai e da Argentina. Foram responsáveis diretos pelo aumento do território de Portugal e, é claro, do Brasil.

Capistrano de Abreu[12] faz uma diferença entre os bandeirantes e os exploradores. Os primeiros não concorreram para o povoamento do território; muito ao contrário, causaram a morte de milhares de índios, destruíram suas aldeias, não se fixaram em algum lugar, iam e vinham e contribuíam para doenças e epidemias fatais. Os segundos foram chamados para pacificar determinadas áreas, estabeleceram uma rede importante de caminhos, integraram regiões e deixaram legados importantes. Ainda segundo Capistrano, o maior serviço que prestaram consistiu em ligar o Tietê e o Paraíba do Sul ao São Francisco, por meio da Mantiqueira. Construíram e levaram rio abaixo canoas para as quais nem havia madeira própria.

Os paulistas não pararam por aí. Continuaram a se deslocar muito, agora em busca de ouro e pedras preciosas, incentivados pela metrópole e também porque seu negócio inicial começava a decair. Eles o fizeram de forma contínua e constante em praticamente todas as direções: percorreram os rios Doce, das Velhas e Jequitinhonha, em Minas Gerais, e facilitaram a ligação da província com o Rio de Janeiro; alcançaram o Araguaia e o

[11]Essas reduções surgiram em áreas que hoje fazem parte dos territórios do Brasil, da Argentina e do Paraguai.
[12]*Caminhos antigos e povoamento do Brasil.*

Tocantins, em Goiás, e o Coxim, o São Lourenço e o Paraguai, em Mato Grosso; e, na direção do Paraná, os afluentes do Iguaçu. As pequenas vilas criadas no interior de São Paulo, como Jundiaí, Sorocaba e Itu, se ligavam a uma área específica, Goiás, Paraná e Mato Grosso, e ao longo do Paraíba do Sul voltavam-se para Minas Gerais.

Por volta do fim do século XVII, ao buscar índios nas serras das Minas Gerais, o paulista Antonio Ruiz de Arzão e seu cunhado Bartolomeu Bueno de Siqueira descobriram ouro em grandes quantidades em uma área significativa nas nascentes do rio das Mortes que envolvia várias vilas: São João del Rey, Mariana, Ouro Preto, Sabará e Caetés. O caminho percorrido, que levava em média dois meses, se iniciava no Vale do Paraíba, em Taubaté e Lorena, cruzava a Mantiqueira pela garganta do Embaú e alcançava São João, porta de toda a região. Fica difícil no âmbito deste livro descrever todas as consequências dessas descobertas, especialmente com relação à Coroa portuguesa e à sua principal aliada, a Inglaterra, isso sem falar na descoberta de diamantes no Arraial do Tijuco, em 1723, que gerou o Distrito Diamantino, com forte controle estatal por parte de Portugal.

Na região do ouro, aconteceu de tudo: êxodo populacional; extinção de indígenas; aumento da importação de escravos; inflação generalizada de preços; violências sem fim, até com a famosa Guerra dos Emboabas;[13] abertura de caminhos, de penetração; enfraquecimento do ciclo do açúcar; aumento do poder político do Rio de Janeiro; perda do controle das minas e dos resultados do empreendimento pelos paulistas; importância fundamental do contrabando que mobilizou grande energia da Coroa em sua proibição; emergência de sentimentos de separação de Portugal; e finalmente a criação e o desenvolvimento do importante, original e reconhecido movimento artístico do barroco mineiro.

Em termos espaciais, a febre do ouro nas Minas Gerais teve o mérito de distribuir de forma mais adequada a população, fora dos núcleos já existen-

[13]Emboabas, forasteiros ou estranhos eram denominados os portugueses e migrantes das demais partes do Brasil que se dirigiram para aquela região e que foram combatidos pelos paulistas, denominados "vicentinos".

tes no Nordeste e em São Paulo, com a vantagem de se situar exatamente a meio caminho entre aquelas regiões, o que facilitou a integração norte-sul e sul-norte. Mais de 150 mil pessoas foram atraídas de imediato para a região, das quais mais de 100 mil eram escravas. Ao longo do século XVIII chegou a quase 500 mil o número de pessoas que circularam pela área, entre paulistas, cariocas, baianos, portugueses, indígenas e negros da Guiné e de Angola.[14] Apesar da fome que grassou nos primeiros anos, provocou aumento de demanda por alimentos, que teve de ser atendida pela própria região, pelo Nordeste, por meio da importação de gado, pelas fazendas ao longo do São Francisco e certamente pelas áreas ao sul, especialmente as do Rio de Janeiro.

Outra consequência importante para o nosso tema foi que logo nos primeiros anos se descobriu um caminho muito mais curto para a região através do Rio de Janeiro (caminho novo das Minas). Além disso, após anos de descaso governamental com a região das Minas, onde imperou a lei da selva, o governador do Rio de Janeiro, Arthur de Sá e Menezes, ficou encarregado de representar o poder constituído. As críticas à sua atuação são grandes, mas o fato é que ele estabeleceu acordos com os paulistas, morou na região das Minas, criou a primeira legislação para regular a exploração e, principalmente, aumentou em muito o poder político e econômico do Rio de Janeiro, com importantes reflexos futuros, entre os quais a transferência da capital do Brasil de Salvador para a cidade de São Sebastião em 1763.

Os paulistas também descobriram ouro em Goiás e Mato Grosso, em menores quantidades do que em Minas, nas primeiras décadas do século XVIII, e geraram igualmente correntes de pessoas para essas regiões. Assim foram abertas novas vias de penetração a partir de São Paulo, que seriam importantes na ocupação do território. Menção especial deve ser dada às incursões em direção a Mato Grosso, conhecidas pelo nome de "monções",[15] que eram feitas uma vez por ano por via fluvial a partir de Porto Feliz, à beira do Tietê, em

[14]Eduardo Bueno, *Brasil: uma história* — Cinco séculos de um país em construção.

[15]Deu-se esse nome às incursões por via fluvial porque elas eram feitas durante o período das cheias dos rios, as monções, em que a navegação era facilitada.

um percurso de 3.664 km até Cuiabá. Eles seguiam pelos rios Tietê, Paraná, Pardo e Coxim para alcançar o rio Cuiabá e o local de descoberta do ouro, Bom Jesus do Cuiabá. Levavam cinco meses para ir, o mesmo que de Lisboa à Índia, e na volta dois meses, o mesmo que da Bahia a Portugal.[16]

Diante desse quadro geral de referência de ocupação do território, a partir das primeiras vilas no centro-sul e das consequências do período mineiro, vamos ver se conseguimos tirar algumas inferências para o nosso tema, em especial com relação às condições criadas pelo povoamento e pelas explorações comerciais à implantação de um sistema de transportes terrestres que será concretizado quase dois séculos depois.

O padrão de ocupação das melhores terras para cultivo encontradas no planalto paulista e de seus desdobramentos em direção ao Paraná, a Mato Grosso, Goiás e a Minas Gerais foi de caráter nômade, sem fixação do homem na lavoura, feita de forma acelerada, que deixou atrás de si terras abandonadas e sem especialização particular. Foram percorridos milhares de quilômetros, territórios imensos, à procura de escravos indígenas e de ouro, sem encontrar resistências, como no caso americano, no qual os índios resistiram muito fortemente à chegada do homem branco e cuja colonização foi muito mais lenta e cuidadosa, sempre apoiada em colônias fortes economicamente na retaguarda.

No caso paulista, tudo foi feito muito rapidamente: foram ocupados mais de quatro milhões de quilômetros quadrados por uma população relativamente pequena, com escassos interesses de colonização propriamente dita.[17] Entretanto, de forma paradoxal, os paulistas, com suas incursões pelos sertões, demarcaram uma área de influência a partir de São Paulo com incrível competência, pois tempos depois tanto as ferrovias quanto as rodovias acompanharam em linhas gerais a configuração daquelas incursões e do papel das vilas paulistas nas várias direções, conforme visto anteriormente. Parece que antes mesmo do desenvolvimento do estado de São Paulo com o café e, posteriormente, com a industrialização já estavam delineados uma área de influência e um amplo mercado para seus produtos e serviços.

[16]Eduardo Bueno, ibidem.
[17]Jacques Lambert, ibidem.

Nenhuma outra região do país teria condições de se confrontar com essa em termos de potencialidades de um futuro desenvolvimento, pelo caráter local de suas explorações, como no caso do açúcar na zona da mata nordestina, do cacau na Bahia, da borracha na Amazônia e mesmo da mineração em Minas Gerais, que antes do fim do século XVIII já entrara em decadência. A única área de competição foi a localizada no norte do Rio de Janeiro e no sul de Minas, onde prevaleceu a influência da capital administrativa no Rio de Janeiro. Entretanto, o ciclo de ouro em Minas, ao envolver os três estados, São Paulo, Minas Gerais e Rio de Janeiro, com a multiplicidade de relações e de caminhos estabelecidos entre eles, tendo por eixo o vale do rio Paraíba do Sul, vai não somente servir de suporte para a expansão inicial do café naquela região como consolidar nos três estados o poder econômico e político do país.

Outra questão que necessita ser colocada quanto ao povoamento e à exploração econômica do território, que condicionou em muito o sistema de transportes do país, diz respeito ao caráter isolado das unidades produtoras, constituídas em sua grande maioria por fazendas, à reduzida importância econômica das vilas e ao seu distanciamento com outras que iam sendo criadas, à ausência de integração interna nas regiões e à existência de mundos regionais completamente distantes e ignorados, com leis e características próprias. E toda essa situação em um enorme território, com reduzida população, com desconhecimento grande sobre as áreas e seus habitantes indígenas, sem relatos de experiências anteriores e sem a presença de um poder constituído, o que agravou ainda mais os sentimentos defensivos de isolamento e autossuficiência.

No começo do século XIX, a população do país era de pouco mais de três milhões de habitantes. A cada três brasileiros (ou brasilienses, segundo alguns), um era escravo e a população indígena alcançava 800 mil. Espacialmente, ela se concentrava basicamente em Minas Gerais, com 600 mil habitantes, no Rio de Janeiro, com 500 mil, na Bahia, com 480 mil, e em Pernambuco, com 370 mil. O restante do país era praticamente despovoado.[18] Entretanto, grandes transformações iriam ocorrer a partir

[18]Laurentino Gomes, *1808*.

da vinda de dom João VI e toda a sua corte para o Brasil, devido à iminente invasão de Portugal pelas forças de Napoleão: a abertura dos portos brasileiros às nações amigas, que rompeu as amarras coloniais em 1808; a elevação do Brasil a Reino Unido a Portugal e Algarves em 1815; a aclamação de dom João VI como rei desse Reino Unido; as revoluções de caráter liberal tanto em Portugal (Porto) como no Brasil (Recife), para afinal culminarem com a proclamação da independência e a coroação de dom Pedro I como imperador do Brasil em 1822. Do ponto de vista econômico, as alterações não abalaram o sistema escravagista, que, pelo contrário, ganhou mais força nas primeiras décadas do século, porém não era mais possível deter o intenso movimento de crescimento do mercado interno, que ocorria em diversas áreas do país.

Esse crescimento se deu pelo grande incremento populacional em função da imigração de portugueses e das primeiras levas de outros europeus, bem como do aumento do tráfico de escravos; pelo controle desse que era o maior negócio em termos econômicos e financeiros do país pelos capitais brasileiros; pela realocação das despesas da corte de Portugal para o mercado interno brasileiro e pela implantação e pelo desenvolvimento de um incipiente, porém fundamental, mercado de títulos, que contribuiu para a obtenção de recursos, que se encontravam parcialmente ociosos, pela máquina administrativa do governo.[19]

Do nosso ponto de vista, é importante assinalar primeiramente o aumento da influência da cidade do Rio de Janeiro nesse movimento de expansão do mercado interno, especialmente por meio do porto do Rio de Janeiro, que passou a ser fundamental para o tráfico de escravos, com suas importações e exportações, por suas facilidades de intercâmbio com a Europa, a América, a África, as Índias Orientais e as ilhas dos mares do Sul, pelos efeitos da instalação da corte e das alterações dos padrões de consumo de parte da população residente. Em segundo lugar, como vimos anteriormente, graças ao ciclo de ouro, haviam-se estabelecido diversos caminhos entre a cidade do Rio de Janeiro e o litoral fluminense e a região das Minas Gerais, o que

[19]Jorge Caldeira, "O processo econômico", p. 161-204.

levou a uma grande interação entre cidades e regiões do próprio estado, em especial as localizadas no vale do rio Paraíba do Sul.

Nesse contexto, surge e se consolida inicialmente nessa região o cultivo do café, que vai se constituir na maior exploração econômica do país e que tem importância capital no desenvolvimento do sistema de transportes terrestres, em especial os ferroviários. O café havia chegado ao Brasil, por volta de 1730, através das Guianas, e entrou no Pará pelas mãos do jovem oficial Francisco de Melo Palheta. Foi levado em seguida para o Maranhão e chegou à capital da Província do Rio de Janeiro, onde seu cultivo ocorreu nos morros da cidade e na Baixada Fluminense, e se interiorizou pelo caminho de São Paulo. Vejamos um pouco da história dessa nova bebida, que tanto influenciou a Europa e que foi o sustentáculo de nossa economia durante tanto tempo.

Nascido na península arábica, mais precisamente no Iêmen, o café se espalhou pela região e alcançou inicialmente o Egito e posteriormente a Europa, especialmente Inglaterra, Holanda e França. A introdução do café na Europa teve consequências imediatas em uma série de hábitos, mas talvez o mais importante tenha sido a troca de bebidas na primeira refeição da manhã, que até então eram o vinho ou a cerveja fraca, ambos mais seguros do que a água não tratada das cidades da época. Essa nova opção, que levava à sobriedade, à melhoria da qualidade do trabalho, da atenção e do raciocínio, iria se afirmar como a própria antítese das bebidas alcoólicas, que levavam à diminuição dos sentidos e à própria embriaguez: essa crença é ainda hoje considerada como verdadeira e por muitos praticada.

O uso do café esteve associado inicialmente a aspectos religiosos por causa de seus efeitos estimulantes. Era consumido pelos sufistas para afastar o sono em cerimônias religiosas noturnas. Entretanto, rapidamente ele passou a ser consumido em praças e em pequenos espaços urbanos, denominados cafés públicos, que iriam moldar um dos comportamentos culturais mais importantes e significativos do cidadão urbano da Europa ocidental. Os cafés públicos surgem ainda na península arábica, como opção às tabernas ilícitas que vendiam bebidas alcoólicas. Tinham um caráter social e moral de respeitabilidade, pois eram lugares onde as pessoas de bem podiam ser vistas. As resistências ao café eram, entretanto, muito fortes no mundo muçulmano, em virtude de sua qualidade de excitante, que o aproximava do vinho e de outras bebidas: por outro lado, os cafés públicos começavam a se afirmar como um espaço de locais de reunião, de fontes de notícias, de discussões e de jogos, o que os tornava perigosos para as autoridades. Porém todas as resistências foram vencidas, não somente naquela região como no próprio continente europeu, visto que inicialmente o café estava associado ao islã e, portanto, tinha restrições da Igreja. Elas foram desfeitas graças aos mercadores venezianos, que conseguiram, com seu empenho, a aprovação do seu uso pelo papa Clemente VIII, no início daquele século.

Os cafés públicos foram introduzidos na Europa a partir de meados do século XVII, primeiramente na Inglaterra, em Londres, durante o governo do puritano Oliver Cromwell, ao fim da primeira revolução inglesa, por um comerciante inglês que adquirira o hábito de tomar café em suas viagens pelo Oriente Médio. Esses cafés representaram, como vimos, opções respeitáveis e sóbrias às tabernas: eram iluminados, claros, limpos, bem decorados e com belas mobílias. O mais importante, porém, é que se ajustavam como uma luva às necessidades do novo tempo burguês naquele país: de informação, de liberdade de associação, de conspiração, de realização de negócios, em um ambiente sóbrio e democrático, em que as pessoas se encontravam com seus sentidos despertos e aguçados pelo café, em pleno uso de suas razões, e, além disso, atendiam a seus anseios de fraternidade e convívio social. O consumo de café se espalhou pela Europa: cafés públicos foram abertos em Marselha (1671), e em Veneza (1683) e rapidamente atingiram a maioria dos países. O café passou a ser uma das principais mercadorias do comércio internacional, sob o monopólio dos árabes, que o produziam no Iêmen e na Etiópia e o vendiam em sementes secas, sem possibilidade de reprodução. A disseminação do cultivo do café no Ocidente é uma história à parte, que passa pelas colônias holandesas, francesas, inglesas e espanholas, até chegar ao Brasil, como vimos, em meados do século XVIII, e à Colômbia, no início do século XIX, que se tornariam, a partir daí, os dois maiores produtores da América.[20]

[20] Tom Standage, *História do mundo em 6 copos.*

Assim, no início do século XIX, o café iniciou seu percurso na Província do Rio de Janeiro, a partir de sua capital, em direção ao Vale do Paraíba. Aproveitou a abundância de terras ociosas, o clima propício, a necessidade de menos capital a ser investido do que o cultivo do açúcar, a desorganização do antigo sistema de mineração, com uma oferta de mão de obra escrava disponível, e a infraestrutura de caminhos que havia sido montada para o carregamento do ouro mineiro, em seus "caminhos velho e novo", e abriu uma série importante de novos caminhos derivados daqueles.

Relativamente ao caminho velho, o porto de Paraty é substituído por uma série de portos situados na Baía de Angra dos Reis (antiga Santos Reis Magos), com a consequente abertura de novos caminhos para carrear as produções do sul e do sudoeste da província e do chamado norte paulista, que já começava a produzir o café. No caso do caminho novo, a partir dos portos da Baixada Fluminense, de Iguaçu e Estrela, surgem duas novas e importantes estradas, a do Comércio e a da Polícia, que permitem as ligações com Vassouras, Valença, Paty do Alferes, Mendes e Rio das Flores, que se tornariam importantes regiões produtoras de café.

Figura 1 — Os antigos caminhos

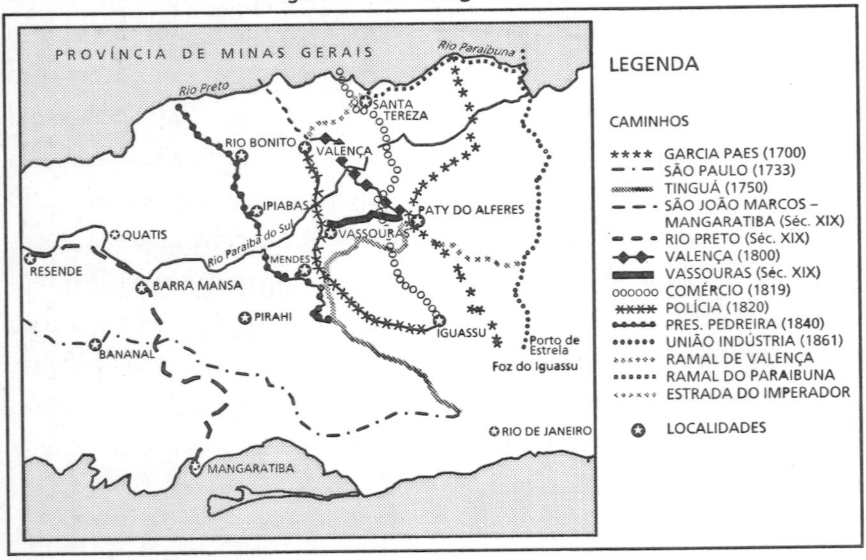

Fonte: Alberto Lamego. O *homem e a serra*. Rio de Janeiro: IBGE, 1950.

Assim, em um primeiro momento, dada a proximidade da região de produção cafeeira com os portos das baías de Guanabara e de Angra, houve um grande desenvolvimento em termos de extensão e do ponto de vista técnico das estradas, de forma a facilitar o precário transporte ainda feito por parelhas de mulas. Essas melhorias, como traçados mais adequados, construção de pontes, de sistemas de drenagem e proteção de encostas — na Estrada União e Indústria, que liga Petrópolis a Juiz de Fora, foi até introduzido o macadame[21] —, iriam condicionar o futuro desenvolvimento rodoviário do país. Esse surto inicial das estradas também teria reflexos nas importantes melhorias das condições de transporte nas descidas das serras de Petrópolis para o Rio de Janeiro, de São Paulo para Santos e de Curitiba para Paranaguá e, claro, nas condições de operação dos respectivos portos. No caso da descida da antiga Piratininga para Santos, as dificuldades eram grandes, existiam fortes pressões dos produtores de açúcar e posteriormente de café para melhorias naquele caminho. Assim, foi construída a Calçada do Lorena em 1789, a Estrada da Maioridade em 1840 e, finalmente, bem mais tarde, em 1913, o Caminho do Mar, que seria posteriormente asfaltado.

Entretanto, além desses efeitos localizados inicialmente na Província do Rio de Janeiro, o desenvolvimento da produção e da venda do café naquele início do século XIX veio acrescentar novos elementos econômicos e financeiros a uma situação geral do Segundo Reinado de grandes transformações políticas e de ambientes de negócios que vão favorecer enormemente o sistema de transportes, inicialmente a partir da navegação marítima e fluvial, com o advento dos barcos a vapor. A decisão de conceder maior prioridade à área de transportes ocorre ainda no Primeiro Reinado, com a lei de 29 de agosto de 1928, que regulou a competência dos governos imperial, provinciais e municipais de prover a navegação dos rios, abrir canais, construir estradas, pontes, calçadas ou aquedutos e admitiu a concessão a nacionais

[21]Macadame é um tipo de pavimento para estradas desenvolvido pelo engenheiro escocês John Loudon McAdam, que consistia em três camadas de pedras postas numa fundação com valas laterais para escoamento da água.

ou estrangeiros, "associados em companhias ou sobre si [expressão colonial que significa 'por conta própria'],".[22]

Ainda no período das regências ocorreu uma iniciativa oficial que marcou o início efetivo da frota naval mercante, por meio do Decreto 60, de 8 de outubro de 1833, que autorizou o governo a contratar companhias de navegação nacionais ou estrangeiras para trafegar nos rios, nas baías e no litoral. Era o começo do primeiro período de abertura para o transporte de cabotagem, que tinha como base uma proposta apresentada naquele ano pelo senador Nicolau Pereira de Campos Vergueiro da constituição de uma companhia com seis paquetes a vapor para fazer uma linha do norte do Rio de Janeiro para Bahia, Pernambuco, Maranhão e Pará e uma linha do sul do mesmo Rio de Janeiro para Santos, Santa Catarina, Rio Grande e Montevidéu.

Apesar das dificuldades existentes com navios importados e combustíveis com base em carvão, outras iniciativas foram concretizadas durante as regências e refletiram em grande medida o incremento do mercado interno, com o estabelecimento de complexos agroexportadores em cada uma das regiões e o incremento das atividades comerciais do império: concessões para os rios das Velhas e São Francisco (1833), para os rios do Pará e do Maranhão (1834), para a Companhia de Niterói para rios e baías do Rio de Janeiro (1834), para a navegação do rio Doce, no Espírito Santo (1936), para a ligação de Belém com a ilha de Marajó (1837), além da ligação entre Rio de Janeiro e Vila Real da Praia Grande (Niterói), inaugurada em 1835, posteriormente expandida para Paquetá, Macaé e Cabo Frio.[23]

A situação econômica e financeira do país, porém, bem como as finanças públicas, a partir da extinção do tráfico de escravos em 1850, quando todos esperavam pelo pior, se modificou drasticamente para melhor. Jorge Caldeira expressa muito bem esses dois momentos, o de desânimo e o da nova realidade.

---

[22]Créso Coimbra, *Visão histórica e análise conceitual dos transportes no Brasil.*

[23]Ibidem.

O tráfico de escravos era o motor da economia brasileira, o centro de toda a engrenagem do dinheiro. Lançara raízes profundas, todo um modo de encarar o mundo: os problemas se resolviam com um senhor de boas ideias e alguns negros de braços fortes para fazer as tarefas mecânicas, como ensinava o velho visconde de Cairu. Agora que faltava a parte mecânica do processo, as coisas se tornavam mais difíceis para o país.

Pouca gente tinha pensado no óbvio: o tráfico era um negócio ilegal, e o volume de dinheiro nele aplicado simplesmente não aparecia na contabilidade oficial. Encerrada a atividade, essa massa de recursos escondida surgiu à luz do dia, multiplicando subitamente a riqueza contabilizada — mesmo quando os donos do dinheiro não acreditavam mais nas possibilidades da economia.[24]

Diante desse quadro, Irineu Evangelista de Souza deu uma tacada de mestre ao fundar o maior banco do país apenas seis meses após a crise da extinção do tráfico, exatamente em 2 de março de 1851, com o nome inicial de Banco do Commercio e da Indústria do Brasil, mas que, por questões burocráticas, acaba virando Banco do Brasil, com o capital de 10 mil contos de réis, totalmente integralizado em justas três semanas, cada ação valendo mil-réis. O Banco do Brasil, cinco vezes maior do que seu concorrente na praça, o Banco Comercial, tinha clara intenção de financiar novos empreendimentos, especialmente na área industrial e de serviços, mas principalmente em infraestrutura de transportes. Infelizmente o banco teve vida bem curta, pouco mais de dois anos, com a decisão do governo imperial de intervir no mercado, estatizar o setor e garantir juros mais elevados para os rentistas.

Voltando ao nosso tema referente às navegações de cabotagem e fluvial, e seguindo ainda os passos de Irineu Evangelista de Souza, não há como não se surpreender com sua genial antecipação do término do tráfico em uma importante iniciativa: em 1846, adquiriu o Estabelecimento de Fundição

[24] *Mauá*: empresário do império, p. 220.

e Estaleiros de Ponta d'Areia, em Niterói, com o objetivo de construção e reparo de embarcações, mas que no primeiro momento, dadas as dificuldades encontradas, vai fabricar de tudo, de pregos a guindastes, peças para engenhos de açúcar a sinos de igreja, entre outros. Entretanto, as coisas evoluíram favoravelmente e a empresa se beneficiou enormemente do bloqueio inglês contra o tráfico, que apreendeu e destruiu cerca de 850 navios de longo curso, e dos conflitos navais com a Argentina e o Uruguai no rio da Prata e com o Paraguai, resolvidos por navios e canhões fabricados em Niterói. Quase um terço dos navios usados nessas guerras havia sido construído por Mauá, que alcançou a expressiva marca de mais de setenta navios entre a vapor e a vela. Porém o mais importante é que, com base nessa incipiente indústria naval, ele vai apoiar intensamente o desenvolvimento da cabotagem e da navegação interior.

O governo à época tinha igualmente total interesse em promover a navegação, tanto que em 1851, por meio do Decreto 632, organizou o sistema de navegação marítima e fluvial, definiu áreas de atuação e estabeleceu subvenções anuais de 70 mil-réis nos primeiros dez anos e até 40 mil-réis nos anos seguintes, ou a garantia de 8% do capital empregado, às empresas de navegação que usassem os próprios barcos a vapor para o transporte de passageiros, mercadorias e malas de correios. Na área de cabotagem, à Companhia Brasileira de Paquetes a Vapor, que operava desde 1837, como já relatado, vieram se juntar pelo menos quatro importantes empresas: a Companhia do Espírito Santo e Caravelas (1854), que cobria parte do litoral do Rio de Janeiro e do Espírito Santo até Caravelas, na Bahia; a Companhia Baiana (1852), que cobria desde Maceió até Caravelas, passando por Ilhéus; a Companhia Pernambucana (1853), que ia até o Ceará, Sergipe e Fernando de Noronha; e a Companhia do Maranhão (1857), que fazia desde o Ceará até Belém. Além dessas foram criadas outras, de caráter local, que cobriam pequenos trechos entre portos regionais.

O Decreto 2.647 de 1860 garantiu o privilégio do transporte de cabotagem apenas para as embarcações brasileiras, como forma de proteção à incipiente indústria naval. Entretanto, esse fechamento do mercado às embarcações estrangeiras durou pouco tempo, já que em 1866 foi feita nova abertura, com o Decreto 3.631, acentuada pelo Decreto 5.585, de 1874, que definia que aquelas embarcações poderiam continuar a fazer livremente o transporte costeiro entre os portos do império.[25] Em 1871, a Companhia Paquetes a Vapor foi à falência e deu origem às duas maiores companhias do país, que cobriam todo o litoral brasileiro, o Uruguai e a Argentina: a Companhia Nacional de Navegação a Vapor, que fica com a linha sul —Rio de Janeiro, Santos, Paranaguá, São Francisco, Desterro, Rio Grande, Pelotas, Porto Alegre, Montevidéu e Buenos Aires —, e a Companhia Brasileira de Navegação a Vapor, que fica com a linha norte — Espírito Santo, Bahia, Maceió, Pernambuco, Paraíba, Natal, Ceará, Maranhão, Pará e Manaus.

Em termos de navegação fluvial, o mesmo Irineu, apesar de estar envolvido em dois importantes projetos, quais sejam, a ferrovia do porto de Estrela (hoje Mauá), a Raiz da Serra, em Magé, de onde se subia para Petrópolis, e a companhia de iluminação a gás para a cidade do Rio de Janeiro, funda em 1852 a Companhia e Comércio do Amazonas e estabelece a estratégica navegação na bacia amazônica, a pedido do próprio governo imperial, em caráter de urgência, tendo em vista o crescente e difuso interesse dos Estados Unidos na região. As condições para a realização do empreendimento, de concessão de trinta anos e garantias de juros, foram aceitas rapidamente, e a primeira linha foi estabelecida em janeiro de 1853, entre Belém e Manaus, e a segunda entre Manaus e Nauta, no Peru. Após dez anos, eram oito linhas que cortavam a região. A partir dessa primeira experiência, foi autorizada em 1858 a concessão para a ligação entre Montevidéu e Cuiabá para a companhia do Alto Paraguai, que teve de enfrentar grandes problemas derivados da guerra do Paraguai, mas que facilitou o desenvolvimento de Mato Grosso e a integração cisplatina.

No fim do século XIX, ocorrem alguns movimentos importantes para o sistema de navegação, que são, de um lado, a fusão da quase totalidade das empresas nacionais de navegação marítima com a criação do Lloyd Brasileiro, proposta desde a década de 1880 pelo vice-almirante barão de Jaceguay como forma de atenuar a crise econômica e financeira das

[25]Alcides Goulart Filho, "Abertura da navegação de cabotagem brasileira no século XIX", p. 1-21.

companhias brasileiras, de enfrentar a crescente participação das empresas estrangeiras e também para apoiar a política de imigração de europeus para a expansão da lavoura cafeeira de São Paulo; e, de outro lado, a clara prioridade que é dada ao crescimento do sistema ferroviário nacional em termos políticos e de atuação governamental, que coloca em segundo plano a questão da navegação e, por isso mesmo, permite a aprovação do parágrafo único do artigo 13 da Constituição de 1891, o qual estabelece que a navegação de cabotagem marítima, fluvial e lacustre somente possa ser feita por navios nacionais.

O Decreto 857, de 13 de outubro de 1890, que regula os serviços do Lloyd Brasileiro, obrigava a companhia a desempenhar uma série de funções, de grande abrangência, que envolvia todos os setores da navegação:

— Linhas transatlânticas: entre Santos e Hamburgo e entre Santos e Gênova;
— Linhas de cabotagem: norte (já definida), sul (idem) e do Espírito Santo e Canavieiras;
— Linha de cabotagem intermediária entre Rio de Janeiro e Montevidéu;
— Linhas fluviais em Santa Catarina e de Montevidéu a Cuiabá.

A descrição detalhada das peripécias da criação do Lloyd Brasileiro, e das vezes em que a empresa foi nacionalizada e privatizada, foge ao nosso limitado estudo. Entretanto, não restam dúvidas de que vale a pena estudar a história dessa empresa, pois se trata de um caso inédito de sobrevivência por mais de cem anos, às vezes pública, às vezes privada, operando em um setor complexo e de difícil gestão econômica e financeira, cumprindo, além de funções eminentemente comerciais, funções de caráter social, enfrentando duas guerras mundiais causadoras de grande balbúrdia no mercado, e que precisou se ajustar a um processo de transformação intenso que ocorreu com a economia.

É necessário fazer menção à criação de empresas nacionais de navegação marítima, de capital privado, que controlaram aquele transporte em conjunto com o Lloyd Brasileiro durante mais de quarenta anos, que foram muito importantes na participação da bandeira nacional no transporte internacional, na criação do mercado interno brasileiro e na mobilidade das pessoas entre as diferentes regiões. A mais conhecida, e que marcou muitas famílias, foi a popular Costeira (Companhia Nacional de Navegação Costeira), fundada em 1882, que operou de 1891 a 1942, até ser incorporada pelo Lloyd Brasileiro, e que teve como administrador desde a década de 1920 o empresário Henrique Lage. A Companhia Comércio e Navegação (CCN), fundada em 1905, a Lloyd Nacional, de 1917, e a Sociedade Paulista de Navegação Matarazzo, de 1911, foram igualmente importantes. Deve-se ressaltar que essas empresas foram fundadas e comandadas por empresários conhecidos — Ernesto Pereira Carneiro, Giuseppe Martinelli e Francesco Matarazzo — e de grande reputação no próprio processo de industrialização.

Entretanto, a grande revolução em termos de transportes foi a criação e o desenvolvimento da locomotiva a vapor, a partir de 1814, na Inglaterra, que permitiu o nascimento das ferrovias, que possibilitavam o transporte de grande quantidade de mercadorias a distâncias consideráveis com segurança e rapidez, bem como o transporte de passageiros entre cidades. A primeira ferrovia foi implantada na Inglaterra em 1825 e a primeira no Brasil, que ligava o porto de Estrela (Mauá) à localidade de Raiz da Serra em direção a Petrópolis, como já vimos, de apenas 14,5 km, foi inaugurada por dom Pedro II em 30 de abril de 1854, novamente graças ao pioneirismo de Irineu Evangelista de Souza, que nessa mesma ocasião recebeu do imperador o título de Barão de Mauá e que havia criado a Imperial Companhia de Navegação a Vapor e Estrada de Ferro de Petrópolis.

A rede ferroviária cresceu rapidamente e abrangeu várias regiões. Houve tentativas frustradas, em 1835, em 1838 e em 1840, que esbarraram sempre em certo irrealismo na definição de políticas e na questão da rentabilidade dos empreendimentos, que foram realisticamente tratadas pelo Decreto-Lei 641, de 1852, ao conceder vantagens econômicas aos potenciais investidores.

A análise da implantação do sistema ferroviário nacional e de seu crescimento acelerado, principalmente em 1875 (1.801 km), 1895 (12.967 km) e 1920 (28.535 km) tem evidentemente algumas dificuldades, porém nos parece claro que alguns fatores foram decisivos:

a) a opção de transporte até então empregada, de parelha de mulas, era extremamente deficiente em pequenos trechos e impossível em várias situações, com o inconveniente de mobilizar e congelar um número grande de escravos que poderiam ser usados na lavoura;
b) a urgência política e econômica do império de promover uma integração entre as cidades e as regiões com base em seu projeto centralizador a partir da capital do Rio de Janeiro, diferentemente da política colonial explícita, que fazia de tudo, por razões de segurança, para evitar maiores aproximações entre aquelas;
c) as exigências derivadas da grande expansão das atividades cafeeiras na direção de São Paulo e de sua interiorização naquele estado, onde iria encontrar a melhor combinação de terras, clima e mão de obra, que facilitaram a exportação pelo porto de Santos e a compra de insumos importados e ajudaram no deslocamento e na mobilidade da mão de obra para as lavouras;
d) as facilidades dadas aos investidores em 1852, como: garantia de juros pelo poder central e adicionalmente pelas províncias; prazos de concessão de noventa anos; isenção de impostos de importação do material ferroviário; áreas de salvaguarda de 33 km paralelas à ferrovia e os direitos de desapropriação;
e) a opção de incentivos dada em 1873 por meio do pagamento de 30 contos de réis por quilômetro de ferrovia, que levou à construção de estradas de baixo custo e reduzidas características técnicas, com traçados que levavam a maximizar aquela subvenção;
f) a relativa abundância de capital disponível para investimentos de risco tanto em nível interno, derivado dos ganhos com o tráfico de escravos e posteriormente com o café, como em nível externo, especialmente por meio do mercado inglês, no qual a acumulação de capital era intensa;

g) as necessidades de escala para os setores industriais ingleses em termos da produção de locomotivas, vagões e trilhos, com repercussão nas áreas metalúrgicas e de fornecimento de carvão que nessa época supriam o mundo inteiro, que levou a uma baixa significativa de preços desses produtos;
h) as possibilidades que se abriam para o desenvolvimento do comércio entre as cidades e entre as pessoas, com impacto no aumento do mercado interno.

Em termos simplificados, podemos fazer inicialmente uma grande classificação das ferrovias que foram construídas a partir de meados do século XIX: as que tinham como base o transporte de um ou mais produtos importantes na pauta de exportação, como o açúcar em Pernambuco, Paraíba, Alagoas, o fumo e o cacau na Bahia, o carvão em Santa Catarina, a erva-mate no Paraná, o couro e o charque no Rio Grande do Sul e principalmente o café, no início no Rio de Janeiro e posteriormente em São Paulo.

E as que não tinham produtos preponderantes e que atendiam a outras finalidades, como abertura e integração de áreas e regiões (noroeste em São Paulo); de integração intrarregional, como a Leopoldina, no Rio de Janeiro, em direção ao norte fluminense e a regiões do Espírito Santo e de Minas Gerais; as que acabaram compondo a Rede Mineira de Viação, de ligações entre algumas cidades e de transposição da Mantiqueira; e as de caráter inter-regional, como a ligação do Sul com São Paulo. A exceção a esse esquema inicial foi a Estrada de Ferro Dom Pedro II, que teve objetivos relacionados com o café do Vale do Paraíba e de integração com Minas Gerais e São Paulo, e que teve no transporte de passageiros seu grande sustentáculo, pois respondia por mais de 50% de suas receitas: desde 1861 já existia o transporte suburbano de passageiros.

Cabe ainda assinalar por sua importância dois trechos considerados estratégicos por vencerem dificuldades geográficas restritivas às exportações brasileiras, ao uso mais intenso dos dois portos mais importantes do centro-sul, Santos e Paranaguá, e ao próprio desenvolvimento de lavouras específicas no planalto, como no caso do açúcar e do café em São Paulo, que foi a Santos-Jundiaí, e no caso do mate e da madeira no Paraná, que foi a ligação de Curitiba a Paranaguá. A São Paulo Railway, concessionária inglesa até 1946, que deu origem à Santos-Jundiaí, desempenhou papel fundamental e estratégico no desenvolvimento ferroviário do estado, visto que todas as demais ferrovias paulistas eram suas caudatárias.

A percepção de que o negócio de ferrovias era difícil e problemático é antiga:

> Para que as estradas de ferro possam viver é preciso que haja população nas respectivas regiões e que essa população seja ativa, que produza. Sem estes requisitos tem-se construído a maioria das estradas de ferro brasileiras, menos em São Paulo, as quais ficam voltadas à penúria. E para compensação desta penúria, que se traduz em um tráfego verdadeiramente miserável, vem o frete exorbitante tirar estupidamente da unidade aquilo que só a quantidade poderia dar, o que quer dizer a estrada de ferro torna-se um parasita, e o que é mais, uma obstrução, uma desilusão que acaba no desânimo geral.[26]

Fica patente e claro que a implantação do sistema ferroviário no Brasil procurou atender de imediato às necessidades de transporte e de integração entre cidades e regiões, porém não levou muito em conta os requisitos econômicos e financeiros de um negócio de pesados investimentos fixos iniciais e de largo prazo de recuperação, que poderiam estar sujeitos a enfrentar grandes problemas no futuro quanto ao equilíbrio entre receitas e despesas operacionais, sem falar de geração de recursos para seu desenvolvimento e sua modernização.

As ferrovias baseadas em algum produto de exportação tinham em princípio mais chances de vir a dar certo, porém vários fatores atuaram no sentido contrário: quantidades modestas em termos de ferrovias; níveis cíclicos de produção; limite de cobranças de tarifas; transportes sazonais em apenas uma direção e, portanto, sem retorno; exigências crescentes de recursos para sua expansão em função do caráter extensivo da produção

[26]Clodomiro Pereira da Silva, *Política e legislação de estradas de ferro.*

agrícola e, claro, total imprevisibilidade do mercado externo, controlado de fora por agentes independentes. Vamos ver com um pouco mais de detalhes o caso das ferrovias paulistas implantadas com base na expansão do café.

A caracterização de Caio Prado Júnior das ferrovias paulistas nos ajuda bastante, até pelas implicações futuras quanto ao sistema rodoviário.

> A rede de estradas de ferro paulistas, bem como a de rodagem, desenha-se na carta de São Paulo como *uma vasta mão espalmada* para repetir a expressão feliz que Teodoro Sampaio empregou quando se referiu aos predecessores dessas vias modernas na antiga capitania. Para nordeste, servindo o Vale do Paraíba, é a Central do Brasil; para a zona de Atibaia e Bragança, a Bragantina; para norte-nordeste, percorrendo a faixa que fica ao norte do Tietê, e onde se concentra a maior população e riqueza do estado, as companhias Paulista e Mogiana; entre o Tietê e o Aguapeí, a Noroeste do Brasil. Entre esse último rio e o do Peixe, a chamada Alta Paulista, e finalmente entre o Peixe e o Paranapanema, a Sorocabana. Essas estradas são quase independentes entre si, e não se articulam efetivamente senão na região central do estado, onde está a capital. Além, elas se separam cada vez mais, a ponto de nenhum ramal, a não ser excepcionalmente, permitir a passagem de uma para outra, fato esse que reflete muito bem o caráter de faixas bem diferenciadas em que se distribui o povoamento que margeia as suas linhas respectivas.[27]

As ferrovias paulistas, com a exceção da Noroeste, foram claramente implantadas graças à produção e à exportação do café, e atenderam, portanto, à área de produções-porto. Tiveram, assim, em princípio, um limitador de fluxos potenciais de transportes com baixo grau de aproveitamento de sua capacidade instalada.[28] Entretanto, como bem assinala o autor, o declínio daquelas ferrovias começa a se dar quando o percentual de transporte de café começa a diminuir, o que ocasiona maiores custos e menores receitas com o transporte de outras mercadorias.

---

[27]Apud Flavio Azevedo Marques de Saes, *As ferrovias de São Paulo:* 1870-1940.
[28]Ibidem.

Paralelamente, o governo, ao defender as receitas do setor exportador via limitações de produção e de transporte (formação de estoques na origem) e mediante seguidas desvalorizações cambiais, provocou reduções do transporte de café e aumentou expressivamente os custos ferroviários, visto que as ferrovias dependiam de grandes importações de materiais, a par de incrementos nos encargos dos financiamentos externos, sem a possibilidade de repasses desses custos para as tarifas.

Dessa forma, pode-se imaginar as dificuldades das ferrovias que não tinham fatores favoráveis como as calcadas no transporte de uma carga tipicamente ferroviária, de grandes quantidades e com extensões crescentes, baseadas inicialmente em capitais privados originários do próprio negócio do café e que apresentaram elevadas rentabilidades em pelo menos duas décadas, mas que acabam entrando em colapso pelas razões apontadas, derivadas basicamente das condições do tráfego do café e de outras mercadorias, independentemente de aspectos de gestão, de controle acionário e outros.

Portanto, essas outras ferrovias, cuja viabilidade era ainda mais problemática, somente poderiam sobreviver caso aparecesse alguma mercadoria "nova" cuja produção desse um salto expressivo ou viesse a transportar diversas mercadorias, junto com o transporte de passageiros e de encomendas, que acabou sendo uma fórmula de sobrevivência precária de muitas ferrovias, aí incluídas também várias daquelas que foram iniciadas com base em certos produtos de exportação com quantidades modestas e relativamente próximas dos portos.

Além disso, sem entrar em detalhes sobre o desenvolvimento do sistema ferroviário nacional, que entrou em crise a partir de 1935 e que de alguma forma até o presente enfrenta dificuldades, vamos tentar relacionar alguns outros pontos que nos parecem ter relevância na origem desse processo. Alguns bem conhecidos e valorizados, como as deficiências de traçados, que atendiam aos objetivos de valorização das terras e de captação específica de cargas; a proliferação de bitolas distintas, que dificultava em muito o tráfego mútuo; as baixas produtividades dos trabalhadores e funcionários das empresas; a gestão deficiente, em especial quando a grande maioria das ferrovias passou para a administração pública. Mas há que se ressaltar alguns outros pontos, como o evidente despreparo inicial na implantação de um complexo sistema de transportes; a ausência de critérios técnicos em sua expansão; as expectativas irrealistas de crescimento da demanda internacional pelos produtos exportados, cujo exemplo mais emblemático é o do café; questões técnicas de operação e manutenção de materiais de tração e rodagem importados e em contínua evolução, entre muitos outros.

Temos ainda de considerar um aspecto a mais cuja importância para o nosso estudo é fundamental, qual seja da concorrência do transporte rodoviário, que começou a emergir no início do século XX mas que tem relevância no declínio das ferrovias, segundo alguns a partir de 1940. Vamos tentar qualificar um pouco essa questão.

Em princípio, não existem dúvidas de que na implantação e no desenvolvimento das ferrovias a questão da concorrência eventual de outro meio de transporte não foi levada em conta. Isso apesar de já existirem alguns indícios de que tal poderia ocorrer: no início, por volta de meados do século XIX, com a abertura de estradas carroçáveis e de estradas macadamizadas, que já concorriam com as ferrovias em trechos de extensão reduzida e nas quais as condições geográficas eram desfavoráveis para as estradas de ferro. E mais ainda a partir do início do século XX, com a descoberta do cimento e do cimento armado, que poderiam ser usados em pontes e como revestimento estradal, além da descoberta do motor a combustão, que iria revolucionar a produção de veículos automotores.

Lembremo-nos de que as ferrovias ainda tiveram significativa evolução nas primeiras décadas do século e passaram de 15.316 km em 1900 para 34.252 km em 1940, com aportes expressivos de capital externo. É igualmente importante lembrar que a população crescia rapidamente nesse período e que o processo de urbanização se acelerava por meio das migrações inter-regionais, em grande parte sustentadas pela circulação viária. Foi um período de grande expansão do sistema de estradas municipais e estaduais que ligava cidades e regiões, bem como de vias urbanas nas capitais e nas cidades de algum porte.

Dessa forma, apesar de a concorrência rodoviária não ter sido um aspecto crítico no declínio ferroviário, haviam sido criadas condições extremamente perversas para esse inevitável enfrentamento, como a precariedade econômica e financeira das empresas ferroviárias, com enormes déficits operacionais; a pauta de transporte de mercadorias das ferrovias, muito favorável para o transporte por rodovias; o limitado alcance do sistema ferroviário em termos de atendimento à dispersão populacional; a inexistência de integração entre as empresas ferroviárias, agravada pelo enorme complicador de uso de diferentes bitolas; o crescimento do mercado interno de abastecimento de gêneros perecíveis às cidades; as novas tecnologias de veículos de carga e passageiros; e, por último, o desenvolvimento dos pavimentos asfálticos com base no petróleo, que iriam predominar como revestimento das estradas.

Antes de entrar nas questões específicas do transporte rodoviário, que veio a predominar tanto no que se refere ao transporte de passageiros quanto no de mercadorias, vamos finalizar com algumas reflexões sobre as questões relativas ao transporte ferroviário, de molde a poder visualizar melhor o papel desse meio de transporte nos dias atuais. As ferrovias brasileiras foram inicialmente implantadas pela iniciativa privada com base em uma série de estímulos econômicos e financeiros, como vimos anteriormente. Entretanto, logo o Estado começou a assumir ferrovias que estavam em situação complicada, a par de que a garantia de juros sangrava o orçamento do Tesouro devido à rapidez do processo de novas construções ferroviárias.

A terceira ferrovia implantada no país, a Estrada de Ferro Dom Pedro II — constituída em 1855 com capitais privados, cujo primeiro trecho foi inaugurado em 1858 com uma extensão de 27 km e que chegou a ser a maior empresa do império, maior até do que o Banco do Brasil — foi encampada pelo governo imperial já em 1865. No fim do império, cerca de 3.200 km de ferrovias eram estatais. Em 1903, o governo comprou 2.135 km de ferrovias mediante a captação de empréstimos, cuja taxa de juros era inferior à paga pela garantia de juros contratuais. Em 1930, 68% do sistema ferroviário já se encontravam em mãos dos governos federal e estaduais. Na década de 1950, o percentual alcançou 94%. Em 1957, foi criada a Rede Ferroviária Federal S.A. (RFFSA), que englobava 18 ferrovias, e em 1971 foi criada a Ferrovia Paulista S.A. (Fepasa), que unificou as cinco ferrovias estatizadas do estado de São Paulo.

As razões desse processo de absorção pelo Estado das empresas ferroviárias estavam basicamente nos enormes déficits operacionais da grande maioria das empresas e no convencimento por parte dos governos de que os prejuízos sociais do abandono do sistema eram significativos. Na década de 1970, os déficits na RFFSA chegavam a quase 120% das receitas e na Fepasa, a algo em torno de 75%. Mesmo empresas que tinham sido altamente rentáveis, como a Paulista, apresentavam crescentes déficits: neste caso, a partir de 1961, alcançando 139% em 1964. Ao longo das últimas décadas desse processo, houve esforços no sentido de reduzir o problema, como a erradicação de ramais antieconômicos; melhorias de gestão; pagamentos pelo governo de prestação de serviços claramente de caráter social; separação dos transportes suburbanos geradores de déficits permanentes. Porém sem grandes modificações na questão central de recuperação do sistema com vistas ao estabelecimento de um papel relevante pelo menos na matriz de transportes de mercadorias, pois na área de passageiros interurbanos tal tarefa seria impossível.

Entretanto, as funções básicas do sistema ferroviário com relação às exportações brasileiras por meio de suas conexões com os principais portos do país subsistiram e de certa forma deram ao longo do tempo a grande vocação para o combalido sistema ferroviário, que muitos consideravam acabado. Essas funções foram significativamente ampliadas a partir de 1940, com a exploração do quadrilátero ferrífero de Minas Gerais, em torno das cidades de Sabará, Santa Bárbara, Mariana e Congonhas do Campo, tendo Itabirito como polo central da maior jazida de minério de ferro do mundo. Foram criadas a estatal Companhia Vale do Rio Doce, que, por meio da Estrada de Ferro Vitória-Minas, escoava o minério pelo porto de Vitória, e a Indústria e Comércio de Minérios Ltda. (Icomi), de capitais privados nacionais e internacionais, que usava a linha centro da Central do Brasil e exportava o minério pelo porto do Rio de Janeiro.

A partir dessa exploração do minério de ferro foi possível o desenvolvimento de nossa indústria metalúrgica e siderúrgica, iniciada pela construção da Companhia Siderúrgica Nacional (CSN), graças à visão estratégica de Getúlio Vargas, e que se alastrou para Minas e São Paulo e forneceu outra vocação ao sistema ferroviário, voltada para o abastecimento dos insumos necessários ao parque industrial, que em alguns casos se transformava em produtos acabados para exportação.

Assim, a Estrada de Ferro Dom Pedro II, após transformada em Central do Brasil, que visava inicialmente a apoiar a expansão da lavoura cafeeira no Vale do Paraíba, mas tinha como objetivo declarado e contratual a ligação do Rio de Janeiro com Minas Gerais, até alcançar as barrancas do São Francisco — tanto que sua linha centro era para lá dirigida e tinha apenas um ramal para São Paulo — se tornou o principal suporte do sistema ferroviário durante muito tempo. Foi quando a RFFSA teve a única superintendência superavitária e o governo federal fez o maior investimento de expansão, a Ferrovia do Aço, que liga Jeceaba a Volta Redonda, como opção à linha centro.

Vamos encetar a partir daqui a história "moderna" do rodoviarismo brasileiro, posto como vimos anteriormente, antes mesmo da implantação das ferrovias as estradas sempre foram, em termos de transportes, a única opção que existia. Muitos desafios geográficos foram vencidos, e a qualidade das estradas havia melhorado significativamente. Em nível federal, essa história tem seu marco inicial em 1927, com o presidente Washington Luiz, quando cria o Fundo Especial para Construção e Conservação de Estradas de Rodagem Federais. A questão foi colocada nos seguintes termos: "Governar é povoar: mas não se povoa sem abrir estradas. É esta a campanha que ora se começa." O fundo era constituído de um percentual de 20% *ad valorem* sobre os impostos de importação de gasolina, veículos automotores, pneumáticos, câmaras de ar, rodas, motocicletas e acessórios: os recursos ficariam disponíveis para o Ministério de Viação e Obras Públicas, que criou a Comissão de Estradas de Rodagem Federais para a implantação das obras da Rio-São Paulo (trecho fluminense) e da Rio-Petrópolis.

O segundo momento importante ocorreu ainda no governo Vargas, em 1937, com criação do DNER como departamento autônomo, que viria a ser por mais de cinquenta anos o órgão central do sistema nacional de estradas de rodagem. O terceiro e o quarto momentos que estruturaram definitivamente esse sistema foram, em 1940, a instituição do FRN, para auxílio aos estados e aos municípios, e o estabelecimento, em 1944, do Plano Rodoviário Nacional, que serviu de base para a elaboração de planos rodoviários estaduais e municipais. Essa configuração institucional, técnica e financeira seria finalizada de forma brilhante pela Lei Joppert, de 1945, que reorganizou o DNER como pessoa jurídica, com autonomia administrativa e financeira, e criou o FRN para construção, conservação e melhoramentos rodoviários nas três esferas da administração pública: União, estados e municípios.

Esse modelo rodoviário, de certa simplicidade e organicidade, que só foi definitivamente descartado pela Constituição de 1988, prevaleceu ao longo de mais de quarenta anos de intensas transformações econômicas, financeiras, políticas e sociais e constituiu um enorme sucesso do ponto de vista da oferta de infraestrutura rodoviária e de uma série de outros aspectos igualmente relevantes. Vamos examinar suas características principais.

A primeira e certamente mais importante é seu caráter "nacional". O DNER é seu órgão central, claramente incumbido de executar uma política rodoviária em conjunto com as demais esferas de poder, estadual e municipal. Trata-se de um claro reconhecimento de que o rodoviário é um sistema contínuo ao longo do território, sem barreiras ou fronteiras artificiais, e de que as ações daquelas esferas de poder têm de ser coordenadas, de modo a evitar superposições e concorrências inúteis e predatórias quanto ao dispêndio público. E, mais, reconhece ainda que as rodovias pertencentes a cada uma das jurisdições desempenham funções distintas, como fica claramente expresso no PRN, e que o planejamento é o instrumento adequado para proporcionar a efetiva integração entre os segmentos federal, estadual e municipal.

Nesse sentido, cabe assinalar, ademais, uma característica que poderia ser classificada como realista e orgânica, na qual as funções do DNER de aprovação e acompanhamento dos planos rodoviários estaduais são convenientemente rebatidas pelos DERs estaduais com relação aos planos rodoviários municipais com os mesmos objetivos, porém sempre com um enfoque claro de verificar o cumprimento da execução por meio dos recursos originários do FRN.

Uma segunda característica fundamental relativa ao modelo adotado é o seu perfil público, que consolida alguns movimentos anteriores, tanto do governo central quanto dos estados, mas rompe uma antiga tradição. Desde o início do século XIX até o início do século XX, nas áreas ferroviárias e também com relação às estradas, a maior parcela de iniciativas visando à implantação de obras e serviços tinha como origem setores privados nas mais diversas formas: totalmente privada; por meio de levantamento de recursos internos ou externos de produtores, comerciantes, investidores e entidades financeiras; mediante concessões, até com cobrança de pedágios no caso de estradas, com base na famosa "Lei de Barreiras"; arrendamentos governamentais, dada a baixa disposição do governo na administração dos negócios, ou mesmo outras formas.

Assim, o tratamento dado à questão rodoviária, especialmente no que tange ao seu financiamento por meio da criação do Imposto Único sobre Combustíveis e Lubrificantes Líquidos e Gasosos, importados e produzidos no país, previsto na Lei Joppert, tem um evidente sentido de considerar a atividade de construção e manutenção de rodovias como uma obrigação pública afeita às três instâncias governamentais e, portanto, gerenciada segundo os padrões da administração pública. Ao setor privado caberia a partir daí um papel de prestador de serviços sempre que solicitado e de acordo com normas e padrões estabelecidos pelo poder público.

Uma das características mais importantes do modelo também adveio da questão relativa ao financiamento, mais especificamente da distribuição dos recursos do FRN. Quando criado o tributo, os recursos eram assim distribuídos: 40% das receitas destinados ao DNER e 60% para serem rateados entre estados, territórios e Distrito Federal, proporcionalmente ao consumo de combustíveis (36%), à população (12%) e à superfície (12%). A partir de 1948, os estados e os territórios tiveram de ceder 12% para serem distribuídos aos respectivos municípios, de acordo com os mesmos critérios. Dessa forma, conseguiu-se que a distribuição de recursos para rodovias tivesse um efeito redistributivo importante, pois não eram obtidos levando-se em conta somente uma variável de consumo, relacionada, portanto, ao nível de renda, mas também às variáveis população e extensão do território. Além disso, contribuiu igualmente nesse sentido a política de obras do DNER, que, por seu caráter integrador, expresso no PRN, acentuava ainda mais as possibilidades de atenuação dos desequilíbrios regionais.

Outra característica que merece registro é a da questão técnica e tecnológica evidenciada desde a Comissão de 1927 e posteriormente pelo DNER, que incentivava estágios de engenheiros nacionais nos Estados Unidos, sempre com o objetivo de se manter atualizados tecnologicamente e procurar disseminar esses conhecimentos por meio de intercâmbios com as demais entidades participantes do sistema. Nesse sentido, foi ainda prevista pela Lei Joppert a organização anual pelo DNER das Reuniões de Administrações Rodoviárias (RAR), que procuravam congregar todas as agências envolvidas na questão rodoviária, de forma a promover a transferência de tecnologia e estreitar os relacionamentos entre elas.

Essa característica foi consolidada anos mais tarde, já no governo Juscelino, com a criação do Instituto de Pesquisas Rodoviárias (IPR), inicialmente subordinado ao Conselho Nacional de Pesquisas (CNPq), diretamente ligado à Presidência da República, para promover a pesquisa rodoviária e que, posteriormente vinculado ao DNER, se constituiu em baluarte da engenharia rodoviária e que até hoje presta relevantes serviços ao setor.

De qualquer forma, essa preocupação de estar *up to date* em termos tecnológicos desde o início pode ser comprovada pelo nível das primeiras rodovias, como a Caminho do Mar, que liga o planalto à planície paulista, que recebeu em 1922 um pavimento em concreto em seus trechos mais íngremes, e a Rio-Petrópolis, pavimentada em 1928, que logo em seguida recebeu um revestimento de concreto. Ambos foram grandes desafios em termos de projetos, além dos aspectos geológicos e geotécnicos.

O DNER foi o primeiro órgão público com abrangência nacional, com seus distritos rodoviários instalados nos estados e com suas residências com sede em municípios importantes dentro de cada estado: sua função administrativa de centro de um sistema complexo como o de rodovias, com relacionamentos frequentes com as instâncias estadual e municipal, ia muito além da questão rodoviária, pois envolvia também as questões de trânsito, policiamento, desapropriações e transportes de carga e passageiros, era rebatida com sua presença física permanente ao longo de todo o território, em um país que emergia de uma situação histórica de ser constituído por ilhas de desenvolvimento desconexas e de reduzida interação entre elas.

Deixamos propositadamente por último tecer algumas considerações acerca do PRN, criado em 1944, que estabeleceu os critérios básicos na definição das rodovias federais (atravessavam duas ou mais unidades da federação; se dirigiam para fronteiras; eram de interesse administrativo e militar; ligações pan-americanas; acessos a portos marítimos fluviais ou lacustres) e que as classificou em rodovias longitudinais (sentido norte-sul), transversais (sentido leste-oeste) e de ligação (união dos pontos importantes de duas ou mais rodovias). Esse plano, calcado no Plano Geral Nacional de Viação (PGNV), de 1934, transformou o modal rodoviário em uma espécie de guia geral para as entidades estaduais elaborarem seus planos, que permitiam a definição das rodovias estaduais a partir das federais e das conexões entre os sistemas federal e estaduais.

É evidente que não se tratava de um instrumento rigoroso de planejamento, pois apenas apontava para uma imagem futura e desejável do que deveria ser no caso o sistema rodoviário federal, sem estabelecer prazos de implantação, prioridades, cronogramas de implantação e de pavimentação e muito menos recursos necessários à sua implementação. Porém teve consequências políticas e administrativas de grande relevo, a começar por sua incrível permanência e continuidade. Os conceitos de longitudinais e transversais e suas relevâncias, que correspondiam a 95% da quilometragem total do plano inicial, seus vetores de orientação, suas divisões por trechos, seus pontos de passagem por cidades específicas orientaram projetos, obras de implantação, pavimentação, restauração, manutenção e delegações circunstanciais a estados, além de reduzir em muito as demandas políticas por trajetos específicos.

Constituiu-se em uma camisa de força de caráter geral e orientador que moldou o desenvolvimento rodoviário federal com um claro sinal de integração estratégica entre regiões e estados, sem considerações econômicas relevantes, nos sentidos norte-sul e leste-oeste, com efeitos bastante discutíveis em termos de competição com os modais marítimo e ferroviário, com baixa integração com os demais modais, a não ser com os terminais marítimos e aeroportuários, e estabeleceu relações com os sistemas rodoviários estaduais de competição em alguns casos e de reduzida complementaridade em outros casos.

O sucesso do modelo rodoviário definido na década de 1940 é indiscutível, principalmente se o avaliarmos em termos da oferta de infraestrutura, com seus momentos mais marcantes na década de 1950, no período juscelinista de 1956-1961 e no período militar de 1967-1973, porém não é explicativo o suficiente para demonstrar a importância crescente desse modal nos transportes de mercadorias e passageiros, que na realidade dependeu de uma série de outros fatores. Antes de entrar nesses desdobramentos, vamos ver como evoluíram os transportes aquaviários e aéreos até a década de 1960.

Os transportes aquaviários, classificados em marítimos, de longo curso e de cabotagem e de navegação interior, dependem primordialmente de terminais portuários, e é por meio deles que iniciamos nossa análise. Como vimos, as condições naturais para o desenvolvimento de nossos portos marítimos eram bastante satisfatórias do ponto de vista de atracação e proteção, com problemas localizados de acesso que, uma vez vencidos, nos casos de Rio de Janeiro, Santos e Paranaguá, tanto por via ferroviária quanto posteriormente por via rodoviária, o país não teria grandes dificuldades nem no transporte marítimo de longo curso nem no de cabotagem. Ao longo do século XIX, a movimentação de cargas nos portos passou de 700 mil toneladas em 1839 para 7,8 milhões de toneladas em 1901.

Apesar desses expressivos números, o país, por causa da política colonial de investir o mínimo possível em facilidades de transportes para não comprometer a rentabilidade dos produtos exportados, apresentava grandes problemas em termos de movimentação de cargas portuárias. O porto de Santos, o maior e mais importante, somente entregou à navegação mundial seus primeiros 260 metros de cais em 1892. O porto de Paranaguá, existente desde 1872, somente foi inaugurado como tal em 1935. Na realidade, o que tínhamos eram portos sem cais, sem docas e sem armazenagem, que usavam trapiches e alvarengas para carga e descarga de mercadorias. No dizer do senador José Saturnino da Costa Pereira: "Portos brasileiros não passavam de ancoradouros e refúgios, sem as mínimas condições de segurança e de organização para atenderem às exigências da navegação e do comércio."

A questão portuária, inicialmente de atribuição das câmaras municipais, depois da Marinha e do Ministério da Agricultura, para cair finalmente no Ministério de Viação e Obras Públicas, somente teria encaminhamento adequado e consistente em nível federal com a criação, em 1910, da Inspetoria Federal de Portos, Rios e Canais (IFPRC) e com a aprovação do Regulamento dos Portos Organizados (RPO), em 1922. Porém, bem antes disso, de molde a atrair recursos privados para os necessários investimentos e as necessárias melhorias portuárias, que podiam ser classificados de implantação de portos acostáveis, os governos imperial e da Primeira República editaram várias normas jurídicas que iriam ter grande impacto sobre o setor: em 1869, o Decreto 1.746, que autorizava a concessão à iniciativa privada por noventa anos e garantia juros de 12% ao ano; em 1886, a Lei 3.314, que reduziu o prazo para setenta anos e os juros para 6%; em 1903, o Decreto 4.859, em que o governo se responsabilizava pelas obras e podia conceder a administração à área privada por dez anos; e, finalmente, em 1907, o Decreto-Lei 6.368, que aprovava a criação de uma repartição responsável pelas obras de melhoramento, conservação e administração dos portos.[29]

Essas medidas evidenciavam claramente que de uma forma geral os portos estiveram sempre na situação de tentar atender à demanda de seus serviços de forma precária, como vimos, mas que foi agravada pelas questões institucionais e gerenciais dos modelos de organização portuária geradas em grande parte por aquelas normas legais. Principalmente pelo Decreto 4.859, que permitia concessões de dez anos ao setor privado para construção e administração dos portos, mas cujos contratos foram cancelados, suspensos, não renovados e muitos deles entregues aos governos estaduais. Assim, já naquela época (1912) a confusão institucional era grande: havia portos concedidos à iniciativa privada por noventa anos por meio de licita-

[29]Alcides Goulart Filho, "Abertura da navegação de cabotagem brasileira no século XIX".

ções públicas, como Manaus e Santos; havia portos concedidos sob outros regimes, como Belém, Vitória e Rio Grande; por conta da União, Recife e Rio de Janeiro; por administração da comissão do ministério, Natal, Cabedelo e Florianópolis; projetos aprovados para melhoramentos e abertos para concorrência, Jaraguá e Paranaguá; elaboração de estudos, São Luís e Amarração (Piauí), afora outras concessões estaduais.[30]

O desenvolvimento tardio, ao negligenciar as questões de manuseio e armazenagem das cargas, ficou como um estigma que marcou o desenvolvimento dos nossos portos e levou a um descompasso permanente entre os avanços tecnológicos contínuos nas embarcações e as necessidades de ajustes e investimentos nas facilidades de manuseio em terra. De outro lado, esse tipo de atitude contaminou igualmente o evidente descaso com as condições operacionais necessárias à movimentação das embarcações. Os portos de Manaus, Recife e Salvador, no Norte e Nordeste, os do Rio de Janeiro e de Santos, no Sudeste, e os de Paranaguá e Rio Grande, no Sul, deram conta dos fluxos de importação e exportação durante bastante tempo, apesar de seus evidentes e crescentes problemas de operação. Foram negligenciadas diversas limitações desses portos: a insuficiência da margem direita de Santos e o não aproveitamento da margem esquerda, os canais de manobra de Paranaguá e Rio Grande, os calados de Salvador e Rio de Janeiro e a ausência de áreas de expansão de Rio de Janeiro, Salvador e Recife, entre várias outras.

A situação portuária geral seria de alguma forma amenizada pelo RPO, no qual ficava clara a intenção de estabelecer uma hierarquia dos portos mediante principais e tributários, além de integrar todas as atividades públicas envolvidas na questão. Foram considerados portos organizados: Manaus, Belém, Recife, Salvador, Vitória, Rio de Janeiro, Santos e Rio Grande. Era um primeiro esboço de uma pretensa política portuária nacional, que especialmente a partir da década de 1930 iria levar a uma centralização e concentração de poder nas mãos do governo federal, amparada na necessidade de um planejamento das atividades portuárias associadas às questões

[30]Idem.

de navegação. O resultado dessas tendências leva à criação do Departamento Nacional de Portos e Navegação (DNPN), em 1933, que fundiu as antigas Inspetoria de Portos, Rios e Canais e a de Navegação.

O período de 1934-1990, que se inicia com a criação do DNPN e termina com a extinção da Portobrás, é caracterizado, segundo alguns analistas, como de centralização e planejamento visando à consolidação de um sistema portuário nacional comandado diretamente pelo Estado. Em termos institucionais, ao DNPN se sucedem em 1943 o Departamento Nacional de Portos, Rios e Canais (DNPRC), em 1963, como autarquia, o Departamento Nacional de Portos e Vias Navegáveis (DNPVN) e em 1975 a Portobrás, empresa holding do sistema portuário.

Um programa especificamente portuário somente iria surgir em 1947, no governo Dutra, com seu Plano de Reaparelhamento e Ampliação dos Portos Organizados, com base na taxa de emergência criada em 1945, mas que acabou aprovado somente em 1951 e, mesmo com o apoio da Comissão Brasil-Estados Unidos, foi parcialmente implantado e abandonado por Juscelino. Este, por sua vez, transformou a taxa de emergência em Taxa de Melhoramentos dos Portos (TMP), criou o FPN e a Comissão do Plano Portuário e em 1960 aprovou o Plano Portuário Nacional, que igualmente não foi implantado.

Novas tentativas foram feitas pelo governo Jango e pelos governos militares, porém sempre com resultados aquém dos esperados. Neste ponto, precisamos estabelecer algumas pontes para nossas reflexões futuras sobre os transportes aquaviários e sua participação na matriz atual e futura. De tudo o que foi até aqui colocado com relação ao contexto histórico de deficiências e desenvolvimento tardio de nossos portos, podemos ainda acrescentar algumas outras conclusões:

— a questão portuária, por mais paradoxal que seja, jamais foi prioritária em termos políticos e econômicos. Ficou restrita a aspectos locais e regionais e foi considerada em última instância um problema a ser resolvido por agentes econômicos ligados à exportação e à importação.

— a atitude do governo federal de centralização e planejamento, sempre focada nas questões de reaparelhamento e melhoria dos portos, jamais atingiu seus objetivos, tanto em termos de uma política coerente que levasse em conta a enorme diversidade administrativa dos terminais — privados, municipais, estaduais, federais — quanto em termos de sua viabilidade funcional e operacional.

— nenhum dos arranjos institucionais, seja em nível central, seja em nível de cada instalação portuária, como no caso das administrações ou das companhias Docas, apresentou níveis mínimos de eficiência, com baixos desempenhos gerenciais, custos elevados de manuseio de carga, de despachos, de aduana e de armazenagem, agravados pelas questões dos trabalhadores avulsos.

— apesar das tentativas mais recentes do Geipot, com seu enfoque de corredores de exportação, e do Prodest, de racionalização das operações portuárias, o planejamento do setor não alcançou superar a ausência de integração com os demais meios de transporte, nem definir vocações específicas para alguns portos, nem estimular concorrências entre eles, e muito menos modernizar a gestão operacional desses terminais.

De outro lado, o transporte de cabotagem, que havia tido alguma importância ao longo do século XIX e nas primeiras décadas do século XX, com a instalação de complexos agroexportadores regionais e com o transporte de passageiros inter-regionais, perdeu força por uma série de razões, entre as quais o processo paulista de substituição de importações internas, tais como açúcar e carne, e, no caso de passageiros, o aumento de competição da ferrovia e dos veículos coletivos rodoviários. O fato é que a cabotagem nunca mais teve relevância econômica e, da mesma forma como aconteceu com o transporte ferroviário, não estava preparada minimamente para enfrentar a concorrência rodoviária nos deslocamentos norte-sul que começavam a ocorrer.

A navegação interior, como afirmado no início deste capítulo, teve sempre importância econômica discreta e foi incapaz de gerar núcleos de desenvolvimento associados a seu uso, em grande parte pelo total descaso sobre o assunto, tanto dos governos federal e estaduais como do setor privado. Entretanto, é de se lamentar profundamente essa situação, pois existem possibilidades reais de aproveitamento das aquavias naturais existentes em praticamente todas as regiões do país, especialmente nos casos das bacias Amazônica e do Prata, desde que o governo se dispusesse a fazer obras de regularização.

Resta abordarmos o transporte aéreo, com vistas a dar um fecho nestas considerações históricas dos vários meios de transporte, que de alguma forma condicionam as possibilidades de solução dos graves problemas existentes no setor. Nesse particular, vamos tentar ser o mais objetivos possível, visto que o transporte aéreo, dadas suas características principais, pouco interfere na matriz de transportes nacional, tem reduzida capacidade de competição com o modal rodoviário em termos de transporte de passageiros e, além disso, tem baixa penetração no território, tendo em vista o número de cidades atingidas pelo sistema. Vamos ressaltar alguns pontos que nos parecem relevantes.

O transporte aéreo surge na década de 1920, dominado por duas subsidiárias de empresas estrangeiras: a Compagnie Générale Aéropostale, de origem francesa, e a Condor Syndikat, subsidiária da alemã Lufthansa. Porém, já na década de 1940, o mercado era dividido entre empresas nacionais e estrangeiras. Na década de 1950, operavam cerca de vinte empresas brasileiras, com reduzido número de aeronaves e em ligações regionais. A crise econômica da década de 1960 atinge fortemente o setor, com falências e quebras de empresas e com o sentimento da existência de competição predatória e de que deveria existir uma política de estímulos à fusão, com uma consequente concentração de mercado. O Estado apoia esses movimentos, intervém no mercado e instala um período denominado de "regulação estrita", ratificado pelo Decreto 72.898, que praticamente divide o mercado em quatro companhias nacionais e cinco regionais. A partir de 1965, o mercado passou a ser atendido apenas por empresas nacionais, quando as linhas internacionais da antiga Panair do Brasil passaram para a Varig.

Assim, pode-se afirmar que as constantes inovações tecnológicas centradas nos aviões a partir de produtores basicamente americanos, franceses e britânicos se mostravam acessíveis também ao capital nacional, até a revolução dos jatos comerciais, no fim da década de 1950. Pelo menos duas consequências importantes ocorreram a partir dessa revolução: o número de cidades atendidas declinou abruptamente de pouco menos de quatrocentos para cem, devido à eliminação de paradas para reabastecimento, e aumentou em muito o *gap* de produtividade entre o avião voando e estacionado nos terminais aeroportuários, além de outras, entre as quais cabe ressaltar as novas necessidades de planejamento do sistema pelas autoridades aéreas e de gerenciamento operacional e de manutenção das empresas.

O segundo ponto a ser explorado, antes mesmo de entrar na discussão das políticas públicas, é como a expansão do setor foi controlada pelas autoridades. Quando surge a aviação nacional, na década de 1920, existiam as aviações militares pertencentes ao Exército e à Marinha, com suas bases aeroviárias, que em muitos casos vão gerar os atuais aeroportos. Em 22 de abril de 1931, pelo Decreto 19.902, é criado o Departamento de Aeronáutica Civil (DAC), desmembrado da área de navegação e subordinado ao Ministério de Viação e Obras Públicas, que reflete de certa forma uma maior preocupação com a questão de transportes em geral. Somente em 22 de abril de 1941 é criado o Ministério da Aeronáutica, que absorveu as aviações militares, mas absorveu também o DAC, o que refletiu basicamente uma preponderância da questão da segurança em relação à dos transportes.

Esse fato vai deixar nas mãos da Aeronáutica toda a política de aviação civil no que diz respeito a terminais aeroportuários, bem como a regulação do transporte aeroviário, por meio do DAC, posteriormente, a partir de 1969, Departamento de Aviação Civil. O controle pelos militares dessas duas áreas vitais para o desenvolvimento do setor aéreo nacional vai durar mais de setenta anos, passa pela criação da Empresa de Infraestrutura Aeroportuária (Infraero), em 1972, vinculada inicialmente ao Ministério da Aeronáutica e posteriormente, em 1999, ao Ministério da Defesa, da mesma forma que a Anac (Agência Nacional de Aviação Civil), criada em 2005 em substituição ao DAC, também inicialmente vinculada ao Ministério da Defesa. Esse controle somente se encerra em 2011, com a criação da Secretaria Especial de Aviação Civil, no âmbito da Presidência da República.

Uma última referência: a partir da década de 1990, dado o fracasso do período de regulação, ocorrem a gradual flexibilização das regras, maior flexibilidade tarifária, facilidades de entrada de empresas, maior liberdade de operação, ambiente mais competitivo e surgimento de operações de baixo custo, situação esta reforçada pela criação da Anac e que perdura até hoje.[31]

[31]Instituto de Pesquisa Econômica Aplicada (Ipea), *Panorama e perspectivas para o transporte aéreo no Brasil e no mundo.*

2. Como se transporta hoje

Neste segundo capítulo, vamos discutir em detalhes a estrutura atual de atendimento à demanda de transportes pelos vários meios: rodoviário, ferroviário, aquaviário, dutoviário e aéreo. Porém, antes de entrar diretamente no assunto, e de forma sucinta, vamos explicitar algumas condições gerais que geraram o atual contorno do setor de transportes brasileiro.

A implantação, manutenção e operação dos sistemas de infraestrutura de transportes foram historicamente feitas em conjunto pelos setores público e privado, nacional e estrangeiro, não somente em relação à oferta como em relação à exploração, com o uso para tal de recursos de ambos os setores, em muitos casos por meio de subvenções e subsídios governamentais, com financiamentos internos e externos por meio de entidades financeiras estrangeiras e internacionais. Esse fato é particularmente evidente nas soluções adotadas a partir do século XIX, quando se registram o nascimento e a implantação dos modernos sistemas de transportes, com variadas participações de capitais públicos e privados. No caso brasileiro, as infraestruturas ferroviária, portuária e mesmo rodoviária foram implantadas e operadas por capitais privados nacionais, por capitais privados estrangeiros e diretamente pelos governos ou em parceria com o setor privado. O mesmo ocorreu nos casos da navegação marítima e fluvial. O setor público, entretanto, a partir das décadas de 1930 e 1940, passou a ter um papel cada vez mais relevante na promoção do desenvolvimento econômico, no processo de industrialização e, por consequência, na oferta da infraestrutura, especialmente no caso da de transportes, que à época já era considerado um dos gargalos sérios ao crescimento econômico.

A política adotada, mesmo que não explicitada abertamente, levou a que o sistema de transportes, a partir da década de 1950, fosse configurado idealmente por meio de uma forte presença pública nas áreas de planejamento, implantação e manutenção da infraestrutura nos setores rodoviário, ferroviário, portuário, dutoviário (mais tarde pela Petrobras) e aéreo, a par de uma expressiva presença privada na área de operação dos transportes, tanto de pessoas quanto de mercadorias. Esse esquema funcionava perfeitamente para os "sistemas novos de transportes", como o rodoviário e o aéreo, nos quais, por um lado, eram nítidas a separação entre a oferta de infraestrutura de transportes e, por consequência, as funções públicas e privadas relacionadas especificamente a cada uma das áreas e, por outro lado, a não existência de passivos expressivos, tanto físicos de readequações de infraestruturas quanto de condições de gerenciamento administrativo, gerencial e econômico-financeiro.

Entretanto, nos casos dos "sistemas antigos de transportes", como o ferroviário, o de navegação marítima e fluvial e o dos terminais portuários, a situação era bem mais complexa. No caso ferroviário, por meio das seguidas encampações de ferrovias privadas e da criação da RFFSA e da Fepasa, a operação passou a ser preponderantemente de atribuição do próprio setor público, porém em condições extremamente difíceis e desafiadoras: uma rede sem nexo econômico, de diversas bitolas, que necessitava de pesados investimentos, a par de altos déficits operacionais e todo o resto. Na navegação marítima e fluvial o colapso era generalizado. O setor público arcava com pesados déficits de sua empresa, o Lloyd Brasileiro, e de todas as de navegação fluvial, com a participação ridícula da bandeira nacional no transporte marítimo e com a reduzida importância do transporte de cabotagem, a par da necessidade de investimentos na infraestrutura hidroviária e nos terminais fluviais. Porém o maior problema estava nos portos, devido à baixa eficiência dos públicos e à necessidade de melhorias operacionais, reequipamento e investimentos em expansão, com entraves trabalhistas relativos aos avulsos e muitos outros problemas institucionais e gerenciais.

Portanto, a pretendida divisão de funções entre as esferas pública e privada atribuía à primeira os encargos de fazer os pesados investimentos em infraestrutura requeridos pelo país, que incluíam o aumento da oferta de rodovias, de terminais aeroportuários e de novos trechos ferroviários e a expansão dos portos, ademais da recuperação, da adequação e das melhorias das infraestruturas ferroviárias, hidroviárias e portuárias, além da implantação de uma eficiente gestão operacional, administrativa, comercial e econômico-financeira desses sistemas, que se encontravam totalmente degradados. Ao setor privado cabia principalmente a operação dos transportes rodoviários de passageiros e de mercadorias e da aviação civil, que funcionavam de acordo com o mercado, em geral oligopolizados, com níveis reduzidos de regulamentação e com políticas tarifárias favoráveis.

Neste ponto é importante assinalar que, associados ao que foi aqui inicialmente colocado, existiram aspectos históricos relevantes que, conforme vimos exaustivamente no capítulo anterior, favoreciam os transportes de baixas densidades de cargas e distâncias reduzidas, em consequência das condições de colonização e povoamento do território nacional, da implantação de núcleos populacionais próximos ao litoral, do tipo de exploração econômica próxima do nível de subsistência, da ocupação rarefeita do ponto de vista demográfico e econômico do interior e da baixa integração entre as cidades e regiões, que prevaleceu ao longo de muito tempo e que condicionou em grande medida a atual matriz de transportes.

O colapso do setor exportador levou a uma deterioração séria das infraestruturas ferroviária e portuária, à decadência dos complexos exportadores regionais e ao processo de substituição de importações da preponderante economia paulista, que afetou a navegação de cabotagem, ao total descaso com a navegação fluvial e ao projeto modernizador rodoviário implantado a partir de 1930, que se constituiu em grande desafio para os demais meios de transporte. Tudo isso contribuiu no sentido de moldar a nossa matriz. Essa situação somente poderia ser atenuada por meio de uma política de transportes com prioridades bem definidas, significativos investimentos e financiamentos garantidos naqueles meios "antigos", associados a uma significativa melhoria de planejamento e gestão. Isso não ocorreu. Ao que se assistiu foram remendos temporários sem a menor possibilidade de êxito.

Na realidade, especialmente no caso do modal ferroviário, esforços foram feitos para tentar solucionar a precária situação em que se encontrava, como se pode comprovar pelo plano Salte, pelas missões Taub, Cooke e Abbink e pelas ações da Comissão Mista Brasil-Estados Unidos nas décadas de 1940 e 1950, em que foi considerado prioritário. Entretanto, pode-se identificar que, ademais das dimensões do problema, que em geral foram claramente subestimadas, houve sérios erros de diagnóstico, como o de considerar possível uma recuperação do setor apenas com reformas de vias e reequipamento, sem atentar para as reais demandas dos serviços ferroviários pelos vários setores econômicos, em um contexto de crescimento e consolidação do mercado interno que privilegiava a opção rodoviária.

Restou, assim, a única possibilidade de atendimento da demanda por meio do sistema rodoviário, que assumiu o principal papel no transporte de pessoas e de mercadorias já no fim da década de 1940. A participação do modal rodoviário a essa época era próxima de 50% do atendimento da demanda nacional. Assim, é importante destacar que já era predominante mesmo com uma reduzida malha rodoviária pavimentada (menos de 8 mil quilômetros) e uma frota de veículos igualmente modesta (pouco mais de 25 mil caminhões), toda ela fruto de importações e, portanto, bem anterior à implantação de nossa indústria automobilística. Adicionalmente a essas condições, os setores ferroviário e aquaviário estavam em franca decadência e ainda bem longe das demandas específicas das significativas exportações de minério de ferro e das movimentações de óleo cru de petróleo e seus derivados que vão alavancar os dois modais em anos mais à frente, por meio das estatais Vale do Rio Doce e Petrobras.

Atualmente, o modal rodoviário é responsável por 65,6% dos transportes, ou seja, 936 bilhões de TKUs (tonelada/quilômetro útil), segundo o

Instituto Ilos[32] para 2010; o ferroviário, por 278 bilhões (19,5%); o aquaviário, por 162 bilhões (11,4%); o dutoviário, por 49 bilhões (3,4%); e o aéreo, por 0,7 bilhão (0,1%). Além de ser altamente expressiva e disseminada em termos regionais e atender a um amplo espectro de setores econômicos, a participação rodoviária vem crescendo nos últimos anos, como reflexo do aumento do consumo das famílias, do incremento de produtos agrícolas exportáveis, da inoperância dos demais meios de transporte e de uma série de fatores operacionais e comerciais. De outro lado, as participações ferroviária e aquaviária são concentradas em poucos produtos, como minério de ferro (quase 80% da demanda ferroviária) e derivados de petróleo (70% da hidroviária), em reduzidos tramos de vias permanentes e em reduzido número de terminais portuários, sejam privados ou públicos.

Essa constatação relativa à concentração da demanda é, na realidade, mais ampla e envolve o transporte de mercadorias e de passageiros e todos os meios de transporte, com consequências importantes na análise da matriz global, no uso da capacidade e no planejamento dos sistemas e na avaliação dos investimentos, bem como na política de transferência de encargos para a iniciativa privada. A economia brasileira segue como uma das com maior concentração de renda pessoal em nível internacional e apresenta também uma concentração regional significativa. Os estados do Sudeste e do Sul detêm ainda algo em torno de 75% da renda nacional. De outro lado, existe também uma concentração espacial grande da população, que hoje vive na sua grande maioria nas áreas urbanas (quase 85%), igualmente concentrada naquelas regiões (mais de 55%) e em uma faixa litorânea de no máximo 200 km território adentro.

[32]A análise da demanda de transportes foi realizada com base nas informações contidas no relatório Panorama Ilos dos Custos Logísticos no Brasil de 2012, do Instituto Ilos, com dados até 2010. Durante o período de edição do livro, foi publicado o mesmo relatório para 2014 com dados até 2012. Decidimos manter as análises e conclusões já anteriormente desenvolvidas, tendo em vista que do ponto de vista estrutural as questões mais relevantes não tiveram alteração significativa. As novas participações dos setores na demanda total de transportes passaram a ser as seguintes: rodoviário 67% (1% a mais), ferroviário 18% (1% a menos), aquaviário 11% (manteve o mesmo percentual), e dutoviário 3% (1% a menos), levando-se em conta os arredondamentos. Em termos de custos logísticos ocorreram aumentos, de 10,6% do PIB em 2010 para 11,5% em 2012, justamente devido ao item transportes, refletindo a diminuição do crescimento econômico e as condições de custos crescentes do setor rodoviário.

Em termos de infraestrutura de transportes terrestres constata-se que nossas redes rodoviárias e ferroviárias totais são modestas, com baixa densidade, especialmente se comparadas com as de países de grande extensão territorial, como China, Estados Unidos, Canadá, Rússia e Índia (figuras 2 e 3), e que sua distribuição regional está concentrada nas regiões Sudeste, parte da Sul e parte da Centro-Oeste, e ainda assim em alguns segmentos, com reduzidas rotas opcionais no caso rodoviário.

Figura 2 — Densidade da malha rodoviária pavimentada por país
Valores em km/1.000 km²

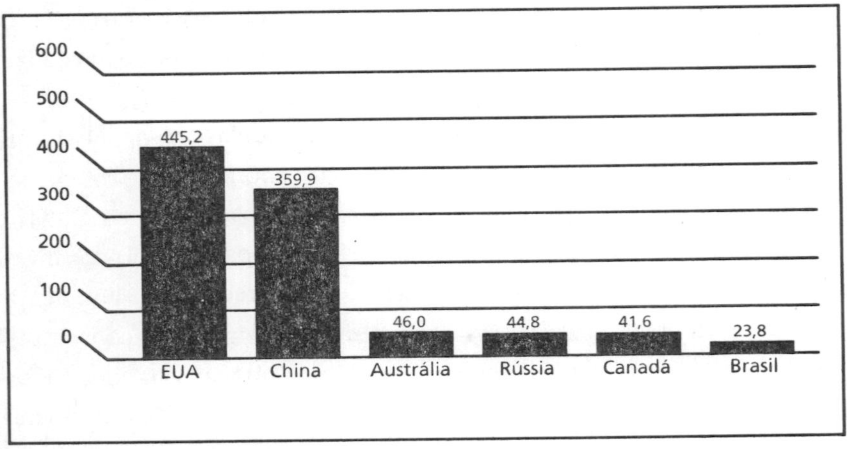

Fonte: CNT.

Figura 3 — Densidade da malha ferroviária km/1.000km²

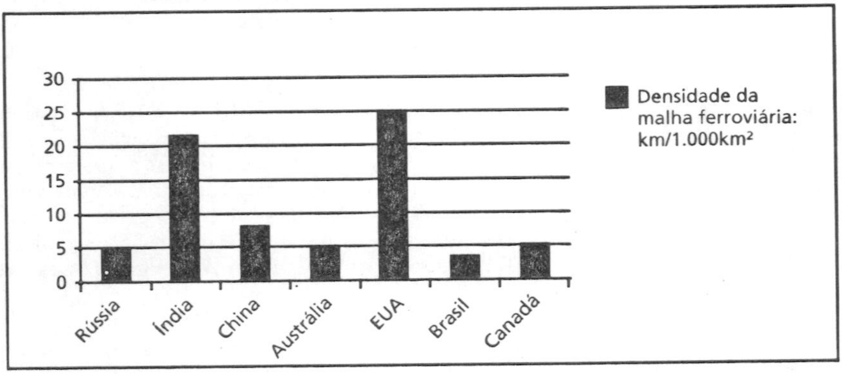

Fonte: ANF.

O sistema ferroviário brasileiro é hoje de apenas 28,7 mil quilômetros: em 2012 ele alcançou a produção de 298 bilhões de TKUs, com uma movimentação total de cargas de 481,2 milhões de toneladas (dados da ANTF). Apenas cinco operadores respondem pela administração de 18,8 mil quilômetros e por mais de 90% da carga transportada. O grupo Vale, com suas três ferrovias (EFVM, EFC e FCA), e a delegação do trecho em operação da Norte-Sul, transporta 60% desse total. Em termos de produtos transportados, o minério de ferro e o carvão mineral respondem por 75% da carga. Ainda é muito baixa a participação do transporte de carga geral e por contêineres.

No sistema rodoviário são maiores as dificuldades para demonstrar a concentração da demanda de transportes por rodovias específicas. Entretanto, é nesse sistema que a concentração da demanda é mais intensa e pode ser comprovada principalmente por alguns indicadores. A rede rodoviária nacional alcança mais de 1,7 milhão de quilômetros, porém a rede pavimentada do país é de apenas 215 mil quilômetros, ou 12,6% do total, certamente o percentual mais baixo entre todos os países de PIB elevado. Por exemplo, na Rússia são pavimentados 85% da rede, na China, 81% e na Índia, 48%. Além disso, em termos de densidade, km/1.000 km, essa rede pavimentada é igualmente das mais baixas entre os países de grande extensão territorial: nos Estados Unidos é de 445, na China, de 360, na Austrália, de 46, na Rússia, de 45 e no Brasil não chega a 25.

A rede pavimentada nacional se divide em federal, 64 mil quilômetros, estaduais, 124 mil, e municipais, 27 mil. As redes das regiões Sudeste e Sul respondem por 50% do total pavimentado. Se agregarmos Bahia e Goiás, chega-se a mais de 65%. A maior concentração se dá nas rodovias pavimentadas do segmento municipal: Sudeste e Sul alcançam mais de 85%. De outro lado, a nossa rede de rodovias pavimentadas duplicadas é de ridículos 10,8 mil quilômetros, altamente concentrada na região Sudeste e praticamente delegada ao setor privado.

Portanto, é uma reduzida malha rodoviária, na qual são gerados atualmente os 936 bilhões de TKUs movimentados pelo sistema e possivelmente concentrada em 216 mil quilômetros pavimentados, que correspondem a mais de 65% do total da demanda de transportes. Nosso índice de TKU/km pavimentado é certamente um dos mais elevados do mundo (4,3 milhões se considerarmos apenas a rede pavimentada), algo como 550% superior ao dos Estados Unidos, o que reflete ineficiências, viagens excessivas e rotas pouco racionais. Na ausência de informações disponíveis, pode-se estimar que aquela produção (TKU) seja gerada com um nível de concentração ainda mais preocupante: em algo como 30 mil quilômetros de rodovias, aí incluídos os principais eixos paulistas, paranaenses, mineiros e gaúchos e as longitudinais e troncais federais. E com um agravante histórico, que permeia essa questão: o baixo estado de conservação da malha pavimentada. Trata-se de um problema insolúvel, com, na melhor das hipóteses (anos de expressivos investimentos em restauração de rodovias), uma distribuição de 1/3 de rodovias em situação ótima e boa, 1/3 de regular e 1/3 de ruim e péssima, com sérios impactos nos custos de transporte.

A movimentação de cargas pelos portos organizados e terminais de uso privativo, que alcançou mais de 900 milhões de toneladas/ano em 2012, apresenta vários tipos de concentração. Primeiramente pela natureza da carga, com 86% de granéis sólidos (61%) e líquidos (25%) e somente 14% de carga geral. O longo curso é predominante, com 74%, bem como o sentido da exportação, com 68%. Essa movimentação de carga também está concentrada nos terminais de uso privativo (65%). Cabem aos portos organizados 35%. Desses, cinco — Santos, Itaguaí, Paranaguá, Rio Grande e Itaqui — são responsáveis por mais de 70%.

Na área de movimentação de passageiros a concentração é igualmente significativa. No transporte interestadual, inter-regional e internacional o predomínio do rodoviário é total: de acordo com as informações disponíveis, responde por 98% do total das viagens, seja por meio de coletivos rodoviários ou de veículos individuais. Estudos recentes comprovam que a concentração dos transportes pelas empresas já é uma realidade e que aumenta significativamente, até pela ausência de novas licitações. Resta às empresas crescer via aquisição de outras. Esse fenômeno se repete no transporte intermunicipal e mesmo no urbano e metropolitano.

O transporte aéreo foi historicamente concentrado, dada a natureza de sua exploração, porém nunca como agora, com apenas duas empresas responsáveis por quase 80% de um mercado que cresce exponencialmente, mas, paradoxalmente, em situações financeiras delicadas. A mesma concentração se verifica com relação aos terminais aeroportuários: quatro capitais, São Paulo, com seus dois terminais, Guarulhos e Congonhas; Rio de Janeiro, com Galeão e Santos Dumont; Belo Horizonte, com Confins e Pampulha; e Brasília, concentram quase 60% da movimentação de passageiros, que em 2012 passou dos 191 milhões/ano. Os vinte maiores aeroportos do país representam 90% do movimento de passageiros e 96% da carga aérea.

A única possível exceção com relação à concentração da oferta de serviços de transporte se dá no caso do de cargas pelas empresas rodoviárias, muito pelo desconhecimento do setor, como em função das informações disponíveis. Grupos multinacionais e grandes empresas nacionais de logística e transporte se consolidaram nos últimos anos por meio de aquisições constantes de empresas pequenas, médias e em alguns casos grandes: isso é um fato real e conhecido. O Conselho Administrativo de Defesa Econômica (Cade), em virtude da baixa participação das empresas no mercado, medido pelo faturamento em geral, aprova essas operações. Porém, se os transportadores autônomos funcionam quase como apêndices das empresas, as participações e o controle do mercado não se dão via faturamento declarado, que enfim pode mascarar uma concentração expressiva. Esse ponto será amplamente discutido mais adiante.

Assim, antes mesmo de entrar em detalhes sobre as questões até aqui levantadas, e em qualquer outra análise mais profunda, parece evidente que nossa matriz de transportes é reflexo de condições próprias do país, de políticas adotadas e de comportamentos dos agentes econômicos e que hoje é um marco estrutural do setor, com enormes problemas para alterá-la, especialmente no curto e no médio prazos. Observa-se que a demanda por serviços rodoviários cresce sempre, diríamos vegetativamente, independentemente da oferta de infraestrutura ou da melhoria da existente, posto que está associada ao incremento do consumo das famílias, especialmente nas áreas urbanas. De outro lado, para que os setores ferroviário e hidroviário passem a ter participações mais relevantes na matriz de transportes, são necessários vultosos investimentos e melhorias significativas na gestão operacional e comercial, sempre com resultados duvidosos como respostas do mercado.

É bem curiosa a atitude de alguns analistas, que destacam a matriz atual de transportes como a origem dos problemas do setor, como se ela não fosse exatamente consequência de políticas anteriormente adotadas e de condições prevalecentes no mercado. Dessa forma, planos e projetos que evidenciam a necessidade de modificações dessa matriz, com argumentos conhecidos e corriqueiros de elevados custos e baixa eficiência energética do transporte por caminhões, acabam se tornando peças ornamentais, sem base na realidade e fadados ao fracasso. Além de não levar devidamente em conta os interesses políticos, econômicos e financeiros que se formaram a partir da década de 1920, se consolidaram fortemente na década de 1940, estabeleceram seu predomínio em nível nacional no Plano de Metas juscelinista e no milagre econômico dos militares e que permanecem até hoje, conforme visto na política anticíclica do governo federal para enfrentar a crise de 2009, no que podemos denominar "projeto rodoviário".

Nesse sentido, somos obrigados a retornar um pouco no tempo e, de alguma forma, à nossa investigação histórica acerca do sistema de transportes. Quando da implantação do sistema ferroviário, nos idos do início do século XIX, ocorreu uma forte articulação entre os setores estatais e privados em torno dos capitais oriundos do tráfico de escravos e, posteriormente, dos resultados do desenvolvimento da lavoura cafeeira, particularmente em São Paulo. Entretanto, os setores diretamente relacionados com o fornecimento de matérias-primas (ferro, carvão) e de equipamentos (locomotivas, vagões, trilhos, sinalização e controle) e, em alguma medida, com os trabalhos relativos à construção civil eram controlados e dirigidos desde fora do país, particularmente pela Inglaterra. Não me parece ter existido em algum momento a menor possibilidade, e o menor interesse, de que tais insumos e equipamentos viessem a ser produzidos internamente. Mesmo iniciativas mais recentes quanto à produção de vagões e locomotivas foram discretamente abandonadas. No caso específico da navegação, ainda existiram, em determinados momentos, esforços no sentido da produção de embarcações internamente, com maiores ou menores resultados, mas que também não prevaleceram como algo duradouro.

Vejamos com algum cuidado o que ocorreu com a implantação do sistema rodoviário, além do que foi detalhadamente apresentado no capítulo anterior, cuja abordagem privilegiou a questão do ponto de vista nacional e do papel ativo do governo federal. Vamos aqui olhar para outro lado, o do estado de São Paulo e da emergência da cultura do "rodoviarismo" e dos consequentes interesses privados nacionais e internacionais associados a essa questão. O rodoviarismo nasce muito cedo no estado de São Paulo, filho direto do "automobilismo", um esporte da elite que promovia corridas, competições e excursões e que, capitaneado pelas mais importantes famílias da capital, funda ainda em 1908 o Automóvel Clube de São Paulo.[33] A passagem das competições esportivas para um programa de obras públicas ocorreu após alguns anos, quando da assunção por Rodrigues Alves (1912-1916) da presidência (como se chamava a governadoria) do estado. O secretário de Justiça e Segurança Pública era Washington Luiz, que se tornaria a partir dessa época o grande patrono do rodoviarismo no estado e no país e levaria essa bandeira com enorme sucesso em toda a sua carreira política e administrativa: deputado estadual (1904), secretário de estado (1906 a 1912), prefeito da capital (1914 a 1919), presidente do estado (1920 a 1924) e presidente da República (1926 a 1930).

As primeiras estradas foram construídas com o reconhecimento da competência do governo estadual para construir, conservar e melhorar estradas em regime de administração direta e do aproveitamento da mão de obra de penitenciários, graças a um projeto de lei de 1912 do então deputado estadual Washington Luiz, que se transformou na Lei 1.406, de 26 de dezembro de 1913. Essa lei foi regulamentada, o engenheiro Clodomiro Pereira da Silva elaborou o Plano de Viação de São Paulo, foi restaurada a Estrada do Vergueiro e, a partir de 1916, foi construída a rodovia São Paulo-Jundiaí. Após o 1º Congresso Paulista de Estradas de Rodagem, em 1917, foi criada a importante e fundamental Associação Permanente de Estradas de Rodagem (Aper), sob a presidência justamente de Washington Luiz. Revistas técnicas e jornais especializados foram

[33]Nestor Goulart Reis, *Memórias do transporte rodoviário.*

criados para apoiar o movimento, porém a grande transformação ocorreu no 2° Congresso, em 1919, quando a Aper adquiriu seu status de sociedade civil, com a participação de sócios individuais, que iria marcar sua atuação daí em diante.

A partir de 1° de maio de 1920, quando se inicia o governo de Washington Luiz à frente do estado, são feitas diversas obras rodoviárias: São Paulo a Campinas, já com padrões técnicos adequados; São Paulo a Cotia e São Roque; São Paulo a Itu via Cabreúva; São Paulo a Mogi das Cruzes e Jacareí e logo após o importante trecho de Campinas a Ribeirão Preto. Em 1926, Washington Luiz assumiu a Presidência da República, construiu uma nova rodovia entre Rio e Petrópolis, com pavimentação em concreto asfáltico, e concluiu a Rio-São Paulo, com pavimentação asfáltica da Serra das Araras. Em São Paulo, seus seguidores concluíram a Via Anchieta a partir do antigo Caminho do Mar, também com pavimentação na Serra do Mar. Em 1934, foi criado o Departamento de Estradas de Rodagem de São Paulo, que vai se inserir no esquema geral apresentado no capítulo anterior, porém não existem dúvidas de que é na experiência paulista que o modelo nacional adotado vai se basear e se apoiar.

Acho ainda importante ressaltar nesse processo paulista pelo menos três aspectos fundamentais para nosso entendimento futuro da questão do rodoviarismo. O primeiro é que as estradas, mesmo não pavimentadas, começavam a desempenhar uma função econômica real, de facilitar o acesso e de incorporar terras até então improdutivas, com o consequente incremento em seus valores, seja nos arredores das cidades, mas principalmente na expansão da fronteira agrícola do estado, papéis esses que a ferrovia não conseguia atender. A segunda observação é que o estado se antecipou em no mínimo vinte anos ao que iria ocorrer em nível federal a partir da década de 1940, com a formação de uma cultura técnica rodoviária, com a criação e o desenvolvimento de empresas nacionais de construção civil especializadas, mas essencialmente na montagem de um projeto integrado entre a área pública e os interesses privados em todas as áreas, seja na industrial, de obras rodoviárias e do próprio transporte. A terceira constatação é que os valores associados ao "automobilismo" e "rodoviarismo", de liberdade individual, de competição, de alargamento de fronteiras, de conhecimento de novas realidades físicas e geográficas, enfim, de mobilidade e acesso, caíram como uma luva para os descendentes dos antigos bandeirantes, que tiveram a coragem necessária de rasgar e colonizar aqueles territórios: a afinidade era total.

A partir de 1945, quando do estabelecimento de todas as condições para o desenvolvimento do nosso projeto rodoviário, este contou naturalmente com uma relação umbilical com o setor de petróleo e derivados, principalmente via imposto único sobre combustíveis e FRN, por um lado, e, por outro, viabilizando a implantação de grandes refinarias em um primeiro momento (Madre de Deus na Bahia, Duque de Caxias no Rio de Janeiro, Paulínia em São Paulo, Betim em Minas Gerais, Esteio no Rio Grande do Sul e Araucária no Paraná) e, após, a própria exploração de petróleo pela Petrobras. Entretanto, como vimos especialmente a partir da experiência paulista, a par dessa relação inicial já havia sido criada uma rede de interesses industriais e de prestação de serviços em torno do projeto rodoviário que antecede em muito a existência de uma rede básica de rodovias pavimentadas e a implantação da indústria automobilística, no fim da década de 1950, como normalmente se coloca. Essas relações evidentemente refletiam, por um lado, a existência de interesses empresariais nacionais e estrangeiros nos diversos setores produtivos, em especial nas áreas de veículos e autopeças, de construção civil e cimento e de produtos metalúrgicos e siderúrgicos, com vistas a uma produção interna, e, por outro lado, políticas governamentais concretas no sentido de apoiar e facilitar essas iniciativas, que chegaram a assumir diretamente a produção desses insumos, como nos casos dos setores siderúrgico e petrolífero.

Vejamos inicialmente o setor automotivo, o mais importante e fundamental, tanto pela sua capacidade de geração de emprego direto como em termos de "arraste" de um sem-número de setores industriais, tanto de produção intermediária como de fabricação final. Era a seguinte a situação do setor antes da posse de Juscelino:

> Oito empresas já montavam carros e caminhões no Brasil: Ford Motor do Brasil, desde 1920; General Motors, desde 1925; International Harvester, desde 1926; Vemag, desde 1945; FNM, desde 1951; Willys Overland, desde 1952; Volkswagen do Brasil, desde 1953; e Mercedes Benz do Brasil, desde 1953. Neste cenário, a indústria de autopeças havia evoluído muito desde a década de 1940: as cinco fábricas existentes em 1941 haviam se transformado em 520 às vésperas da posse de JK.[34]

Os índices de nacionalização na produção de veículos já passavam em média de 30% e alcançavam quase 60% no caso de caminhões médios.[35]

Assim, o Decreto 39.412, de 16 de junho de 1956, que criou o famoso e todo-poderoso Grupo Executivo da Indústria Automobilística (Geia), era, no dizer já automobilístico de Ramis Gattas, da área de produção de autopeças, "um desfecho espetacular: depois de uma maratona de cinco anos, cortamos, todos, a fita da chegada, vencendo a etapa mais decisiva dessa imensa e acidentada prova". Essa "prova" havia sido iniciada no começo do governo Vargas e dela participaram intensamente alguns atores importantes, como a Assessoria Econômica da Presidência, por meio de Rômulo de Almeida e do almirante Lúcio Meira, com estreitas ligações com a Confederação Nacional da Indústria (CNI), e o Ministério da Fazenda, com seu ministro Horácio Lafer, que criaria a Comissão de Desenvolvimento Industrial (CDI) e abrigaria os trabalhos da Comissão Mista Brasil-Estados Unidos, de importância fundamental no projeto modernizante do governo Vargas.

Uma das proposições da comissão seria de capital importância para o futuro do país, que na ocasião tinha o objetivo específico de gerir a contrapartida aos financiamentos do Eximbank (Export-Import Bank of the United States) e do Banco Mundial (Bird): a criação do Banco Nacional de Desenvolvimento Econômico (BNDE), que seria peça importante no Geia. Em 1952, é criada também a subcomissão da CDI de Jipes, Tratores, Caminhões e Automóveis. O coordenador era justamente Lúcio Meira, que

[34] Flávio Limoncic, *A civilização do automóvel.*

[35] Ibidem.

iria manter um diálogo constante com o Sindicato da Indústria de Peças para Automóveis e Similares, consolidado naquele mesmo ano.

O trabalho da subcomissão, em conjunto com o sindicato, foi altamente eficiente e pragmático, com a elaboração de pautas restritivas de importações de itens já fabricados internamente (Aviso 288 da Carteira de Exportação e Importação do Banco do Brasil [Cexim]) e do Plano Nacional de Estímulo à Produção da Indústria de Autopeças e à Implantação Gradativa da Indústria Automobilística em seus três estágios: consolidação da indústria de autopeças e acessórios, junto com incentivos para a produção de insumos, como, por exemplo, o aço laminado; desenvolvimento da indústria de tratores e caminhões; e produção de automóveis.

Os últimos metros daquela maratona foram então cumpridos. Em abril de 1953 foi editado o Aviso 311 da Cexim, que vedava a importação de veículos a motor completos e montados e impunha a condição de que neles houvesse a omissão de componentes já produzidos no país. Por último, nos estertores do governo Vargas nascia o Decreto 35.729, de 25 de junho de 1954, que criava a Comissão Executiva da Indústria de Material Automobilístico (Ceima), com praticamente as mesmas atribuições que viria ter o Geia de Juscelino. Não ocorreu qualquer descuido por parte dos principais atores dessa brilhante operação ao envolverem e convencerem a sociedade de que o veículo nacional teria as mesmas qualidades e a mesma confiabilidade dos importados, por meio de duas grandes exposições no Rio de Janeiro e em São Paulo, embriões do futuro Salão do Automóvel, promovidas por Caio de Alcântara Machado em 1959, e da criação por Victor Civita, em 1960, da revista *Quatro Rodas*, de fundamental importância naquele sentido.

O segundo setor de importância capital para a implantação, a consolidação e o desenvolvimento do projeto rodoviário foi sem dúvida o da indústria de construção civil, por meio de diversos níveis de interação. A importância desse setor para a economia nacional não pode ser questionada, graças à sua participação no PIB, que varia entre 5% e 6%, e principalmente ao fato de ser essa indústria um dos componentes da formação bruta de capital fixo da economia, ou seja, dos investimentos, com um peso que varia de 50% a 60%, e ainda por cima grande empregadora de mão de obra, em uma faixa de 8% a 9% do total do emprego nacional. Os subsetores que compõem essa indústria são os de edificações, obras viárias, construção pesada, montagens industriais e outros. No início do século XX as empresas estrangeiras dominavam esse mercado em praticamente todos os subsetores, porém na década de 1960 esse já era totalmente atendido por empresas nacionais. Ao longo das duas décadas seguintes, as empresas líderes do mercado da construção pesada estavam no caminho de se tornar empresas transnacionais, com forte atuação no mercado internacional, além de se constituir internamente em grandes conglomerados econômicos, financeiros e industriais, mediante uma política explícita de diversificação.

A história da indústria de construção civil e de suas empresas até alcançar o estágio atual teve vários momentos distintos desde seus primórdios, na década de 1920, com maior importância inicial da área de edificações urbanas, seguida ainda por setores urbanos de casas populares, de obras viárias e de fornecimento de água, esgoto e energia elétrica.[36] O primeiro grande salto ocorreu quando da emergência do mercado de construção de rodovias interurbanas com o financiamento do FRN, seguido do segundo grande salto ao ingressarem nos setores de construção pesada com as grandes hidrelétricas federais e estaduais, paralelamente à construção de grandes aeroportos e das obras metroviárias. Alcançaram depois a área de montagens e de off-shore, com as demandas de setores privados industriais, mas principalmente do grande mercado gerado pelos investimentos da Petrobras. Assim, em termos da infraestrutura de transportes não existem dúvidas do enorme predomínio do setor rodoviário sobre os demais em relação ao mercado de obras públicas, como também nas ações das grandes empresas e de suas entidades na manutenção e no aprofundamento do projeto rodoviário.

Durante quarenta anos, desde 1940 até a crise da década de 1980, o setor rodoviário foi fundamental para o crescimento da indústria de construção civil e de suas empresas, em praticamente todos os níveis de tamanho, e nas principais praças, quais sejam, Rio de Janeiro, São Paulo, Minas Gerais,

[36]Pedro Henrique Pedreira Campos, *A ditadura dos empreiteiros*.

Paraná e Rio Grande do Sul. As grandes empresas que viriam a dominar o mercado de construção pesada, Camargo Corrêa, Andrade Gutierrez, Mendes Júnior e Cetenco, foram todas consolidadas a partir desse setor, antes de se tornar "barrageiras", especialmente após os períodos juscelinista e militar, com a única exceção da Norberto Odebrecht, que, entretanto, se consolidou mediante a incorporação da Companhia Brasileira de Projetos e Obras (CBPO), que atuava fortemente no mercado em São Paulo. Entidades patronais de grande expressão, como o Sindicato de Construção Pesada de São Paulo (Sinicesp) e o mais forte e poderoso, o Sindicato Nacional da Indústria da Construção Pesada (Sinicon), criado em 1959, tinham como objetivos explícitos acompanhar o DER-SP e o DNER, respectivamente, e se relacionar com eles.[37]

A crise que tem início no fim dos anos 1970, como reflexo do aumento dos preços do petróleo e do incremento das taxas de juros no mercado internacional, atinge particularmente o setor rodoviário, agravada com a perda gradual e a iminência do término dos recursos vinculados às agências rodoviárias. O setor começou a perder sua importância, especialmente para as grandes empresas, graças ao aparecimento de mercados internos mais promissores, como saneamento, casas populares, corredores de exportação e, naturalmente, prospecções de petróleo, associados a uma política agressiva de exportação de serviços para o mercado internacional e à busca de uma diversificação setorial em seus investimentos, como agropecuária, indústria em geral, cimento, petroquímica, siderurgia, mineração, centros comerciais e coleta de lixo.

Entretanto, apesar da evolução e da indiscutível concentração do mercado nas cinco grandes empresas (chegaram a ter quase 60% do faturamento total) pelo efeito direto da crise, diversos outros mercados haviam sido criados: desde o início, sempre existiram empresas médias e pequenas, que atendiam a certos nichos do mercado rodoviário em praticamente todos os três níveis da administração pública: federal, estadual e municipal. As relações entre esses segmentos nunca foram muito tranquilas, com embates

[37]Ibidem.

constantes, especialmente por meio de suas entidades representativas, sempre pautadas na defesa de seus mercados, principalmente em níveis regionais, estaduais e locais. São exemplo dessas a Associação Paulista de Empreiteiros de Obras Públicas (Apeop), o Sindicato da Construção Pesada do Estado de Minas Gerais (Sicepot) e a Associação de Empreiteiros do Estado do Rio de Janeiro (Aeerj).[38]

As funções de produção, de uma forma geral, foram sendo alteradas a partir do modelo de empresa única, que participava de todas as fases das obras, até o modelo de concentração das grandes empresas na montagem de negócios, com o uso do seu poderio nas áreas comercial, financeira e política, com a consequente terceirização de grande parte das atividades de construção propriamente dita. Além do processo de terceirização de etapas normais do processo construtivo às empresas de menor porte, existiram incentivos a uma terceirização técnica, mediante empresas de consultoria, projetos, estudos geológicos e geotécnicos; empresas de construção elétrica e mecânica e, finalmente, empresas especializadas em fundações e concretagem, que cresceram e forjaram mercados próprios e específicos.

No caso rodoviário, deve-se agregar ainda o fato indiscutível de que a rede implantada e pavimentada necessitava ser conservada, mantida e eventualmente restaurada. Esse problema começou a ficar sério já a partir de 1970, porque os órgãos rodoviários não estavam, e, conforme veremos mais adiante, ainda não estão, preparados para uma efetiva ação planejada e constante de contratação da conservação rotineira e do recapeamento periódico nas estradas pavimentadas. Isso gerou necessidades cada vez maiores de programas de restauração, de custos elevados, que passaram a absorver parcelas cada vez mais significativas dos orçamentos públicos e de seus financiamentos. De qualquer forma, novos mercados da construção civil foram gerados no setor com a criação ou o direcionamento de empresas especializadas nessas tarefas, que evidentemente não interessavam às grandes empresas da área. Em resumo: apesar do relativo declínio do

[38]Pedro Henrique Pedreira Campos, ibidem.

mercado de obras rodoviárias a partir dos anos 1980, e da baixa prioridade dele para as grandes empresas, foram geradas novas condições de trabalho, que aumentaram em muito a dependência desse mercado de um número muito grande de empresas, seja por terceirização de etapas, seja por terceirizações técnicas, seja pelas alterações de funções dos próprios órgãos rodoviários.

O principal insumo da indústria de construção civil é sem dúvida o cimento, e também aqui se pode constatar que se estabeleceram relações privilegiadas desse setor com o nosso projeto rodoviário. A implantação da indústria cimenteira no país foi fruto de uma associação feliz de empresários estrangeiros, por meio de suas iniciativas de produção interna como opção às importações, de empresários nacionais com suas estratégias de diversificação de setores produtivos e do Estado, com políticas de estímulo via políticas alfandegárias, isenção de impostos, preferência por matérias-primas e combustíveis nacionais e subsídios ao transporte de mercadorias específicas. Esse processo, que se inicia em 1924 e se consolida nas décadas seguintes, é igualmente bem anterior à década de 1950, com o estabelecimento de grupos privados nacionais de grande poderio econômico, financeiro e político, que atuam em conjunto de forma oligopolista por regiões, que convivem com os maiores grupos internacionais do setor interna e externamente e são apoiados por uma entidade de classe extremamente ativa e competente tecnicamente criada em 1936, a Associação Brasileira de Cimento Portland (ABCP).

A importância desse setor para o desenvolvimento rodoviário e suas estreitas relações com os órgãos públicos rodoviários e com as empresas de construção civil não podem ser desprezadas, até porque um dos grandes grupos cimenteiros nacionais é igualmente uma das maiores empreiteiras de obras públicas do país. O cimento foi sempre um dos insumos principais para as obras e os serviços de construção e manutenção rodoviária, com especial ênfase em seus anos iniciais nas pavimentações em concreto, mas de forma permanente nas estruturas de pontes, viadutos, elementos de drenagem e outros. Os fabricantes estabeleceram igualmente relações muito próximas com o DNER e os DERs por meio de intercâmbios técnicos entre o Instituto de Pesquisas Rodoviárias (IPR) e a ABCP, bem como com as empresas de construção civil de obras públicas.

O último setor a ser considerado por nós é talvez hoje o mais importante e também politicamente o mais poderoso, o da própria indústria de transportes, capitaneada pela Confederação Nacional de Transportes (CNT), criada em 1954. Integram esse sistema 29 federações, três sindicatos nacionais e 15 associações nacionais, que representam 70 mil empresas de transporte e 1,9 milhão de caminhoneiros e taxistas. De acordo com a própria CNT, a participação desse setor na economia nacional alcança 15% do PIB. Apesar de acompanhar todos os meios de transporte, a base da CNT é rodoviária: a maioria esmagadora de suas empresas associadas é daquele setor, seus dirigentes também, além de contar com equipes técnicas especializadas que promovem importantes estudos e pesquisas.

A primeira constatação com relação a esse setor é que, na medida em que a infraestrutura foi sendo montada, crescia sua importância estratégica, pois se tratava de organizar e ofertar serviços de transporte de mercadorias e passageiros, em um mercado aberto, livre, inicialmente desregulado em todos os seus segmentos, dependente de iniciativas pessoais e familiares, de reduzida necessidade de capital e com enormes perspectivas de crescimento. Foram sendo criadas estruturas empresariais nacionais nos transportes urbanos (em substituição a empresas estrangeiras nas grandes cidades), intermunicipais e interestaduais de passageiros, que passaram a ter algum tipo de regulação respectivamente pelas prefeituras, pelos DERs e pelo DNER, mas sempre com um objetivo declarado de facilitar o crescimento do mercado, sem grandes interferências, e manter sempre que possível as empresas que tradicionalmente atuavam no setor.

No caso do transporte de mercadorias, no qual praticamente até bem pouco tempo atrás inexistia qualquer tipo de regulação, foi montado um esquema participativo entre empresas de transporte e transportadores autônomos que prevalece até hoje, com objetivos claros de atingir um mercado nacional, de dividi-lo em diferentes funções, com redução e disseminação de riscos para todos. Essa forma de atuação teve como consequências, além de extraordinário crescimento, grande flexibilidade, possibilidades de atendimento à demanda em todos os rincões deste enorme país e, principalmente, a prática de fretes reduzidos, cujo limite era determinado pela área mais ineficiente, a dos transportadores autônomos, que definem seus custos sem levar em conta a depreciação e a reposição dos veículos. Entretanto, esse esquema, para funcionar em médio e longo prazos, apresentava algumas exigências articuladas entre si que facilitavam em muito a manutenção do esquema inicial.

A primeira exigência era a necessidade de um permanente crescimento do setor como um todo, que envolvia, de um lado, o contínuo aumento de sua abrangência e extensão — que no caso brasileiro era extremamente favorável pela incorporação de novas áreas produtoras e comunidades proporcionadas pelos avanços da infraestrutura. De outro lado, esse crescimento deveria se dar pelo aumento quantitativo em termos da tonelagem transportada: o intenso processo de urbanização, com o consequente incremento acelerado do consumo das famílias, foi o fator principal para o adensamento das movimentações de cargas pelas rodovias, porém também contribuiu nesse sentido a incapacidade dos demais meios de transporte de não somente manter suas parcelas de mercado como se qualificar para absorver parte das novas demandas.

A segunda grande exigência era com relação à necessidade de contar com uma decidida ação governamental no suporte desse esquema: em princípio, pode-se dizer que na verdade esta nunca faltou ao longo dos últimos cinquenta anos. Essa pretendida ação governamental teria de se dar em alguns sentidos bem claros. Primeiramente, pela não interferência, pela não regulação, seja da atividade propriamente dita, mas igualmente em alguns aspectos que poderiam impactar negativamente os custos de transporte. Quanto à regulação da atividade, pode-se afirmar que ela somente teve início em 2007, pela ANTT, ao regulamentar, pela Lei 11.442, de 5 de janeiro de 2007, o Registro Nacional de Transporte Rodoviário de Cargas (RNTRC), algo primário em se tratando de uma atividade estratégica para o país. A essa iniciativa básica seguiram-se outras pela ANTT, relativas à contratação de terceiros, à cobrança de fretes e, recentemente e até o momento não implantada, à regulamentação da atividade dos motoristas.

Portanto, nenhuma medida quanto a qualquer restrição de mercado na atividade de transporte propriamente dita.

A essa ausência de regulação da atividade podem-se acrescentar ainda alguns outros aspectos, como não restrição de circulação de caminhões pesados, bitrem e tritrem em rodovias não projetadas para tal, em cidades pequenas e médias e mesmo em regiões metropolitanas, bem como a total leniência com a segurança rodoviária, com o consequente aumento do número de acidentes e mortes. Entretanto, o aspecto mais sério e causador de elevados custos de manutenção e de restauração de rodovias é o excesso de carga por eixo, ainda praticado com grande liberalidade na maioria de nossas rodovias. Objetivamente, esse é um assunto ainda não resolvido desde os tempos do DNER, com seu primeiro plano de pesagem na década de 1970, passando pelas concessões à iniciativa privada e pelas iniciativas recentes do DNIT nessa área. Todos os tipos de dificuldades e entraves técnicos, jurídicos e operacionais foram sistematicamente levantados para impedir essas práticas criminosas ao patrimônio público, por enquanto com grande sucesso.

A outra demanda à ação governamental foi sem dúvida a questão dos subsídios ao óleo diesel, que vêm sendo concedidos em maior ou menor grau desde a criação do FRN, por meio do Imposto Único sobre Combustíveis e Lubrificantes, e depois com a administração pela Petrobras de preços dos derivados de petróleo. No início, eram os consumidores urbanos que financiavam essa conta, mediante uma taxação diferenciada sobre a gasolina, como mostraram os diversos estudos de taxação dos usuários rodoviários.[39] Após a extinção daqueles impostos, a conta foi paga por todos os brasileiros que pagam impostos diretos pela prática de preços artificiais dos derivados, seja para conter o processo inflacionário de diversos períodos ou para viabilizar a exploração de petróleo em águas profundas, e novamente agora, pela importação a preços mais elevados das necessidades internas de combustíveis. O fato é que o sistema de transportes rodoviários contou

[39]Empresa Brasileira de Planejamento de Transportes (Geipot), *Avaliação da contribuição dos usuários rodoviários.*

sempre com esse incentivo, nada desprezível em virtude do seu peso nos custos totais (25% a 50% em média, dependendo do tipo de transporte), e quase sempre também com subsídios expressivos na compra de veículos.

Há que se considerar uma última ação governamental de relevância para o desenvolvimento do esquema, que foi e ainda é bem clara, no sentido de não investir adequada e prioritariamente nos demais meios de transporte, seja por decisões de política econômica quanto à estrutura dos investimentos do setor, seja por visibilidade política, seja por resultados imediatos, seja por inércia e incompetência, mas que tiveram consequências fundamentais na manutenção do esquema. De uns tempos para cá, começam a surgir indícios de que a própria indústria de transporte rodoviário de cargas desejaria que as políticas de incentivo aos demais meios de transporte passassem a ser mais efetivas, de forma a ter uma melhor acomodação de mercado, o que pode significar que a atual política está chegando ao limite dos rendimentos positivos.

Portanto, não é uma tarefa das mais simples alterar a atual matriz de transportes, até porque todos os interesses criados em torno do projeto rodoviário exigem e têm sido contemplados com políticas públicas específicas que visam a manter aquela estrutura, conforme vimos, que podem ser facilmente observadas e comprovadas. Porém, além de todo o poderio objetivo e político com que conta o setor, existe uma componente funcional que está expressa na matriz atual, na participação de cada meio de transporte, estabelecida pelas condições econômicas gerais, de localização das atividades produtivas e do mercado de serviços de transportes, cuja alteração é particularmente problemática. No sentido de esclarecer esse ponto, vamos verificar a experiência de outros países e cotejá-la com a estrutura atual de atendimento à demanda de transportes no Brasil.

Uma análise comparativa de nossa matriz de transportes com a de países semelhantes ao Brasil em extensão territorial, no que diz respeito ao transporte de cargas, mostra que o modal rodoviário responde por 50% da demanda total na China, por 53% na Austrália, por 43% no Canadá, por 28,5% nos Estados Unidos e por 8% na Rússia. O Brasil está na liderança em termos mundiais de dependência logística da frota de caminhões, porém não muito afastado dos padrões da China e da Austrália. O caso da Rússia, por outro lado, é totalmente atípico, por razões muito particulares, em termos físicos e geográficos, a par da natureza do regime soviético lá implantado ao início do século XX (figura 4).

Figura 4 — Transporte por países selecionados

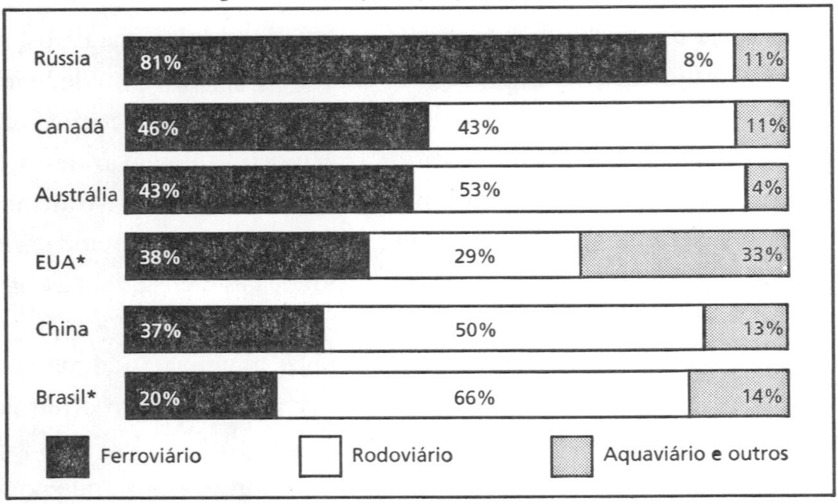

Fonte: PNLT — Ministério dos Transportes — Secretaria de Política Nacional de Transportes.
*Adaptado de Instituto ILOS; Burean of Transportation Statistic (2012).

Assim, acho importante analisar o caso dos Estados Unidos, país de extensão territorial semelhante à do Brasil. Lá o modal rodoviário responde por menos de 30% do total transportado, apesar do gigantismo de sua rede rodoviária e de sua frota de veículos. Os setores ferroviário e dutoviário, juntos, respondem por 60% do total. Ao analisar a questão dos transportes naquele país, estaremos obrigatoriamente incluindo em parte o vizinho Canadá, dada a enorme importância de duas das maiores ferrovias mundiais, que são canadenses e que operam com muita intensidade no espaço econômico americano.

É evidente que esse tipo de comparação somente tem sentido se respeitarmos o quão distinto foi o desenvolvimento do sistema de transportes americano *vis-à-vis* o nosso. Mas é nosso objetivo chamar atenção para alguns dos problemas logísticos que temos que ficam bem evidentes na comparação com o caso americano, no qual predomina, de um lado, o equilíbrio entre os vários meios de transporte e, de outro, que esses meios são usados em funções que melhor atendem aos princípios de economicidade, eficiência, preservação ambiental e custos sociais. O gráfico a seguir apresenta as duas matrizes de transportes para 2010, com as respectivas participações dos modais de transportes (figura 5).

Figura 5 — Comparação das matrizes de transporte: Brasil e EUA

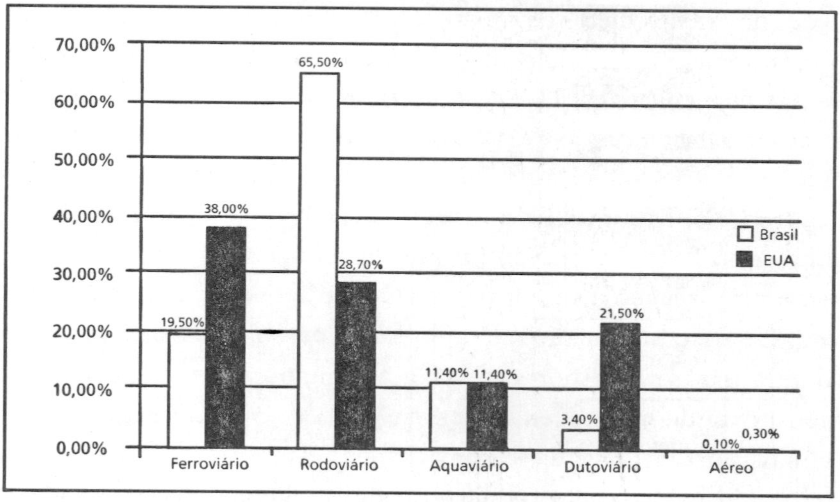

Fonte: Instituto ILOS; Bureau of Transportation Statistics (BTS).

O desenvolvimento dos transportes nos Estados Unidos seguiu uma lógica quase cartesiana: desde meados do século XVIII (cerca de 1765) até 1830 houve um predomínio absoluto das hidrovias, com investimentos públicos e privados na construção de canais, barragens e eclusas que atingiu algo em torno de 43 mil quilômetros de vias navegáveis; em 1825, foi iniciada a implantação da malha ferroviária, que chegou a alcançar 450 mil quilômetros e cobriu praticamente todo o território americano, porém com objetivos iniciais de integração com o forte sistema hidroviário existente e principalmente com os terminais portuários fluviais, lacustres e marítimos (nas embocaduras dos rios), que já se encontravam definidos e consolidados; na década de 1920, foi criada a enorme rede rodoviária, de mais de 6 milhões de quilômetros, com o objetivo claro de complementar as duas redes existentes no que tange ao transporte de mercadorias, até com limitações de percursos médios; finalmente foi implantada uma rede de oleodutos e de gasodutos para um tipo de transporte específico, de mais de 2,5 milhões de quilômetros, que responde por mais de 20% da demanda total de transportes.

Faremos uma análise comparativa da importância relativa e das funções dos vários meios de transporte, no Brasil e nos Estados Unidos, começando pelo setor aquaviário, que, por coincidência, tem o mesmo peso nas duas matrizes, 11,4%. Entretanto, as diferenças são enormes, a começar pela produção de transportes, que no Brasil é de 162 bilhões de TKUs e nos Estados Unidos, de 837 bilhões. São quase 520% a mais. De outro lado, as funções do modal aquaviário em cada país são bem distintas: no Brasil, a grande função do setor é a navegação de longo curso e mais recentemente a navegação de apoio à exploração de petróleo. No caso americano, além do longo curso, o sistema aquaviário é voltado para o transporte interno, com importantes funções, como o transporte de cabotagem de carga geral e conteinerizada entre os terminais portuários situados nas costas Leste e Oeste e no Golfo do México e, principalmente, com o transporte fluvial e lacustre, que tem funções estruturais no sistema geral, assim como as ferrovias, e cujos transportes específicos, com predominância de movimentação de grãos no primeiro e de carga geral no segundo, respondem por importante parcela da demanda de transportes.

O sistema hidroviário nos Estados Unidos transporta 720 milhões de toneladas/ano,[40] enquanto que aqui se transporta pouco mais de 10% do que se transporta lá.[41] Em termos de extensão da rede hidroviária, segundo dados recentes da própria Antaq, existem no país 19.764 km de

[40]Silvio dos Santos, "A febre dos canais".
[41]Agência Nacional de Transportes Aquaviários, *Anuário estatístico aquaviário 2012*.

vias economicamente navegáveis para o transporte de mercadorias, que se encontram concentradas na região Norte, na bacia hidrográfica da Amazônia, com 80% do total da rede (figura 6). As demais bacias são localizadas, com pequenas extensões e com reduzidas possibilidades de executar transportes significativos, com a exceção da hidrovia Tietê-Paraná. De qualquer forma, para um adequado aproveitamento de nosso potencial hidroviário há que se investir pesadamente em terminais de transbordo, em melhoria das condições de navegabilidade e em eclusas e barragens, algo que nunca se fez.

Figura 6 — Brasil: vias economicamente navegadas

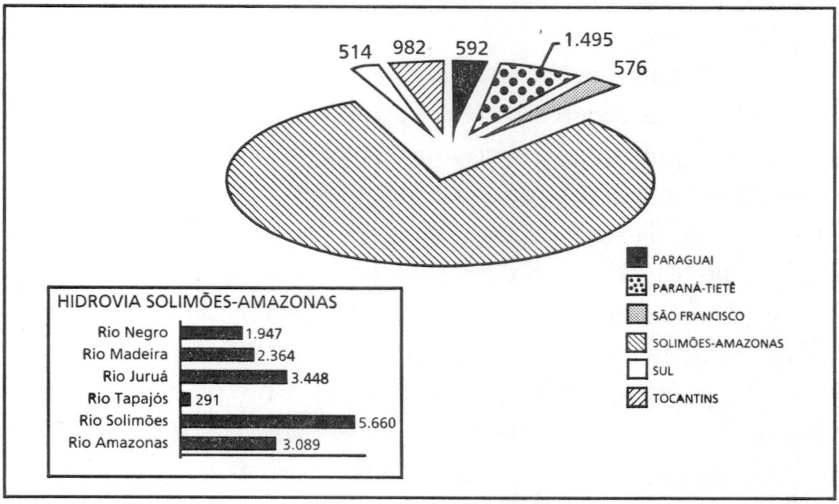

Fonte: Antaq.

Há que se notar que, de acordo com os próprios dados da Antaq, da produção atual dos transportes hidroviários de quase 62 bilhões de TKUs, apenas 27% são feitos entre terminais fluviais, 33% por cabotagem (bauxita e contêineres) e 40% como transporte de longo curso (minério de ferro, bauxita e soja), com pouca repercussão na distribuição modal de transportes do ponto de vista interno. Nos Estados Unidos, a distância média do transporte hidroviário é de 730 km, e os embarques médios são de mais de 1 milhão de toneladas: as distâncias médias no Brasil estão bem abaixo daquela média, a não ser nos percursos de Porto Velho-Quatiara e Manaus-Belém, e os embarques médios devem se situar entre duzentas e trezentas toneladas no máximo.

O transporte de cabotagem no país alcançou 139 milhões de toneladas em 2012, contra algo em torno de 215 milhões nos Estados Unidos, o que demonstra sua reduzida importância nos dois países. No caso americano, essa pouca importância é justificável pela distância que envolve as ligações entre os dois oceanos e do Golfo do México com a Costa Leste, com um percurso médio de 2.040 km, sem esquecer que se trata de um transporte de alto valor agregado, concentrado em carga geral e conteinerizada, e que faz parte de esquemas multimodais nas duas pontas. No nosso caso, com uma costa longitudinal de 7,4 mil quilômetros, o não uso da cabotagem é certamente um desperdício, pois o transporte de combustíveis, óleos minerais e bauxita responde por quase 90% da carga conteinerizada (5%), concentrada em um único movimento entre Manaus e Santos, de carga geral solta (3,5%), em apenas dois movimentos, madeira da Bahia para o Espírito Santo e celulose desse estado para Santa Catarina (o 1,5% restante é referente a outros movimentos somados). Em resumo: o transporte de cabotagem tem uma função primordial, qual seja, a de distribuição de derivados de petróleo entre os terminais e as bases da Petrobras, com baixa integração modal e reduzida competitividade com os demais meios de transporte.

A movimentação de cargas no sistema portuário nacional evoluiu de 360 milhões de toneladas em 1990 para 904 milhões em 2012, 588 milhões movimentados nos terminais de uso privativo (TUPs) e 316 milhões movimentados nos portos públicos. Em 1990, a participação dos portos públicos na movimentação total era de 22,5%: hoje já é de 35%, com tendência sempre crescente. A movimentação está concentrada em granéis sólidos (61%) e líquidos (24%), em cinco portos, Santos, Itaguaí, Paranaguá, Rio Grande e Itaqui, com 70% do total, e em dez TUPs que movimentam somente granéis sólidos e líquidos, 74% do total dos TUPs e 48% do total nacional. A navegação de longo curso absorve 74% da movimentação de carga portuária, com 670 milhões de toneladas em 2012. A exportação é responsável por 525 milhões, 78% do total (figura 7).

Figura 7 — Brasil: vias economicamente navegadas

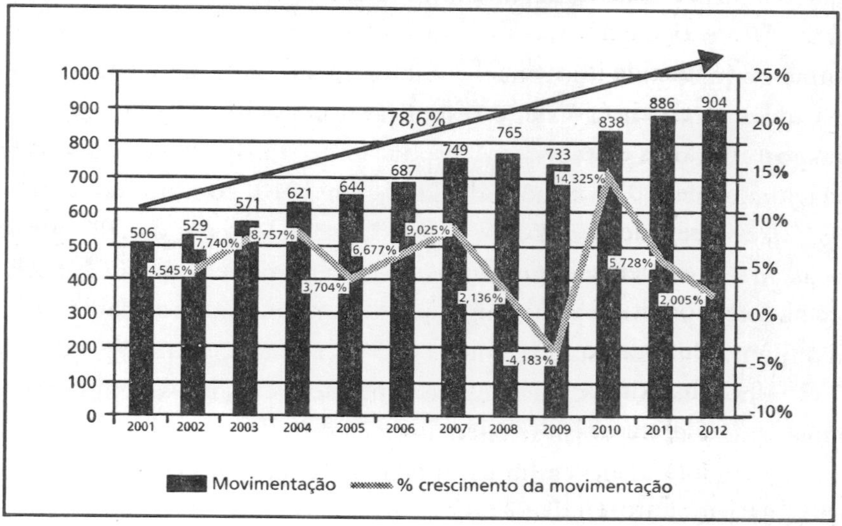

Fonte: SEP.

A simples constatação desses números mostra que a economia brasileira continua a ter essencialmente características primário-exportadoras e que a função básica do sistema portuário nacional é atender a essa demanda por exportação (e importação) de granéis sólidos e líquidos, com pequena abertura comercial para movimentos mais importantes relativos à carga geral e conteinerizada. A importância dos TUPs nessa movimentação indica claramente a opção adotada da montagem de sistemas paralelos, que funcionam como "enclaves", ou sistemas fechados, tanto nos acessos terrestres quanto nas operações portuárias, com relação ao restante do sistema de transportes, evidentemente com níveis de produtividade bem acima da média. Esquema semelhante funciona também nos portos organizados por meio de contratos de arrendamento e de operação de terminais privados, tendência ratificada e ampliada pelas recentes medidas adotadas pelo governo federal.

Certamente, a grande diferença entre as matrizes de transporte de mercadorias entre o Brasil e os Estados Unidos reside na participação do setor ferroviário, não apenas em termos de números, 19,5% e 38%, respectivamente, mas também em importância no transporte de longas distâncias e por suas funções estruturais dentro do sistema que o setor assume naquele país. No Brasil, destaca-se sua falta de protagonismo. Uma única empresa, a Vale, é responsável por 60% do total de cargas transportadas pelas ferrovias. A produção de transportes no modal ferroviário alcançou 278 bilhões de TKUs em 2010, com um crescimento de 35%, comparado com 2004, quando a produção era de 206 bilhões, graças ao aumento das importações de minério de ferro pela China.[42] O sistema ferroviário nacional tem hoje 28,7 mil quilômetros contra 158,5 mil quilômetros nos Estados Unidos (5,5 vezes maior). Lá são produzidos 2.783 bilhões de TKUs, que é exatamente dez vezes mais do que produzimos aqui, com expressivas participações do transporte intermodal, do conteinerizado e do de carga geral isolada, com praticamente o mesmo custo unitário, US$21/mil TKUs.[43]

No Brasil, os serviços de transportes ferroviários são prestados por 12 empresas concessionárias, 11 controladas pela ANTT na área federal e uma por concessionária do Paraná. Das primeiras, sete tiveram sua origem na antiga RFFSA e têm até as maiores malhas (Ferrovia Centro-Atlântica, com 8.066 km, América Latina Logística Malha Sul, com 7.265 km, e Transnordestina Logística, com 4.207 km). O sistema ferroviário americano de transportes de cargas é operado por empresas privadas: sete ferrovias de Classe I, cinco dos Estados Unidos e duas do Canadá, com 235,5 mil quilômetros (dessas, cinco têm malhas superiores à brasileira — Union Pacific, com 52,8 mil quilômetros, Burlington, com 51,5 mil quilômetros, CSX Transportation, com 37 mil, Norfolk, com 34,6 mil, e Canadian National, com 32 mil), 36 ferrovias de Classe II, com até 500 milhas (800 km), e 320 ferrovias locais de Classe III.

---

[42]Instituto Ilos, *Custos logísticos no Brasil.*

[43]Ibidem.

Entretanto, a grande diferença do transporte ferroviário americano com relação ao nosso se baseia em duas características essenciais: a primeira é a distância média de quase mil quilômetros, enquanto a nossa está abaixo dos 400 km, isso se deve ao peso do transporte de minério de ferro no total, que eleva aquele índice; e a segunda são as toneladas/quilômetro transportadas, que alcançam mais de 17 milhões lá contra 9,7 milhões no Brasil.[44] Caso se retire o minério de ferro, esse último índice cairia para algo em torno de 4,3 milhões de toneladas por quilômetro, quase um quarto do que se transporta nas ferrovias americanas. Assim, afora as ferrovias pertencentes à Vale (Estrada de Ferro Vitória-Minas e Estrada de Ferro Carajás), com seu transporte de minério de ferro, e a Estrada de Ferro Tereza Cristina, que transporta basicamente carvão mineral, as demais ferrovias brasileiras disputam um mercado de transportes no qual não têm vantagens comparativas com seu principal concorrente, o rodoviário, tanto em termos de distância quanto de densidade da carga.

Esse aspecto com relação à competição no transporte terrestre é extremamente grave, pois significa total inversão de papéis e funções entre os modais rodoviário e ferroviário. Quanto menores as distâncias de transporte, menos competitivas são as ferrovias, o que as leva a enfrentar uma concorrência desfavorável nas pequenas e médias distâncias. Assim, o crescimento do mercado ferroviário é, na melhor das hipóteses, derivado do crescimento vegetativo de seu mercado cativo, sem possibilidade de transferência de cargas das rodovias, e pode ainda ser prejudicado por investimentos em terminais de transbordo e em outras facilidades de transporte, que no fundo podem significar "punições" aos seus usuários.

Além do fato de estarem unicamente aparelhadas em termos de extensão para disputar um mercado que, ao contrário, é altamente favorável ao transporte rodoviário, as ferrovias ainda enfrentam outros tipos de problemas. As conexões das ferrovias com alguns dos principais portos do país são altamente deficientes e problemáticas: são exemplos desses os portos de Santos, Paranaguá e Rio Grande. Invasões, excesso de passagens

---

[44] Silvio dos Santos, *Transporte ferroviário*.

de nível, ausência de retroáreas, deficiências de armazenamento, prioridades de desembarque dos caminhões e mesmo acessos de baixa capacidade (Paranaguá), sem ligações diretas (Rio Grande) ou tendo de vencer áreas urbanas extremamente conurbadas, como é o caso da transposição da Região Metropolitana de São Paulo. De outro lado, mesmo internamente ao próprio setor existe uma baixa relação de complementaridade e de transações comerciais entre as diversas ferrovias, que na maioria das vezes atuam como entidades totalmente isoladas, o que impede avanços possíveis no aumento das distâncias médias de transportes. Vejamos em detalhes essa antiga questão.

Vamos tentar classificar as 12 empresas hoje existentes com relação às suas possibilidades de integração com as demais ferrovias.

1) Ferrovias com baixa ou nenhuma integração em função do transporte de produtos específicos: FTC, EFVM (alguma relação com a FCA, do mesmo grupo) e EFC (no futuro, alguma relação com a FNS).
2) Ferrovias com baixa integração por se encontrarem em obras, sem seus percursos econômicos concluídos: Ferroeste, FNS e ALLMN.
3) Ferrovias com baixa integração porque trabalham regionalmente isoladas: ALLMS e TLS.
4) Ferrovias com baixa integração devido a sua pequena participação no mercado e ao seu reduzido transporte: ALLMO (menos de 1% da tonelagem movimentada) e ALLMP (menos de 1,5%).

Restam, portanto a FCA e a MRS, que atuam em parte no mesmo espaço geográfico, com baixa complementação e com relativa concorrência, além de estar em situações bem distintas do ponto de vista de mercado e de operação. A MRS está bastante consolidada, com um mercado cativo bem expressivo e com reais possibilidades de expansão de transporte intermodal e de carga geral, conteinerizada. Já a FCA, pertencente ao grupo da Vale, tem problemas de redução de malha ainda por resolver, de integração interna com suas duas áreas de São Paulo e Belo Horizonte, além das questões relativas à ligação com o Nordeste (antiga SR-7), que ainda se encontra em situação precária.

Assim, diante dessa situação, não se pode esperar grande coisa em termos de aumento da integração entre as atuais ferrovias, que carregam ainda problemas de difícil solução: uma herança de regionalização burocrática e isolacionista advinda da extinção da RFFSA, concessões isoladas de ferrovias especializadas em transportes de minério de ferro com reduzidos efeitos sobre o restante do sistema e, por último, projetos de investimentos voluntariosos em trajetos específicos, não integrados ao sistema e sem lógica econômica e empresarial.

Estamos agora em condições de retornar à principal questão de nossa matriz de transportes, qual seja, a participação do modal rodoviário, de mais de 65% no atendimento à demanda, com clara tendência de crescimento, mantidas as condições atuais. Vimos anteriormente que foram produzidos 936 bilhões de TKUs nesse modal em 2010, em uma rede pavimentada de 215 mil quilômetros de rodovias em situação de conservação de regular para ruim, contra 2.100 bilhões de TKUs nos Estados Unidos, no mesmo ano, em uma rede pavimentada de 6,6 milhões de quilômetros, certamente em boas condições de conservação. Dessa forma, os TKUs produzidos no Brasil correspondem a 44,5%, uma alta proporção dos produzidos nos Estados Unidos, o que pode ser explicado pelas diferenças significativas das distâncias médias de transportes e possivelmente pelas condições de regulação dos serviços. Lá a distância média é de 350 km em um mercado regulado e aqui alcança pouco mais de mil quilômetros em um mercado aberto, desregulado, com distâncias médias regionais de 160 km e inter-regionais de 1.305 km.

Esses números, apesar das eventuais incertezas nas informações, chamam bastante atenção. Senão vejamos. Nos Estados Unidos, com os dados de TKUs produzidos e extensão da malha, chegamos a 318 mil toneladas por quilômetro. No Brasil, a depender da extensão da malha adotada, são 215 mil quilômetros de rodovias pavimentadas, ou 300 mil (acrescentando-se mais 85 mil de rodovias não pavimentadas). Assim, chegamos a 4,3 milhões de toneladas por quilômetro (índice 13,5 vezes maior que o americano) ou 3,1 milhões de toneladas por quilômetro (índice 10,2 vezes maior). Isso evidentemente é bastante estranho, visto que os níveis de tráfego lá são bem mais elevados e a capacidade dos veículos deve ser no máximo equivalente. Além disso, como as distâncias médias aqui são quase três vezes maiores do que lá, significa dizer que a rotação dos veículos, ou seja, seu aproveitamento, pode e deve ser muito mais intensa no mercado americano do que no nosso caso. Mesmo admitindo ineficiências do sistema, fica uma primeira dúvida com relação à produção de transportes do modal rodoviário, pois não existem grandes dúvidas relativamente à malha rodoviária no que tange à extensão.

Entretanto, o que chama ainda mais atenção é quando comparamos os custos de produção por TKU do relatório Ilos. Nos Estados Unidos, o custo rodoviário/TKU é de US$ 281,53 e no Brasil é de US$ 123, 46% menor, resultado praticamente inexplicável. O custo rodoviário aumenta quanto maior for a distância média; quanto maior for a idade média dos veículos; quanto menor for a capacidade das rodovias, de uma ou duas faixas por sentido; quanto mais deteriorado estiver o pavimento das faixas de rolamento; quanto mais intensas forem as interferências locais e urbanas; quanto menor for a rotação dos veículos; e, finalmente, quanto mais desbalanceados estiverem os fluxos de ida e volta. Em todos esses quesitos a situação brasileira em termos de custos rodoviários é negativa, o que deveria levar à conclusão de que nossos custos deveriam ser sensivelmente maiores do que os dos Estados Unidos, algo em torno de 50% a 75%, e não quase 60% menores.

No citado relatório, os custos totais rodoviários foram calculados basicamente a partir do consumo de óleo diesel e não diesel, por perfis de transporte, divididos em inter-regionais e regionais, com cargas fechadas e especiais no primeiro caso e cargas fechadas e fracionadas no segundo caso, de forma a calcular os custos operacionais totais pela representatividade dos combustíveis para cada perfil, acrescidos dos custos de pedágio e de seguros. Várias hipóteses foram adotadas, como definição do percurso médio por perfil, a identificação dos veículos usados em cada perfil, o consumo médio por veículo, para se chegar a um consumo médio por veículo (quilômetro/litro) de cada perfil. Entretanto, para simplificar, no fim o custo rodoviário dos veículos a diesel (94% do total dos custos rodoviários) foi calculado multiplicando o consumo anual em litros (27 bilhões) do transporte rodoviário de cargas pelo preço do diesel, R$ 1,98/litro, dividido pela porcentagem média do custo do diesel no frete (28,7%). Duas questões emergem nesse cálculo: a primeira, que essa última porcentagem pode até ser verdadeira para os caminhoneiros autônomos, mas certamente não o é para as empresas de logística e transporte atualmente existentes; a segunda, que se faz necessário elaborar uma estimativa do grau e do nível dos subsídios governamentais na manutenção dos preços do óleo diesel.

De outro lado, as TKUs foram calculadas com base em informações de mercado quanto à participação dos mesmos estratos de transportes, por meio de uma fórmula bem simples: consumo médio por veículo (quilômetro/litro) multiplicado pela capacidade dos veículos em toneladas para se terem as TKUs/litro. Com a multiplicação pelo consumo anual do diesel de cada perfil se determina o total de TKUs produzidos. Duas hipóteses bem fortes estão presentes nessas estimativas. Apenas para exemplificar, vamos examinar o perfil do transporte inter-regional com carga fechada que, segundo os cálculos do Ilos, responde por 61,7% do diesel consumido: *em todo litro* consumido ao longo de 2010 (16,9 bilhões de litros) foram percorridos 2,5 km e carregadas 15,3 toneladas, o que gerou, portanto, 642,6 bilhões de TKUs.Um nível de eficiência totalmente incompatível com o fato de que 46% da frota de veículos é de transportadores autônomos, com uma idade média de 19 anos.

Além disso, veículos parados em congestionamentos, em filas nos portos e nos demais terminais ou trafegando nas rodovias brasileiras, que em sua maioria se encontram em condições precárias, certamente impactam no primeiro índice (quilômetro/litro), bem como viagens sem carregamento em busca de cargas, em rotas irracionais tipo "passeios de carga", em fins de semana, em lazer, em carregamentos abaixo da capacidade e sem fretes de retorno tendem a reduzir sensivelmente o segundo índice (TKU/litro). Assim, o cálculo das TKUs produzidas elaborado por aquele instituto está mais próximo de uma *produção potencial*, tendo em vista o consumo anual de diesel, do que da produção de transportes efetiva. Caso tenhamos razão nessas ponderações, é possível que nossa matriz de transportes seja um pouco menos irracional do que a maioria dos analistas supõe.

O último modal a ser considerado na área de transportes terrestres é o dutoviário, que para os Estados Unidos tem uma importância estratégica e que é praticamente esquecido por aqui. Não são consideradas as inúmeras vantagens desse tipo de transporte: grande capacidade, operação ininterrupta, baixos custos variáveis, segurança, confiabilidade, inexistência de embalagens, armazenamentos e fretes de retorno, bem como de congestionamentos ou dificuldades físicas. Nos Estados Unidos, esse modal é o terceiro responsável pelo transporte de cargas, com uma participação em 2010 de 21,5%, o que representa quase 1.573 bilhões de TKUs, contra 3,4% no Brasil, algo em torno de 22 bilhões de TKUs. A malha dutoviária americana alcança mais de 2,6 milhões de quilômetros, dos quais 2,3 milhões são de gasodutos, contra apenas 22 mil quilômetros no Brasil — 16° do ranking mundial, atrás de países como Argentina (38 mil) e México (40 mil), entre outros. Os dois maiores sistemas de dutos são os controlados pela Transpetro, subsidiária da Petrobras, com 14 mil quilômetros, e o gasoduto Brasil-Bolívia, operado pela Transportadora Brasileira Gasoduto Brasil-Bolívia (TBG), com 2,6 mil quilômetros em território nacional.

Resta falar do transporte aéreo de carga, que tem pequena relevância tanto nos Estados Unidos (0,3%) quanto no Brasil (0,1%) em termos de TKUs produzidas. Em 2010, foram transportados 48,8 bilhões lá e 705 milhões aqui, segundo o Ilos. Em 2012, de acordo com a Infraero, foram movimentadas 1,4 milhão de toneladas nos terminais aeroportuários do país, 741,3 mil no transporte internacional e o restante no doméstico, 662,7 mil toneladas, altamente concentradas nos aeroportos de Guarulhos, Viracopos e Manaus. As perspectivas de crescimento no transporte de cargas áereas, para um país das dimensões brasileiras, são enormes, a depender, é evidente, de se solucionar o grande entrave da infraestrutura aeroportuária, que começa a ser concedida à iniciativa privada. De outro lado, é importante ressaltar que já operam no Brasil algumas das maiores empresas especializadas no transporte dessas cargas.

3. Os vários atores

Em 2001, ocorreu a última grande transformação institucional do setor de transportes na esfera federal, com a extinção do DNER, do Geipot e da Empresa Brasileira de Transportes Urbanos (EBTU), que se deu um pouco antes, com a criação do Conselho Nacional de Integração de Políticas de Transportes (Conti), do DNIT, da ANTT e da Antaq, com as consequências inevitáveis na própria estrutura do Ministério dos Transportes. Tal transformação, por causa de sua magnitude, levou algum tempo para ser definitivamente implantada, devido às dificuldades inerentes à criação de tantos e importantes órgãos novos, particularmente com relação às duas agências reguladoras, acrescidas pela rejeição generalizada ao modelo do antigo e todo-poderoso DNER, que condicionou o grupo encarregado de operar as mudanças no sentido do que se denominava à época "criação de órgãos leves, com estruturas reduzidas", que não teriam nada a ver com os procedimentos e as práticas anteriores.

Entretanto, o mais significativo naquela transformação era que ela guardava estreita correspondência com uma nova política de transportes que se apoiava nos seguintes postulados: busca de uma maior integração entre os modais; intensificação do processo de descentralização do setor por meio de um novo papel nesse sentido dos estados; aprofundamento da participação da iniciativa privada nos programas de investimentos; e montagem de um marco regulatório adequado ao setor.

Passados mais de dez anos daquela reforma pode-se afirmar que em grande medida os resultados foram frustrantes. O Conit fez sua primeira reunião apenas em fins de 2009 e seu papel na intermodalidade inexiste. A implantação da ANTT e da Antaq, em substituição a uma série de órgãos internos do Ministério dos Transportes, e absorvendo algumas funções dos órgãos extintos, apresentou grandes dificuldades, que demandaram muitos esforços de acomodação durante muitos anos. Além disso, essas agências acumularam com suas funções reguladoras as de entes concedentes de serviços públicos e criaram, assim, mais conflitos do que seria de se esperar, e com graves consequências, pois relegavam a um segundo plano o necessário e fundamental protagonismo em nível nacional que o setor de transportes tanto demandava (ver apresentação).

O DNIT até hoje tenta se estruturar, em termos gerenciais e administrativos, mas principalmente em termos de capacitação de recursos humanos, devido basicamente aos erros de origem. Não foi reconhecido como um órgão de abrangência nacional como o DNER, acrescido de uma enorme gama de novas funções relativas aos demais meios de transporte. A situação nessa área é ainda grave, com seguidas greves de pessoal por melhores salários e com dificuldades para aumentar seu reduzido contingente de servidores (2.665 funcionários) e elevado contingente de terceirizados (2.985 contratados a todo tipo de empresas), situação essa de 2012. Além disso, a colocação em um único órgão de infraestrutura dos vários modais, com o objetivo esperado de se conseguir uma maior integração, teve como resultado exatamente o contrário, por meio de um apagamento daqueles modais perante o gigantismo das questões rodoviárias, além do fato de que a maioria dos servidores aproveitados no novo órgão tinha como origem o DNER. Os mesmos problemas de corrupção atribuídos ao DNER, agora em larga escala, ocorreram no DNIT na crise de 2011, que obrigou o governo a promover a conhecida faxina no órgão, com sérias consequências em seu desempenho até o presente.

Entretanto, além daquela reforma institucional de caráter mais amplo, uma série de outras medidas vem sendo tomada, com implicações no arranjo institucional do setor. Inicialmente, é importante a constatação de que os transportes não são mais representados na administração pública federal por um único ministério, como acontecia desde a criação do Ministério de Viação e Obras Públicas, depois dos Transportes, com a honrosa exceção da área aeroviária, que sempre pertenceu ao Ministério da Aeronáutica. As razões que levaram a esse modelo institucional centralizado foram, de um lado, a evidente interdependência entre os meios de transporte e entre os transportes interurbanos e urbanos e, por outro lado, a necessidade de se contar com uma unidade de comando em nível nacional, a par de concentrar as relações institucionais com os estados e municípios.

Em janeiro de 2003, foi criado o Ministério das Cidades, que absorveu e concentrou uma série de atividades ligadas à habitação, ao saneamento e, igualmente, às questões de mobilidade urbana, transportes e trânsito. A antiga Companhia Brasileira de Trens Urbanos (CBTU) e a Empresa de Transportes Urbanos (Trensurb) de Porto Alegre passaram a ser subordinadas a esse ministério, assim como o Departamento Nacional de Trânsito (Denatran). Para os nossos fins relativos ao sistema de transporte de mercadorias, é importante assinalar duas questões: a primeira é que mobilidade urbana envolve naturalmente os sistemas de transporte coletivo e de transporte de massa, mas igualmente questões viárias de acessibilidade, pavimentação urbana e outras, com implicações nos sistemas viários dos municípios e dos estados; e a segunda é quanto à estranheza da colocação do Denatran, um órgão tipicamente regulador e normativo, nesse ministério, devido à estreita relação existente entre transporte e trânsito, não só nas áreas urbanas, mas também nas ligações interurbanas.

Em 2007, foi criada a Secretaria Especial de Portos (SEP) da Presidência da República, por meio da Medida Provisória 369, regulamentada pela Lei 11.518, que estabelece ainda um novo modelo de gestão do setor portuário nacional. Ficaram vinculadas a essa nova secretaria as companhias Docas do Pará, do Ceará, do Rio Grande do Norte, do Espírito Santo, do Rio de Janeiro e de São Paulo, além do Instituto

Nacional de Pesquisas Hidroviárias. A Companhia Docas do Maranhão (Codomar) segue subordinada ao Ministério dos Transportes, pela sua atuação na área hidroviária, assim como o Fundo de Marinha Mercante e a Antaq, que passa a ser subordinada simultaneamente também a essa secretaria, em um arranjo *sui generis*. Para complicar um pouco mais, essa nova secretaria ficou igualmente encarregada de estabelecer os marcos regulatórios do setor, buscando estimular a livre iniciativa e atrair mais investimentos privados.

Em 2005, foi criada a Anac, em substituição ao antigo Departamento de Aviação Civil (DAC), que até 1999 pertencia ao Ministério da Aeronáutica e após ao Ministério da Defesa, com o objetivo de promover as regulações técnica e econômica do transporte aéreo exercido pelas empresas privadas. Em 2011, foi criada a Secretaria da Aviação Civil da Presidência da República (SAC/PR), que absorveu não somente aquela agência como também a poderosa Infraero, responsável pelos principais terminais do país nessa área. Tradicionalmente esse segmento dos transportes sempre esteve afastado, em termos institucionais, dos demais meios de transporte, porém a crescente importância desse setor e principalmente de seus aeroportos como terminais intermodais de cargas, além do recente programa de concessão deles à iniciativa privada, merece uma especial atenção no contexto do aparato institucional do setor de transportes.

Além disso, cresceram muito os papéis e a importância de outros atores fora do setor: o primeiro, por seu caráter estratégico, foi o Ministério do Planejamento, que, afora todas as questões relativas aos orçamentos anuais e plurianuais, passou a gerenciar o Programa de Aceleração do Crescimento (PAC), criado em 2005, no qual a parcela da infraestrutura de transportes e logística responde por mais de 50% e condiciona programas de investimentos de vários órgãos do setor, particularmente os do DNIT. Outro exemplo é o Ministério do Meio Ambiente, que cuida dos aspectos ambientais na implantação e operação da infraestrutura e dos sistemas de transportes, o que obriga os órgãos envolvidos no assunto a dedicar grandes esforços em termos de estudos, projetos, supervisões e acompanhamento das ações para atendimento das exigências ambientais.

No caso particular dos terminais portuários, é importante ainda assinalar que são intensas as relações das autoridades portuárias dos chamados portos organizados com uma série de outros organismos, pertencentes ao Ministério da Saúde, como a Agência Nacional de Vigilância Sanitária (Anvisa); ao Ministério da Defesa, como a Marinha de Guerra nas diretorias de Portos e Costas e de Hidrografia e Navegação; ao Ministério da Fazenda, como a Receita Federal; ao Ministério da Agricultura, como o Sistema de Vigilância Agropecuária Internacional (Vigiagro); ao Ministério da Justiça, como a Polícia Federal, além, naturalmente, dos ministérios dos Transportes e do Meio Ambiente, e da Secretaria Especial de Portos.

O papel dos órgãos de controle também aumentou bastante, com demandas constantes sobre os procedimentos de contratação de obras, especialmente do Tribunal de Contas da União (TCU), que mantém estrito controle sobre licitações e execuções de contratos do setor, principalmente quando se trata de concessões de serviços públicos: a aprovação prévia desse órgão quanto aos editais e às minutas de contrato é condição básica para o início dos processos de licitação. Não se pode ignorar o papel fundamental do BNDES no financiamento de curto prazo e de longo prazo para as empresas concessionárias terem condições de cumprir seus programas de investimentos, além de participar ativamente na montagem de esquemas visando à elaboração dos estudos técnicos anteriores aos processos de licitação, como no caso do estabelecimento de convênio de cooperação técnica com a Estruturadora Brasileira de Projetos (EBP). As consequências inevitáveis dessas constatações são que não se pode mais ignorar a extrema complexidade desse arcabouço institucional que está aí, que veio para ficar e exige níveis de planejamento, de elaboração de projetos, de gestão e de coordenação mais sofisticados para aumentar a produtividade do setor público em seus investimentos e da administração dos sistemas de transportes.

Dessa forma, os marcos regulatórios pretendidos para a atuação do setor público na área de transportes, especialmente em níveis federal e estadual, consequências diretas da Constituição de 1988, e que dariam suporte a uma política nacional nesse setor, ficaram totalmente superados pelas novas conjunturas, além de não ter sido implantados, pois até hoje não foram sancionados, apesar de terem sido aprovado pelo Congresso, no fim de 2010, o famoso projeto de revisão do Sistema Nacional de Viação (SNV), de 1995, cujo relator foi o senador Eliseu Resende (Projeto de Lei 1.176/1995). No caso das agências reguladoras federais, o marco regulatório definido e explicitado no lançamento do PAC como fundamental para a atuação daquelas agências também ainda não saiu do papel e encontra-se no Congresso para discussão e aprovação depois de oito anos (Projeto de Lei 3.337/2004).

Diante desse quadro geral, a política de transportes anteriormente esboçada e que serviu de base para a transformação institucional do setor foi parcialmente abandonada. A descentralização ou a transferência para os estados e o Distrito Federal de parte da malha rodoviária sob jurisdição federal por meio da controvertida Medida Provisória 82, de 2002, se transformou em uma grande disputa entre aqueles entes não resolvida até hoje. Pretendeu-se delegar quase 15 mil quilômetros de rodovias federais para 15 estados, sem estudos técnicos e sem avaliar as implicações jurídico-econômicas, o que gerou uma série de dúvidas e questionamentos, com total impossibilidade de cumprimento dos cronogramas de transferência de domínio, previstos no art. 3° da medida. Uma parcela dessas rodovias permanece no limbo, sem a definição de jurisdição, sem uma clara disposição do governo federal de resolver o assunto. De outro lado, o lançamento do PAC em 2005 evidenciou ainda mais a política do governo central de abandonar seu protagonismo nacional e se concentrar nos investimentos necessários aos sistemas de transporte da esfera federal.

O organograma atual do Ministério dos Transportes pode ser visto no quadro 1. Internamente, o ministério conta com três secretarias, de Política Nacional, de Gestão dos Programas e de Fomento para Ações, que atuam de forma descentralizada com suas duas autarquias, DNIT e ANTT, as empresas públicas Engenharia, Construções e Ferrovias (Valec) e a recém-criada Empresa de Planejamento e Logística (EPL), e a sociedade de economia mista Companhia Docas do Maranhão (Codomar).

Quadro 1 — Organograma do Ministério dos Transportes

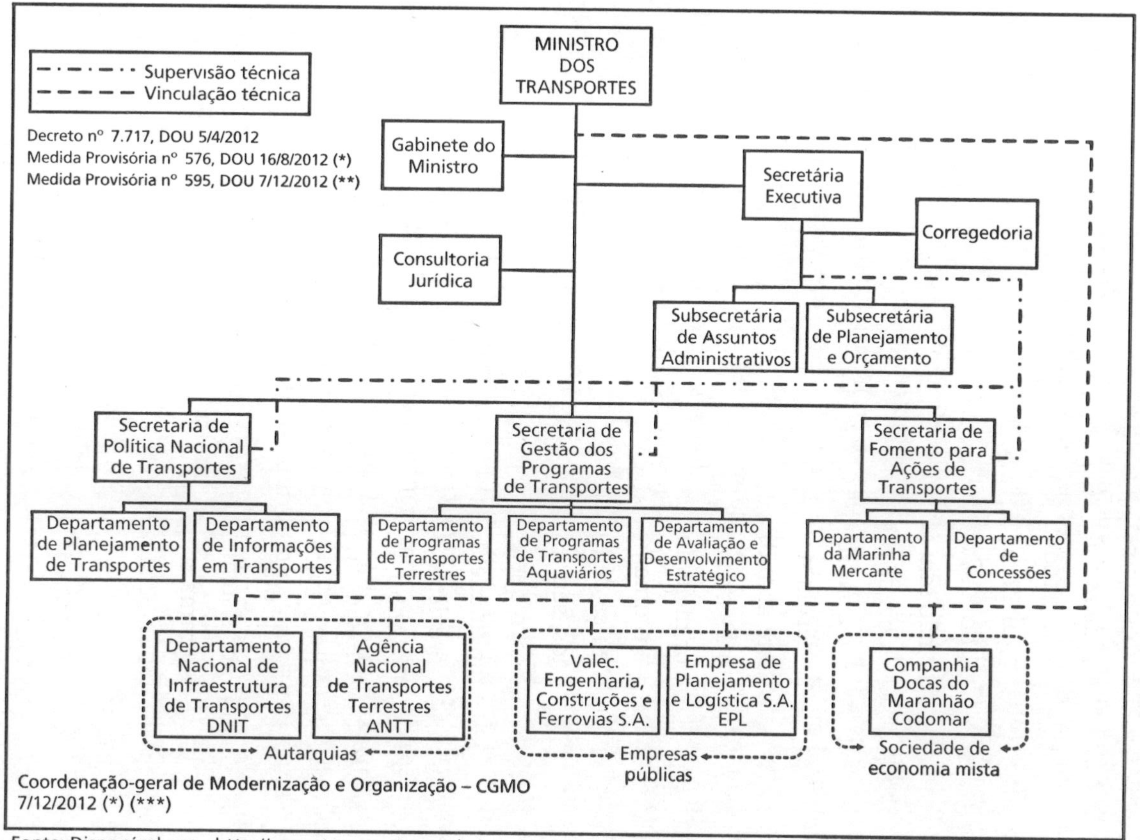

Fonte: Disponível em: <http://www.transporte.gov.br/ contendo/37149>. Acesso 28 jul. 2014.

Antes de examinarmos a atuação desse ministério, cabem algumas reflexões sobre a interação entre o executivo e as importantes e poderosas agências reguladoras ANTT e Antaq (subordinada atualmente à Secretaria Especial de Portos da Presidência), que, com graus variados de autonomia, cuidam dos transportes ferroviário, rodoviário e hidroviário, e dos terminais portuários delegados e privatizados. As atribuições das duas agências são bem extensas, especialmente no caso da ANTT; em termos de infraestrutura, gerencia a totalidade do sistema ferroviário existente, bem como as ferrovias que se encontram em implantação, sejam elas federais, estaduais ou privadas. Gerencia ainda todos os contratos de concessão de rodovias federais, hoje na casa de 4,8 mil quilômetros, mas que devem alcançar mais de 12 mil quilômetros com os novos pacotes já anunciados. Atua igualmente na infraestrutura dutoviária. Administra e gerencia todo o transporte rodoviário interestadual e internacional de passageiros, bem como todo o transporte ferroviário de passageiros, e regula inteiramente o transporte rodoviário de cargas, seja ele doméstico ou internacional, afora o transporte de produtos perigosos e o afretamento de serviços de transporte.

A Antaq, por seu lado, tem as atribuições de regular, supervisionar e fiscalizar a prestação de serviços de transporte aquaviário, especialmente no que se relaciona com navegação interior e navegação marítima de apoio, além das explorações da infraestrutura portuária, aí incluídos os portos públicos e terminais de diversas naturezas. Nesse caso, é necessário chamar a atenção para o campo funcional de atuação dessa agência, dada a enorme atomização existente na oferta de serviços portuários por meio de portos públicos federais sob administração das empresas Docas, dos portos delegados aos estados e municípios, dos concedidos à iniciativa privada, dos terminais arrendados de uso público, dos terminais autorizados e/ou concedidos de uso privativo e de uso misto, além de outras instalações portuárias de pequeno porte, de transbordos e de uso turístico. Assim, a atuação dessa agência, ademais de concentrar toda a relação com o setor privado em todas as formas possíveis, necessita acompanhar estados e municípios em suas administrações portuárias marítima e fluvial e exige, portanto, uma forte componente regional, que se traduz em 14 unidades administrativas regionais.

Teoricamente, as agências reguladoras foram criadas para acompanhar e gerenciar atividades públicas exercidas pelo setor privado e devem ter sua atuação pautada pela independência em relação ao poder executivo, pelo fato de serem agências de Estado, e não de governo, gozarem de autonomia financeira por meio de receitas próprias, e de seus diretores serem aprovados com mandatos específicos pelo poder legislativo. Assim, particular atenção deve ser dada às relações institucionais entre as agências e o poder executivo. Por exemplo, ao assumir funções de poder concedente, como no caso da ANTT, que veio a substituir a Diretoria de Concessões do extinto DNER na administração dos contratos já existentes com o setor privado, e obviamente nas licitações e contratações dos novos trechos concedidos, a pretendida independência fica prejudicada: primeiro porque representa juridicamente um dos dois atores (poder concedente e concessionárias) que assinaram os contratos de concessão, o que causa uma total assimetria em suas relações, e depois porque acabam por referendar decisões tipicamente executivas, emanadas das várias instâncias do governo.

Os exemplos dessa problemática são incontáveis, mas o mais atual é o da fixação das taxas internas de retorno dos empreendimentos a serem contratados. A área econômica do governo vem impondo níveis de taxas incompatíveis com o mercado, com clara intenção de intervir em aspectos eminentemente regulatórios. A ANTT, no fundo a única responsável pela decisão, fica com a obrigação de defendê-las a cada nova atitude do governo, mesmo que elas se modifiquem semanalmente. De outro lado, as próprias agências acabam por suprir necessidades de decisão de política econômica que absolutamente não lhe dizem respeito, pela ausência de estruturas próprias para tal, no âmbito do executivo, como parece ser o caso das ações da agência quanto ao transporte rodoviário de cargas. Acho importante mencionar que o tratamento das agências quanto à regulação das concessões tem de manter um padrão isonômico, sejam as concessionárias privadas ou públicas, um dos grandes problemas do setor, pelo constante uso dessa facilidade de criação de concessionárias estatais.

A Valec é uma empresa pública, sob a forma de sociedade por ações, que tem como objetivos básicos implantar, administrar e operar vários trechos ferroviários, dentre os quais a Ferrovia Norte-Sul, de 3,1 mil quilômetros, que vai de Belém a Panorama, em São Paulo. Na realidade, trata-se de uma concessionária pública de transporte ferroviário com quase 10 mil quilômetros de extensão, com contratos firmados nesse sentido com a ANTT. Os primeiros trechos concluídos são operados pela Vale por meio de convênio com prazo de trinta anos.

A grande novidade do anúncio dos recentes pacotes ferroviário e rodoviário de concessão ficou por conta da criação da EPL, por meio da Medida Provisória 576, de 16 de agosto de 2012. A empresa, subordinada ao Ministério dos Transportes, foi organizada sob forma de sociedade anônima de capital fechado, terá seu capital representado por ações ordinárias nominativas, das quais 50% mais um serão de títulos da União. Mais que uma reedição do Geipot, a EPL, além do planejamento de transportes e logística, terá uma série de novas funções, como promover absorção de tecnologias, até junto ao setor industrial, promover o desenvolvimento do transporte ferroviário de alta velocidade, voltado para a integração das diversas modalidades de transportes, bem como participar de empreendimentos como sócia ou acionista minoritária em outras empresas relacionadas com suas atividades.

A Codomar é uma sociedade de economia mista de capital autorizado, inicialmente responsável pela administração dos portos maranhenses, especialmente o de Itaqui, um dos cinco mais importantes do país. Entretanto, em 2000, esse porto foi delegado ao estado do Maranhão e, em 2008, por meio de convênio com o DNIT, a Codomar assumiu a administração, a manutenção e as melhorias das vias navegáveis e dos portos fluviais e lacustres de todas as hidrovias de competência do DNIT: Ahinor (Nordeste),

Ahsfra (São Francisco), Ahimoc (Amazônia ocidental), Ahipar (Paraguai), Ahsul (Sul), Ahimor (Amazônia oriental), Ahitar (Tocantins e Araguaia) e Ahrana (Paraná).

Resta falarmos um pouco mais sobre a atuação do DNIT fora da área rodoviária. Na área ferroviária, ele tem contratado estudos, projetos e obras relacionados em geral com contornos de cidades e variantes por meio de convênios com as prefeituras, a não ser no caso da Ferrovia Transnordestina, no qual o papel do DNIT é mais importante, com contratações de obras ferroviárias em trechos maiores. Haveria que se examinar os convênios assinados com Pernambuco e Ceará para essas obras e o contrato de concessão com a ANTT para se analisar um pouco melhor esse tipo de envolvimento do órgão nesse processo.

A avaliação da efetividade da atuação do Ministério dos Transportes nesse contexto institucional é bastante complexa, porém podemos levantar alguns pontos para nossas reflexões. A Secretaria de Política Nacional de Transportes não nos parece que cuida exatamente dessa matéria, pois em primeiro lugar suas ações dizem unicamente respeito ao segmento federal, e principalmente manter atualizado o Plano Nacional de Logística e Transportes elaborado em 2007, com seu caráter eminentemente indicativo, mas que tem pouca ou nenhuma densidade em termos de uma política nacional, a não ser a pretensão (discutida anteriormente) de alterar a matriz de transportes via investimentos nos diversos meios de transporte. Mesmo em termos de definição dos investimentos públicos e privados, o papel do DNIT, da ANTT e da EPL nos setores rodoviário e ferroviário federais, da SEP/PR e da Antaq no setor aquaviário, da SAC/PR, da Anac e da Infraero no setor aéreo, e da Petrobras e da ANTT no setor dutoviário parece ser mais importante e efetivo para os objetivos expressos no PAC e nas intervenções da Presidência da República por meio de suas medidas provisórias e pacotes de concessões. Nesse sentido, a atuação da Secretaria de Gestão de Programas também fica prejudicada, a não ser por aspectos meramente burocráticos, visto que os órgãos citados gozam de evidente autonomia de ação.

Vejamos como se dividem as responsabilidades dos setores públicos federal, estaduais e municipais e do setor privado quanto à infraestrutura e à operação dos vários meios de transporte, com alguma ênfase no caso rodoviário, em virtude do número e da extensão dos segmentos envolvidos.

Em termos de infraestrutura rodoviária federal, o DNIT é o principal responsável pela expansão, manutenção, restauração, conservação e operação da atual malha rodoviária federal, de 65 mil quilômetros, com todos os problemas já mencionados. Com o uso de um modelo simplificado, podemos dizer que, dos programas de ação do DNIT, os de implantação e pavimentação e os de aumento de capacidade podem ser classificados como de expansão da malha, e os de restauração, manutenção, conservação, segurança e operação, como de gestão da existente. Essa divisão de atividades não é apenas formal, pois reflete questões sérias quanto às necessidades de gerenciamento e de financiamento, entre tantas, que permitem identificar a profunda diferença entre elas, algo que nunca foi reconhecido e de certo modo enfrentado. O primeiro grupo de programas depende basicamente de recursos disponíveis, dos projetos adequados, das contratações e da fiscalização de obras. O segundo é bem mais complexo, exige mais capacitação em planejamento e gestão e se constitui em enorme desafio para qualquer órgão rodoviário, mas principalmente para o DNIT.

Após o esforço de implantação e pavimentação de rodovias federais nas décadas de 1960 e 1970, o antigo DNER, com toda a sua estrutura, atentou para o fato de que não estava preparado para conservar e manter a rede sob sua jurisdição, bem como para restaurar a rede implantada anteriormente, além de estar longe de implantar programas de segurança e de operação rodoviárias. Recorreu seguidamente a empréstimos internacionais para resolver a questão, porém sem sucesso. A estrutura do DNIT é claramente insuficiente até mesmo para cumprir um programa de investimentos, quanto mais para enfrentar a necessidade de trabalhar eficientemente como órgão nacional para cuidar da gestão da rede rodoviária federal em todo o território brasileiro. Programas inovadores, como o Contrato de Reabilitação e Manutenção de Rodovias (Crema, e os chamados Creminhas), e os contratos tradicionais de conservação, como se fossem de obras e centralizados financeiramente em Brasília, pouco adiantam se não houver estruturas de fiscalização e gestão ágeis e locais com autonomia para enfrentar os problemas que aparecem. Essa questão da gestão rodoviária pública será retomada à frente.

Na década de 1990, iniciaram-se os estudos de concessões rodoviárias, principalmente por causa do estancamento dos investimentos públicos, que não conseguiam remover alguns estrangulamentos existentes no sistema. As primeiras leis de concessão federal e estaduais surgiram nessa época e em seguida foram desenvolvidos licitações e contratos. Em um primeiro momento, o governo federal concedeu 856 km por meio de cinco contratos, os governos estaduais concederam 95 km e o município do Rio de Janeiro concedeu a Linha Amarela (25 km). A lógica da implantação das primeiras concessões federais foi aproveitar a experiência do DNER na cobrança de pedágios naqueles trechos e de solucionar alguns gargalos sérios que não poderiam ser adiados (Dutra e Ponte Rio-Niterói).

O processo de concessões rodoviárias federais ficou quase dez anos paralisado, com baixa prioridade até pela não indicação de membros da diretoria da ANTT. Foram licitados novos contratos em 2008 com o mesmo modelo usado na década de 1990, com algumas alterações na fixação da Taxa Interna de Retorno (TIR) do projeto e o uso de um novo indexador de preços. As tarifas básicas de pedágio ofertadas foram substancialmente reduzidas, o que tem causado problemas não desprezíveis no cumprimento das metas de investimentos. Assim, a segunda etapa do programa federal foi de cerca de 2,6 mil quilômetros, por meio de oito contratos. Nos trechos mais importantes (BRs 381, 116, 378 e 101) foi montado um modelo distinto, que previa investimentos prévios do governo financiados por agências internacionais e que deveriam ser consolidados e explorados pelos concessionários. Nos demais, os investimentos pesados deveriam ser de manutenção e recapeamento. O governo federal em 2000 absorveu o polo de Pelotas (624 km), originariamente contratado pelo Rio Grande do Sul, e licitou. Em 2009, 681 km na Bahia, nas BRs 116 e 324. Assim, no segmento federal foram concedidos 4.763 km, 2.692 km em pista dupla e 2.071 km em pista simples.

Os marcos regulatórios implantados pelo Procrofe lá em seu início foram aperfeiçoados pela ANTT, em vários aspectos que serão detalhados mais adiante, porém chamamos a atenção, por sua importância, para a adoção de metodologia de recomposição do equilíbrio econômico-financeiro dos contratos por meio de fluxos marginais em decorrência de novos investimentos e serviços não previstos, que visam a facilitar igualmente as revisões quinquenais, agora previstas nos contratos como obrigatórias (Resolução 3.651, de 7 de abril de 2011). De outro lado, condições de entradas e saídas, estimativas de produtividade, funções distintas de rodovias, especialmente em áreas urbanas, tecnologias de informação, novos padrões de cobranças automáticas, não foram abordados e em alguns casos sequer discutidos. A ANTT, agora em conjunto com a EPL, preparou um novo pacote de concessões rodoviárias de 7,5 mil quilômetros, cujas licitações foram iniciadas em 2013, por meio de um modelo diferenciado, mas que por sua importância será analisado no capítulo 7.

No segmento estadual, ao lado dos tradicionais DERs, que continuam a ser os órgãos gestores das redes rodoviárias da maioria dos estados (13), até com o retorno desse modelo em alguns, existem outras soluções, como Detrans (nove), departamentos de infraestrutura (três) e secretaria de infraestrutura. De uma maneira geral, em grande parte devido à Lei de Responsabilidade Fiscal, houve uma favorável evolução das políticas fiscais de uma grande parte dos estados, que permitiu uma melhoria quanto à gestão rodoviária propriamente dita por meio da implantação de programas de conservação rotineira e da manutenção da rede. Além disso, o maior avanço com relação à expansão da rede pavimentada se deu justamente nesse segmento, hoje responsável por mais de 50% da administração daquela rede. Nesse sentido, pode-se afirmar que são melhores as condições para um efetivo processo de descentralização, com possibilidades de ser desenvolvido em outras bases, e não com a fracassada delegação de rodovias federais para os estados.

Entretanto, é importante ressaltar que muito recentemente os estados se viram afetados negativamente, com a extinção da Contribuição de Intervenção no Domínio Econômico (Cide), por conveniência única e exclusiva do governo federal, mas que ocasionou significativos prejuízos às administrações rodoviárias, pois eram as receitas tributárias mais expressivas e garantidas, que serviam de contrapartida para empréstimos, como garantias eventuais para processos de parcerias público-privadas (PPPs), e que financiavam normalmente despesas correntes e capitais dos DERs. A única fonte de recursos tanto para as despesas de custeio como de capital na maioria dos estados é agora o Tesouro estadual, o que agrava o problema crucial das administrações rodoviárias, que é o financiamento das despesas de custeio, aí incluídos os gastos com conservação rotineira e manutenção preventiva, bem como os de fiscalização dos contratos inerentes à atividade. Os recursos alocados nos orçamentos de custeio são tradicionalmente insuficientes até mesmo em rubricas como material permanente, o que impede de imediato qualquer esforço de modernização do órgão. Têm sido corrigidos ao longo do tempo com base em índices de inflação, quando não cortados em períodos de restrição orçamentária, por sua baixa resistência política.

Nos segmentos estaduais foram concedidos 10.699 km, dos quais 5.040 km em pista dupla e 5.659 km em pista simples. Desses programas de concessão, o de São Paulo é o mais importante, com 19 contratos assinados em três etapas: 12 na primeira, seis na segunda e os trechos sul e leste do Rodoanel na terceira, com 5.362 km — 4.030 km em pista dupla e 1.332 km em pista simples. Paraná, com 2.498 km, Rio Grande do Sul, com 1,8 mil quilômetros, Minas Gerais, com 398 km, e Rio de Janeiro, com 225 km, e ainda 420 km distribuídos por Espírito Santo, Bahia e Pernambuco, completam o quadro das concessões estaduais (quadro 2). Cabe notar que Minas Gerais foi pioneiro no uso de uma PPP para conceder a exploração de um trecho rodoviário, que compreende a MG-050 e trechos federais. A exceção quanto ao uso da iniciativa privada fica por conta do governo gaúcho, que não pretende renovar as concessões privadas que estão vencendo e quer adotar um modelo de pedágios públicos comunitários para alguns segmentos da rede estadual.

Quadro 2

Ente Federativo	Km total	Nº contratos
União	4.774	14
Bahia	339	2
Espírito Santo	68	1
Minas Gerais	371	1
Pernambuco	52	2
Paraná	2.493	6
Rio de Janeiro*	222	3
Rio Grande do Sul	1.800	7
São Paulo	5.525	19
Total	15.644	55

* Incluída a Linha Amarela: concessão municipal.

Fonte: ABCR.

Atualmente, são as seguintes as responsabilidades e administrações da malha rodoviária nacional pavimentada:

Rede total pavimentada	215.000 km	100%
Rede federal sob administração pública	59.402 km	27,6%
Rede federal sob administração privada	4.763 km	2,2%
Rede estadual sob administração pública	113.136 km	52,6%
Rede estadual sob administração privada	10.699 km	5,0%
Rede sob administração municipal	27.000 km	12,6%

No caso das concessões existentes, é importante assinalar que a grande maioria das rodovias duplicadas do país, que são de 10,8 mil quilômetros, está sob administração do setor privado (mais de 70%), o que significa que em termos de manutenção e conservação, e igualmente em termos de investimentos por quilômetro, temos de acrescentar quase 7 mil quilômetros para as rodovias concedidas, que assim alcançariam 22,5 mil quilômetros de rede pavimentada sob sua jurisdição.

A administração da malha rodoviária nacional não pavimentada pode ser assim resumida:

Rede total não pavimentada	1.491.349 km	100%
Rede sob administração pública federal	12.917 km	1%
Rede sob administração pública estadual	116.406 km	8%
Rede sob administração pública municipal	1.362.026 km	91%

Os valores apresentados de quilometragens para cada rede são aproximados: na realidade, desconhecem-se as extensões das redes rodoviárias estaduais e municipais e mesmo no caso das rodovias federais os dados são conflitantes. Em nosso caso, usamos como fontes o Plano Nacional de Viação (PNV) atualizado para 2012, relatórios da Associação Brasileira de Departamentos Estaduais de Estradas de Rodagem (Abder), pesquisas da CNT e, na área concedida, relatórios da Associação Brasileira de Concessionárias de Rodovias (ABCR).

Na área ferroviária, a presença do setor privado é de certa forma preponderante, especialmente quanto à operação dos sistemas existentes com suas 12 empresas ferroviárias, na qual avulta a participação da Vale, com suas três empresas. Do lado público, é indiscutível a liderança da ANTT no gerenciamento e na administração do setor, pois ela controla todas as concessões atuais, inclusive as de expansão do sistema. Cinco grandes projetos de implantação se encontram em andamento: a Ferrovia Norte-Sul e a Ferrovia de Integração Leste-Oeste, concedidas à Valec, do governo federal; a Ferroeste, concedida ao Paraná; e a Transnordestina e a Ferronorte, de concessionárias privadas.

Na área de transportes aquaviários, subsistem os maiores problemas de definições e atribuições dos órgãos públicos e de suas relações com os setores privados. Na área de terminais portuários é nítida a dificuldade de coordenação entre o Ministério dos Transportes e a Secretaria Especial de Portos, bem como a posição incômoda da Antaq, subordinada aos dois entes, especialmente no que diz respeito à presença do setor privado nos portos públicos e à administração dos TUPs (quadro 3). Os problemas nessa área são ainda agravados pela gerência das atividades de navegação, que em parte se encontram no Ministério dos Transportes (navegação marítima e de cabotagem) e em parte na própria Antaq (navegação marítima de apoio). E mais agravados ainda com a questão hidroviária, na qual grande parte se encontra com a Codomar, mas também é controlada pela Antaq e eventualmente pela própria Secretaria Especial de Portos, quanto aos fluviais.

De outro lado, além da expressiva participação das empresas privadas na movimentação de cargas portuárias, seja por meio de concessão federal, seja por meio de arrendamentos nos portos públicos, seja nos TUPs, especialmente dirigidas para o mercado externo, acrescida da Petrobras na navegação de cabotagem, é igualmente significativa a presença dos estados na administração dos portos públicos. Três dos cinco maiores — Paranaguá, Rio Grande e Itaqui — estão sob administração estadual, por meio de concessões, além de uma série de outros portos de iniciativa dos próprios estados, como, por exemplo, Suape, em Pernambuco, São Sebastião, em São Paulo, e São Francisco do Sul, em Santa Catarina. Esse fato é particularmente relevante, pois cria a necessidade de se definir uma política nacional portuária que atenda a todos esses segmentos, que ficou patente nas discussões sobre a medida provisória do governo federal aprovada em junho de 2013, altera várias regras quanto à participação da iniciativa privada nos portos, bem como as regras para contratação dos trabalhadores avulsos, estabelecidas pela Lei dos Portos.

Quadro 3 — Organograma da Agência Nacional de Transporte Aquaviários (Antaq)

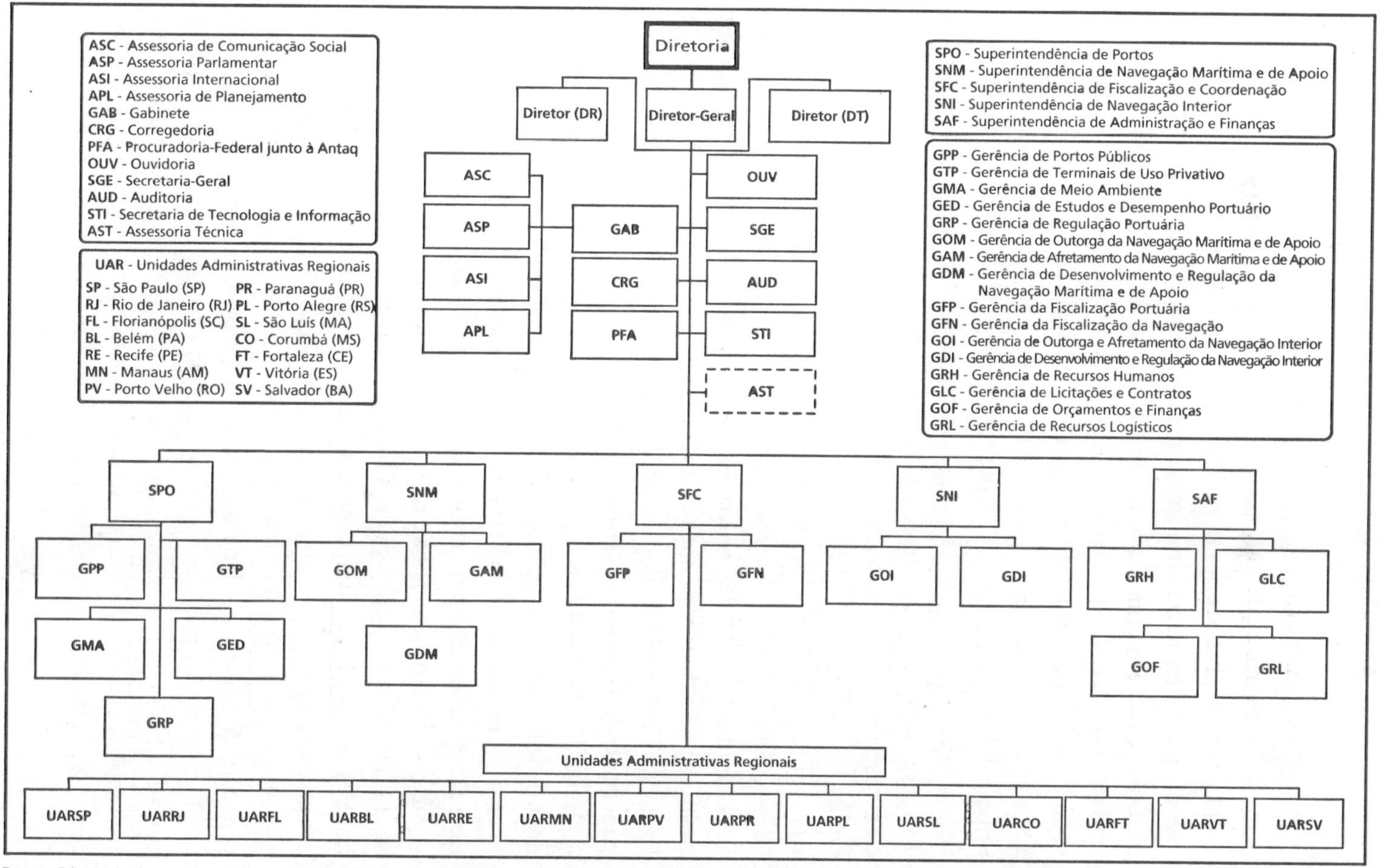

Fonte: Disponível em: <http://www.antaq.gov.br/portal/PDF/Institucional/Organogramas/Organograma.pdf>. Acesso em 30 jul. 2014.

Diante do que foi aqui sumariamente exposto, fica evidente a ausência de uma política nacional de transportes que possa dar conta da necessidade de se estabelecer uma possível coordenação e integração entre os vários meios e da necessária integração entre as esferas federal, estadual e municipal da administração pública do setor, especialmente no caso dos transportes rodoviários e aquaviários, o que leva a um baixo protagonismo em nível nacional da principal esfera de atuação do setor público. Em nível federal, ficam evidenciadas a fragilidade e a fragmentação de importantes atores públicos, como, por exemplo, os problemas de estrutura e capacidade do DNIT para assumir suas funções e a emergência e a superposição de novos atores na condução e na administração do setor de transportes como um todo, além do Ministério dos Transportes, o que coloca desafios para a integração intermodal e para a própria eficácia de suas ações. Em nível estadual, são visíveis as melhorias de suas políticas fiscais, com reflexos positivos sobre o setor, porém a ausência das políticas citadas anteriormente e o relativo descaso do governo federal com os impactos sobre as finanças estaduais de suas políticas tributárias, de incentivos setoriais e de desonerações comprometem seriamente o decisivo papel desse segmento no setor.

Resta falar sobre a participação crescente dos setores privados, tanto na área de infraestrutura quanto na área de operações de transportes. Nesta última, o predomínio do setor privado é quase completo, com a única exceção da operação portuária, que em parte ainda é desempenhada por segmentos dos portos públicos. Os transportes rodoviário, ferroviário e aquaviário, de mercadorias e de passageiros, são totalmente dominados por aqueles setores. Houve um avanço forte das responsabilidades privadas na oferta e exploração das infraestruturas, como no caso rodoviário, no qual se deve alcançar 30 mil quilômetros de vias asfaltadas, se contarmos com o pacote de concessões federais. No caso ferroviário, apenas a Norte-Sul e a Ferroeste são públicas: todo o resto do sistema já pertence ao setor privado. No caso portuário, a tendência é que cresça ainda mais aquela participação na oferta de infraestrutura, por meio das novas regras do jogo que visam a facilitar os investimentos privados nos terminais públicos. Acho que a principal motivação no lançamento desses pacotes de investimentos privados nas áreas rodoviária, ferroviária, portuária e aeroportuária foi alavancar a formação bruta de capital fixo, que se encontrava trancado, e não propriamente por uma política específica do setor de transportes, o que pode trazer mais na frente problemas adicionais, além do fato de que já é patente a inadequação da configuração institucional do setor ante essa expressiva participação privada.

4. Um setor em crise

A abordagem que vamos usar neste capítulo exige alguns esclarecimentos prévios. Nosso interesse principal é demonstrar algumas das especificidades dos transportes que os levam a uma situação meio paradoxal entre os setores de nossa economia. De uma forma geral, e principalmente no momento atual, o setor é considerado um dos entraves mais sérios ao desenvolvimento econômico, com elevadas taxas de crescimento da demanda por seus serviços, especialmente em função do aumento do consumo urbano das famílias e do forte incremento da produção agrícola. Ao mesmo tempo, tem de enfrentar uma crise generalizada, em praticamente todos os seus segmentos, sem precedentes na história recente, resultado de um largo histórico de descaso, negligência e baixa prioridade por parte das políticas governamentais, bem como de atitudes e comportamentos dos estratos privados de caráter circunstancial e imediatista.

Essa simplificada caracterização parece configurar uma situação de profundo desconhecimento pelos próprios atores da complexidade e das dificuldades que o setor como um todo apresenta, como se não existissem graves problemas a serem enfrentados, em um quadro perverso de escassez e desperdício de recursos, sem políticas públicas claras e explícitas e na ausência de esforços na busca de soluções viáveis e consensuais. Isso culmina com certa sensação de fatalidade, que ao fim e ao cabo tudo acaba por se resolver, como se fossem soluções mágicas, por meio de lançamentos de programas especiais que não são cumpridos ou de pacotes de participação do setor privado que por si só não resolvem os problemas, além de ser implementados de forma incompetente.

Assim, ademais da questão da pobreza generalizada de recursos do setor, que significa escassez de recursos financeiros, humanos, gerenciais e de planejamento, estou, na realidade, incorporando limitações adicionais da ausência de informações e de conscientização do tamanho e da extensão das problemáticas específicas de cada um dos meios de transporte no conjunto desse setor, que certamente estão comprometendo o atual desempenho da economia, mas que terão profundos reflexos no futuro, pelo baixo estoque de capital básico, indispensável para sustentar taxas de crescimento mais elevadas.

Existiram dois momentos na história brasileira em que os transportes foram reconhecidos como fundamentais e prioritários, em um sentido real, e não apenas em termos de discurso: no ciclo do café, com as ferrovias, e quando do projeto rodoviário nas décadas de 1960 e 1970. Entretanto, após meados da década de 1970, a prioridade do setor de transportes se reduziu significativamente, mas não somente em termos dos governos federal e estaduais, devido à grave crise das finanças públicas, mas igualmente no nível político mais amplo, no qual predominou a questão da redemocratização, e certamente no nível da própria sociedade, que começava a se preocupar com outras demandas mais urgentes, como educação, saúde, segurança e, principalmente, redução das desigualdades de renda. Esse fato pode ser facilmente comprovado pela pouca importância que tinham os eventuais problemas do setor, em particular os relativos à questão dos transportes de carga, um tema praticamente ignorado e afastado das preocupações da maioria da população.

A opinião pública considerava de uma maneira geral que desde o governo Juscelino, passando pelos governos militares, havia sido construída uma infraestrutura, especialmente rodoviária, suficientemente forte, que atendia às suas necessidades imediatas de mobilidade interurbana e urbana, apesar dos indícios já existentes de que especialmente no segundo caso as questões começavam a se agravar. Os problemas da economia, associados à redução da prioridade do setor, afetaram diretamente os seus fluxos de investimentos, juntamente com o descaso por soluções de uma série de outros fatores, como o esgotamento do modelo de financiamento do setor, os impasses institucionais que haviam sido gerados e que continuavam a ser criados, a persistente deficiência dos orçamentos de custeio quanto às possibilidades de manutenção e operação dos sistemas, a redução da capacitação técnica e a precária e deficiente gestão dos órgãos públicos.

Diante dessa situação, as empresas públicas e privadas ligadas às áreas produtivas acabaram por se tornar as maiores responsáveis pelo atendimento às demandas de transporte, mas de uma forma que ia muito além de seus papéis tradicionais nas áreas de transporte de passageiros e de mercadorias. Inicialmente, pelo fato de eles serem seus mais importantes demandantes e, portanto, os mais interessados em solucionar o grave problema de abastecimento de seus insumos e de escoamento e exportação de seus produtos. A importância dos TUPs, as ferrovias e os terminais da Vale, os dutos, os terminais e a frota de navegação da Petrobras, as ferrovias associadas a grupos siderúrgicos e os transportadores rodoviários de carga própria são alguns desses exemplos. A partir da década de 1990, o programa de desestatização e de privatização de empresas públicas, como a Vale e siderúrgicas, aumentou significativamente a participação privada no segmento de transportes de mercadorias, assim como os programas de concessão rodoviária, ferroviária e portuária, que, apesar dos problemas iniciais, ampliaram e consolidaram aquela tendência.

De outro lado, vale ressaltar que o setor de transportes, mesmo na área de mercadorias, envolve em nível público as três instâncias governamentais, União, estados e municípios, pois existe uma tendência forte dos analistas de ignorar quase que por completo os segmentos estaduais, quando de uma análise global do setor, na maioria das vezes pela ausência crescente de informações dessas áreas, ou por considerá-las marginais, o que decerto é um erro grave, especialmente nos subsetores rodoviário e portuário. A causa principal dessas atitudes é certamente o fato de que simplesmente inexiste qualquer coisa que se assemelhe a uma política nacional de transportes, há muito tempo relegada a um segundo plano, conforme visto na apresentação deste livro. Dessa forma, é necessária cautela com relação a alguns dos números globais do setor, pois certamente tais fenômenos acima relatados podem não ter sido convenientemente estimados ou avaliados. É preferível fazer avaliações específicas sobre necessidades e disponibilidades de recursos para cada um dos subsetores de transporte.

As informações disponíveis indicam que os investimentos em infraestrutura estão em queda há algumas décadas, passaram de 5,4% do PIB em 1970/1980 para pouco mais de 2% nas três últimas décadas, mas certamente devem ter chegado à década de 1990 a um patamar ainda inferior, algo em torno de 1,6% do PIB. Essa taxa tem sido bem inferior à de outros países, como a China, que investiu, em 2010, em infraestrutura 13% do seu PIB. O Brasil ficou ainda atrás de Chile, Colômbia e Peru, que investiram anualmente 5%, 3% e 4% dos seus PIBs de 2008 a 2011 (dados produzidos pelos economistas Cláudio Frischtak e Catharina Davies e citados por Sonia Filgueiras). Nessa taxa anual de investimentos em infraestrutura, de cerca de 2% do PIB, são bastante semelhantes as participações dos setores público e privado, que respondem, assim, por 50% cada um, o que evidencia o acerto das políticas de parceria com o setor privado, por meio de concessões e outros mecanismos, que se verificaram a partir da década de 1990. Isso significa que a situação poderia estar ainda pior caso o setor dependesse apenas do investimento público. O mesmo fenômeno ocorreu com o setor de transportes, que passou de pouco mais de 2% do PIB na década de 1970-1980 para 0,6% na de 1990-2000 e que hoje se encontra na faixa de 0,70%-0,75% já com uma participação expressiva dos setores privados, especialmente nos modais ferroviário e portuário.[45]

[45]Fabio Giambiagi e Armando Castelar Pinheiro, *Além da euforia*; Cláudio Roberto Frischtak, "O investimento em infraestrutura no Brasil".

Se colocarmos o início do processo de ajuste e posteriormente de redução drástica dos investimentos públicos em infraestrutura a partir do primeiro choque do petróleo, passando pela recessão dos anos 1980, pela desorganização generalizada da economia, submetida a restrições externas e a um processo de hiperinflação, pela redistribuição de recursos tributários entre as esferas de poder, que em conjunto afetaram sobremaneira o desempenho dos setores públicos, serão mais de trinta anos de baixos investimentos, mas que atingiram particularmente o setor de transportes por uma série de outras condições adversas.

Durante esse período, no caso desse setor, além da redução do nível de investimentos, ocorreram diversos eventos, alguns já mencionados anteriormente, porém importantes para serem relacionados aqui: o processo de extinção do FRN, a partir de 1975 e concluído totalmente na década de 1980; a convicção da impossibilidade de recuperação da RFFSA e da Fepasa; a crescente deterioração do DNER, com redução acentuada de seu efetivo e o golpe final executado no governo Collor, de sua transferência abrupta para Brasília, com a perda de um enorme capital humano especializado como consequência; a extinção da Portobrás em 1990, pelo mesmo Collor, sem a criação de opção institucional para a área, o que somente veio a ocorrer a partir da promulgação da Lei dos Portos, de 1993; o colapso do modelo de financiamento do setor federal de transportes, com a extinção das vinculações de recursos e o direcionamento para os estados e os municípios das receitas de impostos sobre combustíveis e lubrificantes operados pela Constituição de 1988; o início do processo de concessões nas áreas rodoviária, ferroviária e portuária, pela constatação da inexequibilidade de retorno do modelo de investimentos públicos no setor, até chegarmos à transformação institucional de 2001, já mencionada em detalhes.

Dessa forma, a década de 1990 assistiu à derrocada quase que completa do setor de transportes em nível federal, com graves implicações na política nacional de transportes, pois os três órgãos responsáveis pela execução das políticas das áreas rodoviária, ferroviária e portuária foram "apagados ou extintos", respectivamente DNER, RFFSA e Portobrás, com pelo menos dois agravantes significativos. O primeiro, que esse "apagão" foi feito sem opção de curto prazo e ocasionou um hiato de poder e responsabilidades de pelo menos dez a quinze anos. E o segundo, que foram destruídos acervos técnicos preciosos de experiências no setor, pois as equipes técnicas daqueles órgãos foram em sua grande maioria descartadas e liquidadas. Assistiu-se também à destruição das atividades de planejamento dos transportes, com o enfraquecimento e a posterior liquidação do Geipot e da EBTU e com a paralisação completa da contratação de empresas de consultoria especializadas nessa área de planejamento, que davam suporte técnico àquelas instituições. Portanto, nesse período de trinta anos não ocorreu apenas uma redução dos investimentos do setor: ocorreu simultaneamente o sucateamento dos modelos de financiamento, de gerência e administração, de planejamento e de capacidade técnica, que teve obviamente profundas consequências na geração dos problemas enfrentados ainda hoje.

Uma visão sumária da deficiente situação atual do setor de transportes pode ser obtida por meio de comparações internacionais entre 142 países das economias mais competitivas do mundo, baseadas em informações do World Economic Forum, em 2012 , com dados a partir de 2008, sobre a percepção da qualidade de suas infraestruturas, que chegou, no caso dos transportes no Brasil, às seguintes conclusões:[46]

> O Brasil se situou nas posições 104 e 107 em infraestrutura geral, 118 e 123 em rodovias, 91 e 100 em ferrovias, 130 e 135 em portos e 122 e 134 em aeroportos, tendo havido, portanto, uma piora significativa em todos os meios de transporte, a partir de uma situação já catastrófica.
>
> Os portos brasileiros estão entre os 10 piores do mundo, os aeroportos entre os 15 piores, as estradas entre as 20 piores e as ferrovias entre as 50 piores: nesse caso poderia ter sido pior se não fosse pela Vale. (Figuras 8 e 9.)

[46]Associação Brasileira da Infraestrutura e Indústrias de Base, *Modernização da infraestrutura.*

Figura 8 — Infraestrutura em geral: Quais os países mais bem posicionados – e quanto evoluíram entre 2005 e 2011

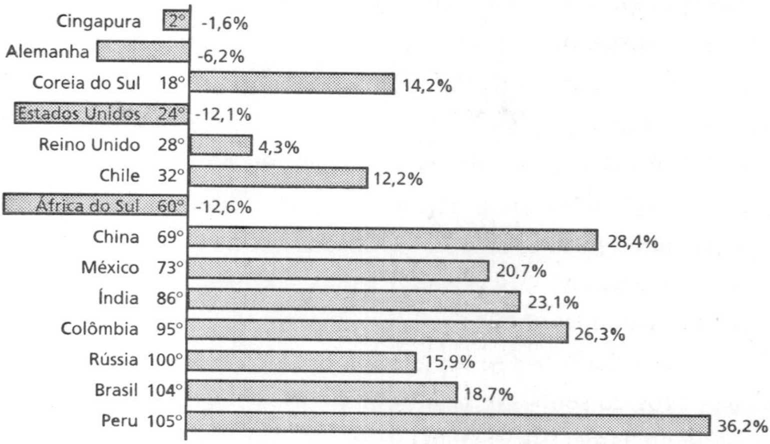

Para cada item, empresários foram entrevistados e deram notas de 1 a 7 (7 = melhor). As notas foram tabuladas em uma única nota (de 1 a 7). Todos os países foram avaliados de acordo com a metodologia, permitindo comparação. Há notas disponíveis para os países avaliados para o período entre 2005 e 2011. O levantamento da Abdib avalia a evolução percebida para cada item entre 2005 e 2011 para cada país.

Fonte: ABDIB.

Figura 9 — A classificação do Brasil entre 142 países em alguns itens – e quanto o país evoluiu entre 2005 e 2011

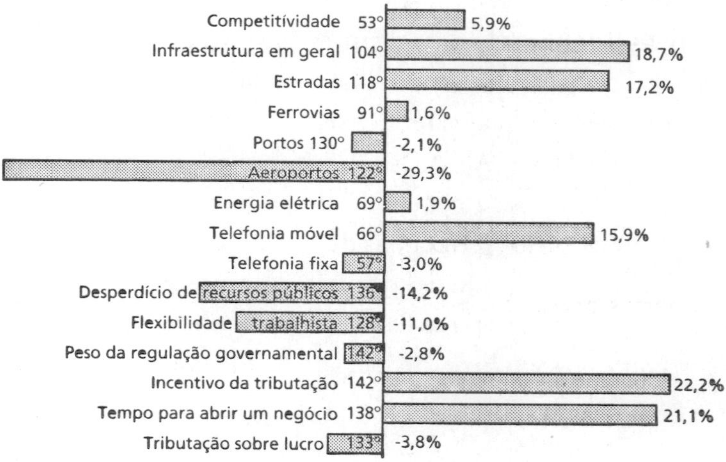

Para cada item, empresários foram entrevistados e deram notas de 1 a 7 (7 = melhor). As notas foram tabuladas em uma única nota (de 1 a 7). Todos os países foram avaliados de acordo com a metodologia, permitindo comparação. Há notas disponíveis para os países avaliados para o período entre 2005 e 2011. O levantamento da Abdib avalia a evolução percebida para cada item entre 2005 e 2011 para cada país.

Fonte: ABDIB.

Adicionalmente, o país se situa nas últimas posições com relação ao impacto da elevada tributação no incentivo ao trabalho e ao investimento, no desperdício de recursos públicos e quanto ao peso da regulação para o desenvolvimento de negócios.[47]

Diante desse quadro de emergência, vejamos como essa crise atingiu os vários subsetores de transporte, a começar pelo mais importante deles, que sempre absorveu a maior parcela dos investimentos públicos (de 60% a 70%), o modal rodoviário. Daremos ênfase às questões de infraestrutura do segmento federal, especialmente por sua importância na expansão do sistema e na execução da política nacional de transportes rodoviários. Nesse caso, o aspecto de maior gravidade foi a queda dos investimentos públicos, que se mostrou particularmente dramática durante a maior parte do período que analisamos, com o agravante de que esse processo teve início ainda em meados da década de 1970, com características próprias, relativas à redução e ao crescente desvio para outros setores de recursos derivados da taxação dos usuários rodoviários que financiavam aquela expansão.

É evidente que ao longo desse período de quase quarenta anos, após o auge de investimentos entre 1967-1973 por parte do governo federal, existiram tentativas de retomar níveis de investimentos mais compatíveis com as necessidades, porém sem sucesso. Pode ser citado o exemplo recente da ligeira recuperação ocorrida em termos dos fluxos de investimentos, após o lançamento do PAC-1 e do PAC-2, do saneamento e da melhoria das finanças estaduais, juntamente com a contribuição que vem sendo dada pelo setor privado a partir dos vários programas de concessão rodoviária do governo federal e dos governos estaduais, que não somente não compensaram o déficit acumulado anteriormente como não estabeleceram uma tendência segura e constante no sentido de atender às demandas e de solucionar alguns dos graves gargalos do setor.

Em 1967-1973, a rede rodoviária federal pavimentada passou de 15 mil quilômetros para cerca de 35 mil, de acordo com dados do DNER, o que

[47]Confederação Nacional do Transporte, *Pesquisa CNT de Rodovias, 2013.*

representou um desempenho anual médio acima dos 3 mil quilômetros, meta física que jamais seria novamente repetida, mediante um investimento médio anual de 3 bilhões, a preços de 1973, algo em torno de 9,3 bilhões a preços atuais. O montante de recursos do DNER, mesmo considerando os provenientes das taxações dos usuários — Imposto Único sobre Lubrificantes e Combustíveis Líquidos e Gasosos (IULCLG), Taxa Rodoviária Única (TRU) e Imposto Sobre Transporte Rodoviário (ISTR) —, que eram destinados à expansão do sistema, não era suficiente para justificar os investimentos feitos e foi necessária a transferência de recursos extraorçamentários dos programas de desenvolvimento Plano de Integração Nacional (PIN), Programa de Desenvolvimento da Região Sudoeste do Estado do Tocantins (Prodoeste), Programa Especial para o Vale do São Francisco (Provale) e o Programa de Redistribuição de Terras e de Estímulo à Agropecuária do Norte-Nordeste (Proterra), que possibilitaram construções rodoviárias nas regiões Nordeste, Norte e Centro-Oeste, além do noroeste de Minas Gerais, e o Programa de Rodovias Multinacionais no Rio Grande do Sul, que aumentaram em mais de 50% aqueles recursos orçamentários iniciais. Além disso, houve seguidos e expressivos aportes derivados de financiamentos externos do Banco Interamericano de Desenvolvimento (BID) e do Bird, especialmente deste último, que havia iniciado um trabalho conjunto com o governo brasileiro desde a criação do Geipot, em 1965, com o qual o DNER muito lucrou desde o estabelecimento de prioridades pelos planos diretores rodoviários, como o desenvolvimento de projetos de engenharia adaptados às exigências do Bird.[48]

Nesse sentido, ficam bem claras duas coisas: de um lado, a relevante prioridade do setor rodoviário, que, ademais de ter um modelo de financiamento que lhe garantia recursos vinculados — que até facilitavam seu uso como contrapartida aos financiamentos internos e externos —, praticamente absorveu parcela significativa daqueles programas de desenvolvimento e financiou obras importantes em várias regiões do país, como, por exemplo, a Belém-Brasília. De outro lado, há que se ressaltar a enorme capacidade

[48]Vicente Britto Pereira, "Desempenho do setor rodoviário".

operacional do DNER de dar respostas concretas em termos de obras à grande disponibilidade de recursos colocados no setor. Já naquela época não se podia iniciar qualquer obra caso não se tivesse projeto executivo concluído e aprovado pelo DNER, que fosse contratada uma empresa consultora para a supervisão das obras e que as licitações tivessem um caráter internacional, em virtude dos financiamentos externos envolvidos no programa rodoviário.

De qualquer forma, chama muita atenção o que aquele órgão conseguiu executar em todo o território nacional relativamente a dois aspectos fundamentais de suas atividades, quais sejam, as desapropriações das áreas necessárias às implantações e pavimentações e as consequentes fiscalizações de obras, que evidentemente só foram possíveis devido ao poderio da estrutura técnica e jurídica de sua Procuradoria Geral e à operacionalidade das estruturas regionais existentes à época nos distritos e residências rodoviárias. Essas duas constatações são particularmente representativas de que não existiam restrições na área do orçamento de custeio do DNER, no sentido do uso máximo de sua estrutura de recursos humanos, que de certa forma também foi um caso inédito na história da gestão pública federal no setor de transportes e que, em última análise, foi o que possibilitou o extraordinário desempenho em termos de expansão da malha rodoviária pavimentada pela ótica pública.

O dinamismo do setor rodoviário durante esse período, apesar das restrições impostas a partir de 1974, como o desvio acentuado dos recursos para outros setores e o enfraquecimento da base de cálculo do imposto único, ainda foi capaz de levar a um expressivo crescimento da malha rodoviária federal ao longo de pelo menos três anos, para entrar em forte declínio entre 1978/1984, com a absorção progressiva do FRN pelo Fundo Nacional de Desenvolvimento (FND) e a posterior extinção desse. Entre 1986 e 1989 houve uma recuperação parcial do nível de investimentos graças à criação do selo-pedágio e à recriação do FRN. Porém o governo federal, por emenda constitucional, perdeu os recursos da TRU em consequência da criação do Imposto sobre a Propriedade de

Veículos Automotores (IPVA) para os estados. É importante ressaltar que, antes mesmo da própria Constituição, a participação das contribuições dos usuários rodoviários com base em impostos federais, que foi o pilar do desenvolvimento rodoviário, relativamente ao PIB caiu de 1,5% em 1970 para 0,3% em 1988.[49]

Em 1990-1995, assiste-se às consequências da Constituição, com o fim das vinculações e a transferência dos recursos dos impostos sobre combustíveis e lubrificantes para os âmbitos estadual (Imposto sobre Circulação de Mercadorias e Serviços [ICMS]) e municipal (Imposto sobre Vendas a Varejo de Combustíveis Líquidos e Gasosos [IVVC]), com a estabilização dos níveis de investimentos do DNER em um patamar bem baixo, cerca de U$ 450 milhões anuais.[50] A partir dessa época, o financiamento do setor rodoviário, tanto federal quanto estadual, passou a ser feito com base nas dotações ordinárias dos respectivos tesouros e por eventuais operações de créditos externos, apesar das várias tentativas feitas de retorno ao antigo modelo. No fim de 2001, é criada a Cide, que restaura em parte aquele modelo, por meio de um imposto sobre os preços ex-refinaria dos derivados de petróleo cobrados pela Petrobras com algumas destinações específicas, entre as quais os segmentos rodoviários federal, estadual e municipal, para financiamento de despesas de custeio e de capital. O impacto da Cide nos investimentos do governo federal foi bem reduzido, porque ela foi usada para custear a administração e amortizar dívidas, porém se tornou importante para os estados, como complemento de seus orçamentos e pela possibilidade de os recursos serem usados como contrapartida em financiamentos, apesar de sua reduzida relevância financeira, pois somente 17,5% se destinavam àqueles segmentos (cerca de R$ 1,2 bilhão ao ano).

Vejamos agora como evoluíram os gastos totais do setor rodoviário (quadro 4) e os investimentos rodoviários federais de 1995 até os dias

[49]Vicente Britto Pereira, *Reordenação financeira e institucional do subsetor de infraestrutura rodoviário.*
[50]Ibidem.

Quadro 4 — Série histórica de investimento/inversões financeira — Setor rodoviário Período 1995/2013 (valores constantes — julho/2013)

REALIZADO*											
Modal	**1995**	**1996**	**1997**	**1998**	**1999**	**2000**	**2001**	**2002**	**2003**	**2004**	**2005**
Construção e Pavimentação de Rodovias	235.356	792.065	1.307.615	1.533.478	1.095.562	1.691.356	2.175.677	1.637.006	452.209	417.492	629.904
Adequação de Capacidade de Rodovias	341.796	1.266.575	2.310.321	2.997.629	2.059.611	1.600.296	1.620.819	974.919	271.902	584.548	1.201.478
Restauração/ Recuperação de Rodovias	862.269	1.015.120	913.180	822.087	1.146.855	1.223.046	1.488.009	796.649	564.095	701.840	1.678.367
Manutenção de Rodovias	0	0	0	0	0	0	107.171	98.150	192.554	234.300	172.910
Obras Rodoviárias Emergenciais	195.027	423.993	142.252	227.525	9.851	59.538	15.886	17.701	319	108.636	188.395
Conservação Preventiva, Rotineira e Emergencial	609.127	451.380	607.405	437.065	303.815	421.433	491.778	283.367	301.256	289.421	320.341
Controle de Velocidade	0	0	0	0	0	0	0	0	0	0	0
Pesagem de Veículos	0	0	0	0	2.651	7.303	6.050	0	0	16.259	1.504
Sinalização Rodoviária	31.443	47.487	100.646	63.452	134.711	64.311	65.460	75.262	55.735	34.944	14.234
Outros	222.001	160.905	129.324	168.748	123.377	245.215	145.625	85.816	20.504	37.463	26.135
Total Setor Rodoviário	2.497.020	4.157.525	5.510.473	6.250.020	4.876.432	5.312.496	6.116.474	3.968.869	1.858.574	2.424.902	4.233.269

atuais, já sob a responsabilidade do DNIT, levando-se em conta os recursos provenientes do PAC em suas versões de 2005 (PAC-1) e de 2008 (PAC-2). A evolução das inversões feitas em 1995/2012 nas principais rubricas relativas à expansão do sistema, quais sejam, construção e pavimentação de rodovias e adequação de capacidade rodoviária, alcançaram R$ 63,9 bilhões a preços de 2013, o que equivale a R$ 3,55 bilhões por ano. Esse investimento feito durante 18 anos representa apenas 1,15% do

(cont.)

2006	2007	2008	2009	2010	2011	2012	2013 (Até julho)		TOTAL GERAL	LEI + CRÉDITOS 2013
							RAP	ORÇ.		
1.242.368	1.729.022	2.352.754	2.371.915	3.415.569	3.612.074	3.519.869	654.385	121.005	30.986.680	3.479.743
1.939.275	2.083.847	2.456.327	2.771.548	2.805.050	3.085.751	3.339.228	985.817	259.662	34.956.402	4.588.181
2.351.479	2.113.045	741.455	124.129	6.484	2.448	1.528	20	0	16.552.105	0
172.023	151.061	1.069.904	4.223.019	7.412.163	4.994.673	3.287.178	1.341.714	133.857	23.590.677	4.914.720
353.949	389.915	125.642	301.118	403.534	157.889	21.620	481	0	3.143.270	0
297.348	623.901	354.464	63.679	3.458	807	677	0	0	5.860.722	0
0	0	0	0	0	0	0	0	0	0	0
21.518	11.516	13.955	24.599	5.599	2.531	1.543	260	0	115.287	90.000
97.044	186.495	111.484	13.227	2.741	620	0	0	0	1.099.295	0
25.842	24.489	91.863	56.406	90.896	35.005	60.888	2.980	0	1.753.518	20.000
6.500.845	7.313.292	7.317.848	9.949.640	14.145.494	11.891.798	10.232.532	2.985.657	514.524	118.057.956	13.092.644

* Realizado = Rap Liquidado no Exercício + Empenhos Liquidados.

Fonte: DNER e DNIT.

PIB atual, sendo o investimento anual de 0,064% do PIB. Considerando a média dos gastos em pavimentação por ano e um custo por quilômetro de R$ 3 milhões, estaríamos expandindo a rede em 560 km por ano, o equivalente a menos de 1% da rede federal pavimentada atual. Em termos de adequação de capacidade, supondo que se trate de duplicações a um custo por quilômetro de R$ 5 milhões, a produção anual poderia chegar a algo em torno de 375 km/ano.

Entretanto, ao analisarmos a série histórica dos investimentos feitos naquele período, verifica-se grande discrepância entre subperíodos (qua dro 5). Em termos de construção e pavimentação, adotando-se as mesmas premissas, em 1995/2001 foi feita uma produção anual média de 420 km, em 2002/2006, de 292 km e no último período, 2007/2011, de 945 km anuais. No programa de adequação de capacidade em 1995/2001 foi feita uma produção anual média de 349 km; em 2002/2006, de 199 km e, em 2007/2011, de 551 km.

A análise desses números revela claramente que inexiste uma política estável e de longo prazo com relação aos investimentos rodoviários, em que se alternam períodos de maiores e menores recursos disponíveis, além do fato inquestionável de que há necessidade de investimentos muito mais significativos, se é que se pretende alterar a atual situação de déficit na oferta da infraestrutura rodoviária. Façamos uma avaliação simples: a rede de rodovias pavimentadas sob administração do DNIT é hoje de cerca de 60 mil quilômetros, isto é, 3,56% da rede total. Estabeleçamos como meta para esse segmento alcançar 5% da rede total como pavimentada, o que significa acrescentar 24 mil quilômetros de novas rodovias: com base no desempenho de 1995/2012 seriam necessários 43 anos, ou, na melhor das hipóteses, 25 anos se usássemos a produção de 945 km de 2007/2012, significando no mínimo um investimento anual de R$ 2,84 bilhões ao longo desse período. O mesmo exercício poderia ser feito para o caso das duplicações, com alguns agravantes, devido aos custos mais elevados, e com necessidades ainda maiores pela inexpressiva rede duplicada existente, além de outras questões que serão tratadas adiante, quando da análise da duplicação da BR-101 entre Santa Catarina e Rio Grande do Sul.

Entretanto, esse simplificado diagnóstico é certamente ainda mais preocupante, pois usamos custos médios de intervenções com base em projetos adequados, em contratações eficientes, com prazos rígidos de construção, com disponibilidades orçamentárias asseguradas, com fiscalizações e supervisões de bom nível e com baixas interferências externas de órgãos ambientais e de controle. Em suma, supondo uma determinada produti-

Quadro 5 — Evolução dos gastos de construção e pavimentação e adequação de capacidade por subperíodos (1995/2012) (preços de jul 2012)

MODAL	1995	1996	1997	1998	1999	2000	2001	MÉDIA	TOTAL GERAL
	REALIZADO*								
Construção e Pavimentação de Rodovias	235.356	792.065	1.307.615	1.533.478	1.095.562	1.691.356	2.175.677	1.261.587	8.831.108
Adequação de Capacidade de Rodovias	341.796	1.266.575	2.310.321	2.997.629	2.059.611	1.600.296	1.620.819	1.742.435	12.197.048
TOTAL									21.028.156

Grupo 1 — 2002/2006

MODAL	2002	2003	2004	2005	2006	MÉDIA	TOTAL GERAL
	REALIZADO*						
Construção e Pavimentação de Rodovias	1.637.006	452.209	417.492	629.904	1.242.368	875.796	4.378.979
Adequação de Capacidade de Rodovias	974.919	271.902	584.548	1.201.478	1.939.275	994.425	4.972.123
TOTAL							9.351.102

Grupo 1 — 2007/2012

MODAL	2007	2008	2009	2010	2011	2012	MÉDIA	TOTAL GERAL
	REALIZADO*							
Construção e Pavimentação de Rodovias	1.729.022	2.352.754	2.371.915	3.415.569	3.612.074	3.519.869	2.833.534	17.001.202
Adequação de Capacidade de Rodovias	974.919	271.902	584.548	1.201.478	1.939.275	3.339.228	2.756.959	16.541.752
TOTAL								33.542.954

Fonte: DNER e DNIT.

vidade do setor público na consolidação dos investimentos programados e, ademais, que esse teria suficiente flexibilidade, estrutura e capacidade de suportar os encargos técnicos e administrativos derivados de aumentos significativos de investimentos.

Tais condições estão longe de ser atendidas no caso que estamos analisando, o do setor público rodoviário federal. A primeira e maior evidência de sua falta encontra-se no fato de que no período de 2007/2012, em que houve maior disponibilidade orçamentária para investimentos, o DNIT não conseguiu cumprir as metas previstas para nenhum dos anos, gerou enormes passivos anuais de "restos a pagar", teve inúmeros contratos paralisados ou cancelados, licitações suspensas, afora todos os questionamentos levantados pelo TCU sobre aditivos e superfaturamentos, o que vai culminar, como já vimos, na crise de 2011 e na atual paralisia do órgão. Pode-se, além disso, afirmar que 2012 foi praticamente perdido, caracterizando, assim, uma situação geral de não atendimento dos objetivos explícitos do PAC-2, que de alguma forma tentava, ainda que de forma insuficiente, reduzir o *gap* dos investimentos rodoviários.

Nesse sentido, o Ipea, em 2009, resolveu desenvolver um estudo[51] para "dimensionar e avaliar os gargalos e as deficiências das rodovias nacionais", seguido de uma avaliação do PAC-1 com relação ao atendimento de um mapeamento das obras rodoviárias necessárias ao país. O estudo foi feito por diversos órgãos competentes, por meio da análise das obras consideradas necessárias, presentes nos documentos Plano Nacional de Logística e Transportes (PNLT), do Ministério dos Transportes, Plano Plurianual 2008-2011, Plano CNT de Logística e PAC. Na realidade, o levantamento foi feito apenas para as rodovias federais e de acordo com a seguinte classificação de obras: "recuperação, adequação e duplicação", "construção e pavimentação" e "obras de arte [viadutos e pontes]". A análise e o cotejo das demandas levantadas e dos investimentos propostos pelo PAC chegaram aos baixos índices de cobertura deste último, de acordo com a figura 10 a seguir, e deixaram claras as dificuldades existentes na gerência do programa.

[51]Ipea, "Gargalos e demandas da infraestrutura portuária e os investimentos do PAC: mapea mento Ipea de obras portuárias".

Figura 10 — Demandas identificadas versus investimentos previstos no PAC (em R$ bilhões)

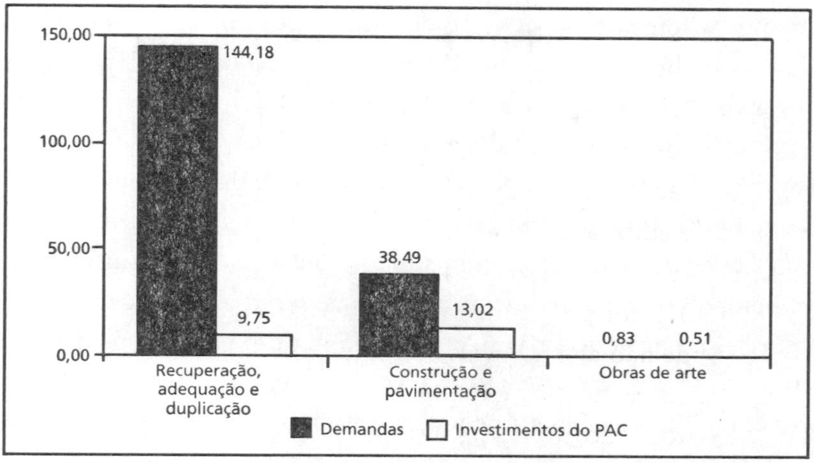

Fonte: Mapeamento Ipea de Obras Rodoviárias.

Entretanto, no sentido de dar uma maior concreção à inexistência de condições gerenciais e administrativas do DNIT para tocar um expressivo programa de investimentos, vamos ver em detalhes um caso emblemático, o da duplicação da BR-101, no trecho entre Florianópolis, em Santa Catarina, e Osório, no Rio Grande do Sul, com 348 km de extensão. A importância e a prioridade desse trecho são indiscutíveis há pelo menos trinta anos. Será o investimento público rodoviário de maior relação custo-benefício quando estiver totalmente pronta.[52]

Os estudos iniciais referentes à duplicação desse trecho ocorreram na década de 1990, por meio do Instituto Militar de Engenharia (IME), quando da elaboração do estudo de viabilidade técnico-econômica do trecho entre 1994 e 1998. A partir desses estudos foram contratados os de engenharia, que envolviam planos funcionais, anteprojetos e projetos executivos, bem

[52]O diagnóstico da duplicação desse trecho da BR-101, como paradigma do nível de administração dos investimentos rodoviários federais, foi por nós apresentado em palestra no seminário "Agenda da Infraestrutura do Brasil", no Instituto Brasileiro de Economia (Ibre), da Fundação Getúlio Vargas (FGV), em outubro de 2012.

como os estudos para o licenciamento ambiental das obras, entre 1999 e 2001. De 2002 a 2004 foram feitos os estudos de viabilidade ambiental, as desapropriações, a preservação de sítios arqueológicos, a remoção das famílias e finalmente as licitações e a contratação das obras por meio do menor preço das propostas. No começo de 2005, foram iniciadas as obras, com previsão de término em dezembro de 2008.

Estamos em 2014 e a duplicação do trecho ainda está longe do término, com alguns gargalos não resolvidos que provocam em certas ocasiões enormes congestionamentos, com sérios problemas para os usuários. Há pouco tempo foi dada finalmente a ordem de serviço para a construção da ponte sobre a Lagoa do Imaruí, com 2.815 m de extensão, que deve durar no mínimo três anos, o que leva o prazo final da obra, se tudo correr bem e forem resolvidas as demais pendências (túneis dos morros dos Cavalos e do Formigão), para fins de 2015. Serão 22 anos desde o início dos estudos e 9 anos desde o início das obras. O trecho teve, até 2011, 23 contratos e 268 termos aditivos, que certamente refletem parte da problemática da obra, mas que vão muito além disso e comprometem o processo como um todo (quadro 6).

Quadro 6 — Duplicação BR-101 Florianópolis-Osório (348 km)

Período	Evento
1994/1998	Estudo de viabilidade técnico-econômica (IME)
1999/2001	Contratação dos estudos de engenharia (planos funcionais, anteprojetos e projetos executivos);
2002/2004	Estudos de viabilidade ambiental, desapropriações, licitações e inicio das contratações
2005	Inicio das obras (previsão inicial de 3 anos)
2012/2015	Pendência e gargalos não resolvidos (ponte sobre a Lagoa Imarui, túneis dos morros dos Cavalos e Formigão)

RESUMO: 21 anos desde o início dos estudos, 11 anos desde o início das obras, 23 contratos e 268 termos aditivos já pactuados.

Sem entrar em detalhes, fica claro que projetos de engenharia incompletos, com soluções técnicas deficientes, contratação de empresas incapazes em diversos lotes que tiveram de ser relicitados, desapropriações demoradas, questões ambientais mal resolvidas, ausência de fiscalização, de supervisão técnica e de gerenciamento de contratos são alguns dos fatores que levaram a esse péssimo resultado. As consequências em termos de custos são evidentes e suficientes para comprovar a impossibilidade de se levar adiante um programa expressivo de investimentos, dadas as restrições estruturais existentes no DNIT, mesmo com disponibilidades financeiras, como foi o caso desse trecho, que contou com financiamentos do BID e do Eximbank do Japão, pelo menos nos primeiros anos.

O exemplo da BR-101, infelizmente, não é um caso isolado, como comprovado pelos problemas, pelas dificuldades e pelos prazos ocorridos em projetos de duplicação mais antigos, como o da BR-381, trecho São Paulo-Belo Horizonte, da BR-116, trecho São Paulo-Curitiba, da BR-376, trecho Curitiba-Garuva, e da BR-101, trecho Garuva-Florianópolis. Ainda hoje, e apesar da concessão desses trechos à iniciativa privada em 2008, a duplicação não foi terminada, com alguns gargalos sérios para serem resolvidos (Serra do Cafezal, na BR-116). Diante desses casos, não há como se manterem aqueles custos médios estimados e pode-se presumir que, pelos prazos envolvidos, os custos reais das obras de duplicação do DNIT devem ser no mínimo 50% a 100% maiores, o que reduz significativamente as expectativas de produção anual para um máximo de 250 km, com fortes reflexos na necessidade de recursos orçamentários adicionais.

No caso das obras de implantação e pavimentação, os graves problemas ocorridos com as obras de duplicação não aconteceram, pelo menos não naquela intensidade, pela simplicidade dos projetos e pelo fato de que são feitas em áreas de baixa densidade populacional, consideradas estratégicas. Elas estão concentradas no Pará (BRs 163 e 230), em Roraima (BR-429), em Mato Grosso (BRs 242 e 158) e em alguns trechos de Minas Gerais e do Rio Grande do Sul. A malha rodoviária federal não pavimentada, como vimos, é de 12,9 mil quilômetros, correspondente a menos de 1% da rede total não pavimentada. Pode-se, assim, esperar em pouco tempo, mantido o atual SNV, um baixo protagonismo do governo central em uma das questões mais vitais da infraestrutura rodoviária, sua expansão, que ao cabo ficará totalmente nas mãos de estados e municípios.

Numa tentativa de finalizar essa nossa análise referente à disponibilidade de recursos e de condições de gerenciamento para o incremento da oferta rodoviária por parte do governo federal, a qual comprovou a total impossibilidade de uma solução ocorrer, vamos ainda acrescentar duas relevantes questões. A tendência de custos crescentes de construção rodoviária que vem ocorrendo há algumas décadas, pelas mais variadas razões, deve nos próximos anos se intensificar ainda mais, caso se mantenham as condições existentes no mercado de serviços de transporte. Atualmente, as rodovias não estão sendo projetadas e construídas para suportar os níveis de tráfego existentes, sua estrutura com viés em relação aos veículos pesados, bitrem, tritrem, nas quais os caminhões trafegam normalmente com excesso de carga por eixos, realizando percursos médios acima de mil quilômetros, concentrados em alguns segmentos troncais. Essa realidade não pode seguir ignorada pelos projetistas, pelas construtoras e pelas autoridades responsáveis pelo setor, com evidentes impactos nos custos de implantação e pavimentação das rodovias.

A segunda questão que nos interessa colocar neste ponto é quanto à avaliação concreta e real dos investimentos rodoviários sobre o PIB nacional. Baseados nos dados oficiais do DNER e DNIT e nas simulações feitas, chegamos à conclusão de que aqueles órgãos investiram em média, nos últimos 18 anos, 0,064% do PIB, com um pico em 2007/2012, de algo em torno de 0,1% do PIB por ano. Se considerarmos um esforço semelhante por parte dos estados e das concessionárias privadas (ver capítulo 6), teremos no máximo 0,3% do PIB para o setor rodoviário e, consequentemente, 0,4% do PIB para todo o setor de transportes, quase metade do que normalmente se considera em estudos dessa natureza.

Até aqui fizemos uma análise quantitativa do montante de investimentos na área rodoviária e da capacidade gerencial do DNIT com relação à efetiva aplicação deles, sem entrar na discussão dos méritos dos projetos e das obras que estão sendo feitas, sejam de aumento de capacidade, sejam de expansão do sistema por meio das construções e pavimentações. No primeiro caso, os riscos de erro são de caráter temporal, podem ocorrer ofertas excessivas de capacidade adicional ou ofertas reduzidas que levariam a custos operacionais e de manutenção crescentes. De qualquer forma, tendo em vista a escassez de recursos e os elevados investimentos nas duplicações, é muito importante a calibragem nesse tipo de projetos, pois poderá acarretar enorme desperdício de recursos. Todavia, no segundo caso, de expansão da malha rodoviária, os riscos de erro são bem sérios, pois eles têm uma conotação espacial, por participar de uma certa organização do espaço econômico e, assim, atender não somente às demandas atuais como às futuras dos setores econômicos e da população.

Assim, uma questão geral emerge dessas considerações: na realidade, propomos que sejam discutidos conceitos de expansão da malha rodoviária pavimentada distintos dos que sustentaram por tanto tempo a tradicional abordagem dessa expansão, largamente usada pelo governo federal desde os tempos dos primeiros planos rodoviários, passando pelos períodos juscelinista e dos militares, até hoje e que sustentaram projetos como a Belém-Brasília e a Transamazônica, voltados para expansão de fronteiras e integração nacional e que faziam total sentido até alguns anos atrás. Esse conceito de expansão encontra-se enraizado no país, tanto no setor público quanto no privado, como se pode facilmente comprovar pelos documentos levantados pelo Ipea e por sua análise para a elaboração de seu Mapeamento de Obras Rodoviárias citado anteriormente. Todavia, nos tempos atuais, e diante da extrema gravidade desse tema para o crescimento econômico e dos efeitos previsíveis na evolução da produtividade geral de nossa economia, achamos que novos conceitos devam ser buscados e considerados.

O primeiro, mais relacionado com questões econômicas, que visa principalmente ao "adensamento da malha", que no atual estágio de desenvolvimento é vital para reduzir os custos de transportes por meio de um processo de "desconcentração" dos fluxos em determinadas rodovias e permitir opções viáveis às já importantes rodovias troncais, que na sua grande maioria já se encontram pedagiadas. O segundo se refere diretamente a um aumento da "capilaridade" da rede, por meio de uma maior penetração da rede pavimentada nas zonas de produção, com rodovias vicinais ou alimentadoras, que tem os efeitos de viabilizar maior produção agrícola e evitar os desperdícios existentes. O terceiro está relacionado a acessos urbanos, que visam a aumentar a mobilidade nas regiões metropolitanas e nas cidades médias e facilitar o deslocamento das pessoas que trabalham nos grandes centros e moram na periferia.

Uma consequência dessa questão está evidentemente relacionada com o financiamento dessas expansões, visto que tanto no segundo conceito quanto no terceiro o papel principal deverá ser dos estados, que hoje estão com limitações financeiras ainda maiores do que as do governo federal, dada a atual repartição do produto tributário, pela perda recente da Cide, e sofrem as consequências da redução do Imposto sobre Produtos Industrializados (IPI) e do ICMS de energia elétrica. Deveria ser de atribuição do governo federal montar um programa de repasse de recursos financeiros necessários àquelas expansões e, quem sabe, ressuscitar o programa de financiamento de rodovias vicinais do BNDES, que até hoje não foi devidamente avaliado, mas que teve enorme importância para alguns estados, como Paraná, Santa Catarina e Ceará. Diga-se de passagem que o momento atual é extremamente propício para um programa desse tipo, muito mais do que naquela época, pois o setor agrícola equacionou todas as restrições de financiamento e de tecnologia que permitiram os expressivos aumentos de produção e de produtividade do campo.

A problemática ferroviária é fundamentalmente distinta da apresentada relativamente ao setor rodoviário, devido a uma série de questões levantadas ao longo do nosso trabalho, mas que vamos aqui ressaltar, tendo em vista nosso objetivo específico neste capítulo. Inicialmente, há que se caracterizar que o setor ferroviário, desde a década de 1940, jamais foi realmente prioritário, apesar das declarações oficiais, das missões, dos relatórios, dos financiamentos e dos eventuais investimentos que foram efetivamente feitos. A preocupação principal sempre foi definir um papel, uma função para aquele enorme sistema, que acabou nas mãos do setor público, com peso crescente nos orçamentos para ser mantido e, no fundo, sem se saber muito bem o que fazer com ele. O problema não era simples, principalmente pelas conotações sociais envolvidas, no transporte suburbano das grandes cidades e igualmente no transporte interurbano de passageiros, além da questão do transporte de mercadorias.

A política com relação a esse setor, principalmente a partir do convencimento de que seria impossível recuperar o sistema como um todo e tendo em vista a existência de uma clara opção, por causa do rápido desenvolvimento do transporte rodoviário, tanto de mercadorias quanto de passageiros, foi tentar separar ou extinguir os serviços mais deficitários, que levou, de um lado, à criação da CBTU, para cuidar do transporte metropolitano de passageiros, e, de outro, à definição da vocação ferroviária como eminentemente voltada para o transporte de cargas. Dessa forma, ao longo das décadas de 1940 a 1980, os governos federal e de São Paulo investiram no setor ferroviário sob suas jurisdições, em termos de recuperação da via permanente e de material rodante de parcela do sistema existente considerada recuperável ou mesmo viável economicamente, ao mesmo tempo que abandonavam parcela dos mesmos sistemas por considerar impossíveis de serem recuperados (erradicação dos ramais antieconômicos), sob a lógica prevalecente de que com isso o sistema se recuperaria e poderia, enfim, competir com as rodovias. Afora modestos investimentos em variantes, correções de traçados, terminais e pátios, inerentes à exploração ferroviária, a única exceção quanto a investimentos de expansão do sistema foi a Ferrovia do Aço, que deu maior sustentabilidade econômica à antiga Superintendência Regional de Juiz de Fora (SR-3) da RFFSA.

Entretanto, tais providências e investimentos, que até foram, ao longo de todo esse período, financiados por agências de fomento internas e externas, não lograram resolver a questão. A manutenção do sistema custava cada vez mais aos cofres públicos da ótica de subvenções, subsídios, garantias trabalhistas e administração de um gigantesco ativo, em parte operacional, além, é evidente, de manter o sistema operando com investimentos inevitáveis. Assim, na década de 1990 existia um forte consenso de que não era possível a recuperação dos sistemas ferroviários da RFFSA e da Fepasa e que a opção mais favorável era a das concessões ao setor privado, com evidentes cuidados quanto a quais sistemas seriam concedidos e o que fazer para separar dos ativos gerais aqueles necessários à operação, ativos esses de propriedade da União, que seriam arrendados aos futuros concessionários.

Porém, antes de entrar na análise desse processo, é importante destacar alguns outros pontos. Ao sistema ferroviário tradicional existente podem-se acrescentar as duas ferrovias da Vale, a Estrada de Ferro Vitória-Minas e a Estrada de Ferro Carajás, especializadas no transporte de minério de ferro, sob concessão federal por trinta anos após a privatização da própria Vale, em 1997, para a exploração do serviço de transporte ferroviário de carga e passageiros. Portanto, do ponto de vista atual trata-se de operadoras de transporte ferroviário, em malhas de sua propriedade, e distintas das ferrovias planejadas para construção e exploração de serviços de transporte ferroviário de cargas por meio de contratos de concessão de longo prazo, que são as Ferrovia Norte-Sul, outorgada à Valec em 1987, a Ferrovia Paraná Oeste, outorgada ao Paraná em 1988, e a Ferronorte, outorgada ao setor privado em 1989. Nesses casos, são investimentos claros de expansão do sistema existente, que precisam ser analisados de forma totalmente distinta, como anteriormente colocado para o próprio sistema rodoviário.

Assim, o processo de concessão das malhas da extinta RFFSA, quais sejam, Nordeste, Centro-Leste, Sudeste, Tereza Cristina, Sul, Paulista e Oeste, manteve inalteradas as configurações existentes e, com o objetivo de cumprir metas de produção de transportes e de redução de acidentes, impôs investimentos na recuperação, ampliação e modernização dos bens arrendados à União, sem entrar em considerações sobre expansões do sistema e integração entre as malhas. Representou, sem dúvida, uma forte desoneração dos cofres públicos, além de um aporte de recursos de mais de R$ 7 bilhões pelo pagamento das concessões e dos arrendamentos entre 1996-2010. Por outro lado, as malhas concedidas não somente foram mantidas como modernizadas, por meio de investimentos médios anuais de quase R$ 4 bilhões efetuados pelo setor privado. O investimento público em ferrovias somente começa a ser relevante a partir de 2008, mediante projetos de expansão da malha que serão detalhados mais adiante (figura 11).

Figura 11 — Investimentos públicos e privados no setor ferroviário — 2002 - 2013

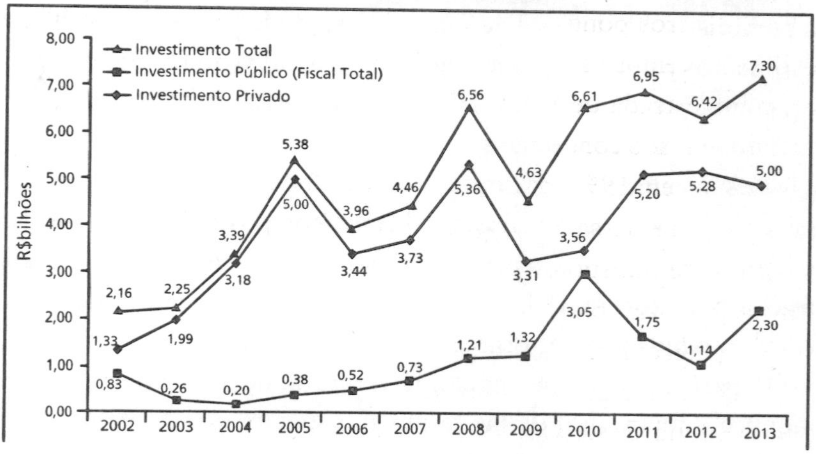

Fonte: SIGA BRASIL (SIAFI), ANTF. Elaboração IPEA. Valores de dez/2011.

Esse processo de concessões patrocinado pelo Programa Nacional de Desestatização e pelo BNDES foi executado em tempo recorde, em vista do tamanho do problema, mas deixou algumas sequelas importantes para o futuro do sistema. Metas de produção e de redução de acidentes impossíveis de serem cumpridas, que em tese levariam à denúncia dos contratos, despreparo da Comissão Nacional de Transportes Ferroviários (Cofer) e do Departamento de Transportes Ferroviários (DTF) do Ministério dos Transportes para assumir suas extensas e complexas funções reguladoras e de fiscalização das concessões e dos arrendamentos de bens operacionais. Porém as mais graves foram o desestímulo ao uso das malhas e a ausência de investimentos nesse sentido.

No fundo, as concessionárias passaram a atuar de forma bastante similar à da antiga RFFSA e deram prioridade ao uso de parcela das malhas que poderia, sem grandes investimentos, gerar produção e retornos financeiros, sem enfrentar e resolver gargalos operacionais importantes e sem praticamente qualquer interesse em promover integrações com as demais malhas, posto que para isso haveria que fazer investimentos que não tinham quaisquer incentivos previstos nos contratos. E ainda com um complicador adicional, de que por contrato são elas responsáveis pela administração do total de suas malhas, podem impedir ou dificultar investimentos prioritários que o governo federal venha a ter interesse em fazer, como, por exemplo, na transposição da Região Metropolitana de São Paulo, entre tantos outros.

Na mesma linha de raciocínio apresentada no capítulo anterior, podemos classificar o sistema ferroviário atual como composto de malhas isoladas, com baixa integração e complementaridade, de malhas de alta densidade de tráfego de produtos especializados e de uma malha que está sendo construída pelo governo federal e por grupos privados (as obras da Ferroeste do Paraná estão paradas) para uma exploração futura, de discutíveis viabilidades econômica e financeira, de baixa integração com o restante do sistema, com custos extremamente elevados, com uma baixíssima produtividade em termos de investimentos e consequentes desperdícios de recursos. Às ferrovias Norte-Sul e Ferronorte devem-se acrescentar a Transnordestina, a cargo da Transnordestina Logística S.A., concessionária da malha nordeste, com expressivos financiamentos públicos, e a Leste-Oeste, a cargo da própria Valec, como componentes dessa malha em expansão, sem falar dos 11 mil quilômetros de novas ferrovias do pacote de concessões ferroviárias de 2012, que será tratado mais adiante.

Vamos inicialmente tecer algumas sumárias considerações sobre a questão de investimentos em ferrovias novas. Se no caso rodoviário erros de localização, ou espaciais, como denominamos, são problemáticos, no caso ferroviário eles são fatais, em função dos elevados custos fixos e, principalmente, pela rigidez inerente a esse meio de transporte. Além disso, são investimentos de extensa vida útil, o que significa dizer que ao longo de vários anos eles estarão superdimensionados em termos de capacidade, em ambos os sentidos de movimentação, mas especialmente no sentido de retorno, e, portanto, com custos operacionais por TKU elevados.

De forma a minorar esse problema, existe a necessidade de se avaliarem muito bem os volumes de cargas potenciais que poderiam ser cativos da ferrovia, que não podem ser muito inferiores a dez milhões de toneladas/

ano e devem contar sempre com uma gerência operacional eficiente e facilidades complementares em pátios e terminais de transbordo que agilizem os movimentos de carga e descarga e reduzam, assim, as penalidades envolvidas na operação ferroviária. Entretanto, isso ainda não é suficiente para garantir um adequado uso daquele investimento, porque esses trechos novos irão atuar de qualquer forma em um mercado de transportes relativamente livre, no qual o usuário tem a palavra final e que é altamente competitivo, devido à concorrência dos caminhões, com sua flexibilidade e seu frete reduzido.

Entretanto, os problemas não param por aí, mesmo sem considerarmos a natureza da carga e as distâncias, que obrigatoriamente têm de ser adequadas a esse tipo de transporte. Em investimentos ferroviários, o aspecto de continuidade é fundamental, especialmente quando se trata da implantação de ferrovias voltadas para atender ao transporte de grãos, cuja produção está disseminada em grandes áreas, com baixa concentração espacial e, além disso, direcionada para o mercado externo, por meio de terminais portuários para exportação. A primeira implicação dessa situação é que os projetos sejam suficientemente flexíveis e permitam que, ao se avançar na construção da ferrovia, os trechos que forem sendo concluídos entrem imediatamente em operação, de modo a contribuir para o fluxo de caixa do empreendimento, para não se ter de lidar com a situação de que sejam construídos centenas de quilômetros que somente serão usados quando o total da ferrovia estiver concluído. A segunda implicação é que não existam problemas de capacidade nem gargalos operacionais na recepção e no manuseio das cargas nos portos para onde se destinam os produtos transportados pelas ferrovias, caso contrário todo o potencial de transporte do conjunto será prejudicado.

Após essas considerações gerais, estamos em condição de analisar os projetos de expansão das ferrovias anteriormente mencionadas. Vamos separar dois conjuntos de projetos de naturezas quase opostas, especialmente no que se refere ao atendimento de áreas de produção consolidadas, à existência de concorrência com o transporte rodoviário, à acessibilidade a complexos portuários de características de administração e operação totalmente distintas e finalmente ao uso de vultosos e expressivos recursos públicos: de um lado, o complexo formado pelas Norte-Sul, Transnordestina e Leste-Oeste, e, de outro, a Ferronorte e a Ferroeste.

A construção da ferrovia Norte-Sul foi iniciada em 1987, no governo Sarney, no trecho entre Açailândia, entroncamento com a ferrovia de Carajás, pertencente à Vale, e Porto Franco, ainda no Maranhão. Posteriormente foi ampliada até Porto Nacional (Palmas), em Tocantins, com 719 km de extensão. Esse trecho levou vinte anos para ser concluído, a um custo de difícil mensuração, tal o seu montante, e está em operação desde 2008 pela própria Vale, por meio de contrato de subconcessão com prazo de trinta anos. A Vale pagou R$ 1,5 bilhão pela outorga, que viabilizou a construção do trecho: transporta atualmente 2,5 milhões de toneladas por ano, sem perspectivas de crescimento em curto prazo. De imediato, dois problemas devem ser levantados: a Vale, quando do lançamento dessa ferrovia, era uma empresa pública, mas hoje é privada, de alta rentabilidade em seu negócio primordial de exportação de minério de ferro por meio de sua ferrovia, que passa em Açailândia com destino a seu terminal privativo, ao lado do porto público de Itaqui, e este é administrado pelo Maranhão, por meio de uma concessão do governo federal, pela Empresa Maranhense de Administração Portuária (Emap).

Dois trechos adicionais da ferrovia estão sendo construídos pela Valec, Porto Nacional-Anápolis, já em Goiás, de 855 km, e Anápolis-Estrela d'Oeste, em São Paulo, com 680 km, conforme figura 12 a seguir. De acordo com informações oficiais, o primeiro trecho está com 80% das obras concluídas, faltam obras essenciais complementares, que não serão feitas pelo governo, mas por meio da concessão desse trecho junto com o que liga Uruaçu (GO) a Lucas do Rio Verde (MT). Informações divulgadas na mídia dão conta de que foram gastos nesse trecho mais de R$ 5 bilhões e, como as obras estão paralisadas, sem manutenção, muito do que foi feito será perdido. O segundo trecho está com obras atrasadas, segundo infor mes oficiais, com cerca de 40% do total já feito. A intenção do governo é conceder também esse trecho para a iniciativa privada, juntamente com o Estrela D'Oeste a Maracaju (MS).

Fi ura 12 — Ferrovia Norte-Sul

Fonte: Ministério dos Transportes.

A realidade é que a ferrovia Norte-Sul, do jeito que foi imaginada, com seu traçado e sua diretriz, afastada das principais áreas de produção, tanto a leste (sul do Maranhão, sudoeste do Piauí e norte da Bahia) quanto a oeste (noroeste de Mato Grosso e sudoeste de Mato Grosso do Sul), sem acesso direto ao terminal portuário de Itaqui, é certamente um dos maiores equívocos em termos de planejamento de transportes, juntamente com o desperdício de bilhões de reais em recursos públicos, e, o mais grave, com efeitos negativos em cascata, ao gerar novos traçados ferroviários de grandes extensões, igualmente discutíveis do ponto de vista econômico e social, como se fosse um grande eixo estrutural. Essa situação pode ser comprovada pelas próprias decisões do governo com relação aos trechos a serem concedidos, que tentam resolver as duas questões acima colocadas: acesso ao terminal marítimo de Barcarena, no Pará, e às zonas de produção agrícola de Mato Grosso e Mato Grosso do Sul.

Entretanto, o desperdício de recursos públicos não para por aí, porque a leste da diretriz da Norte-Sul estão sendo desenvolvidos dois projetos ferroviários de elevados custos, reduzidos benefícios e com diretrizes paralelas, ambos situados na região Nordeste: a Transnordestina, com 1.730 km, que liga os portos de Suape, em Pernambuco, e de Pecém, no Ceará, à zona de produção agrícola do sudoeste do Piauí e alcança a Norte-Sul perto de Porto Franco; e a Leste-Oeste, com 1.530 km, na Bahia, que liga o porto de Ilhéus, a zona de mineração de Caetité e a zona de produção agrícola de Barreiras e alcança a Norte-Sul em Figueirópolis, em Tocantins. Falamos de 3,3 mil quilômetros de novas linhas com investimentos de mais de R$ 13 bilhões, afora os investimentos operacionais na ferrovia, na restauração de trechos, e nos portos estaduais de Ilhéus, Suape e Pecém.

Figura 13 — Rodovia Transnordestina

Fonte: Ministérios dos Transportes.

Sem dúvida alguma, o caso da Transnordestina é completamente incomum, mesmo no ambiente político e administrativo do nosso país. A antiga malha nordeste da RFFSA, com 4.534 km, foi leiloada em 1997, com um preço mínimo de R$ 11,46 milhões. Foi arrematada por um grupo capitaneado pela Companhia Siderúrgica Nacional (CSN) por R$ 15,8 milhões, algo em torno de R$ 57 milhões a preços atuais, valor extremamente baixo, em função das condições da malha e da demanda existente, na faixa de 1,2 milhão de toneladas/ano. Os resultados dessa exploração têm sido sistematicamente negativos, com déficits operacionais e financeiros. Apesar desses fatos, decidiu-se implantar em 2006 a Transnordestina, com custo previsto de R$ 5,4 bilhões e recursos públicos do Fundo de Investimentos do Nordeste (Finor), Fundo de Desenvolvimento do Nordeste (FDNE), Fundo Constitucional de Financiamento do Nordeste (FNE), Banco do Nordeste do Brasil (BNB), Valec e financiamentos subsidiados do BNDES, que correspondem a 80% do empreendimento. O projeto original era composto por recuperações pesadas de parte da malha existente e trechos novos, porém foi abandonado no sentido de construir uma nova ferrovia e o sistema existente ser aos poucos erradicado, como no caso recente da ligação de Fortaleza com o Cariri, que funcionava desde 1871.

Em 2008, a Companhia Ferroviária do Nordeste (CFN), que havia ganhado o leilão da RFFSA, passou a se chamar Transnordestina Logística S.A. (TLSA), e bem recentemente a ANTT, por meio de duas benignas resoluções, renovou a concessão dessa ferrovia e a autorizou a se transformar em duas, uma para cuidar da malha existente de São Luís a Recife e outra para cuidar da implantação da nova, a um custo de quase R$ 8 bilhões. Dos 1.730 km da ferrovia, apenas 380 km estão semiprontos, e em agosto de 2013 a Norberto Odebrecht, que havia sido contratada para as obras em regime de aliança com a proprietária, rescindiu o contrato por falta de garantias e por pleitear reajuste dos preços acordados. E tudo isso — ferrovia de 1.730 km e dois terminais portuários de exportação de grãos nos portos estaduais de Suape e Pecém, um investimento que certamente será de mais de R$ 10 bilhões — com a única "garantia" de carga do sudoeste do Piauí referente à produção de soja, que poderia ser escoada de forma bem mais barata por várias opções, inclusive pelo próprio ramal projetado que liga Eliseu Martins a Porto Franco, na Norte-Sul, e demanda o porto de Itaqui.

A segunda é a chamada Ferrovia de Integração Leste-Oeste (Fiol), que nasceu como um projeto da Bahia, para ligar Luís Eduardo Magalhães a Caetité, como um trecho novo, e Caetité ao porto de Ilhéus, para aproveitar a malha existente da Ferrovia Centro-Atlântica. Entretanto, o governo federal decidiu assumir, pela Valec, a construção de uma ferrovia totalmente nova e ainda estendê-la até a Norte-Sul, em Figueirópolis (TO), com 1.527 km de extensão e a um custo de mais de R$ 6 bilhões. As obras iniciadas em 2010, incluídas no PAC, foram prometidas para 2013, porém não existe até o momento nenhum quilômetro pronto, devido a uma série interminável de problemas, desde sondagens, projetos executivos, compra de trilhos e questões ambientais até apontamentos do TCU, entre outros. Uma outra questão delicada a ser resolvida é a do conhecido Porto Sul de Ilhéus, por problemas ambientais importantes, pela necessidade de implantação de terminais especializados de grãos e minérios.

De toda forma, a ideia da Leste-Oeste faz muito mais sentido do que a Transnordestina e do que a própria Norte-Sul, especialmente na ligação da região de produção de soja ao sul de Barreiras, passando pela área de mineração de Caetité até o porto de Ilhéus. A ligação com a Norte-Sul não tem significado visível do ponto de vista econômico-financeiro. Todavia, não dá para entender que no caso da Transnordestina tudo esteja sendo feito em conjunto com a concessionária, apesar de sua fragilidade econômica e financeira, e que a Leste-Oeste, na qual a concessionária ferroviária é uma das mais importantes do país, com controle acionário da Vale, não participe do projeto, até porque no fim a operação deverá ficar a seu cargo. O grande problema dessa ferrovia é a questão do porto de Ilhéus, pelos problemas ambientais, conforme citado (figura 14).

Figura 14 — Ferrovia de integração Oeste-Leste

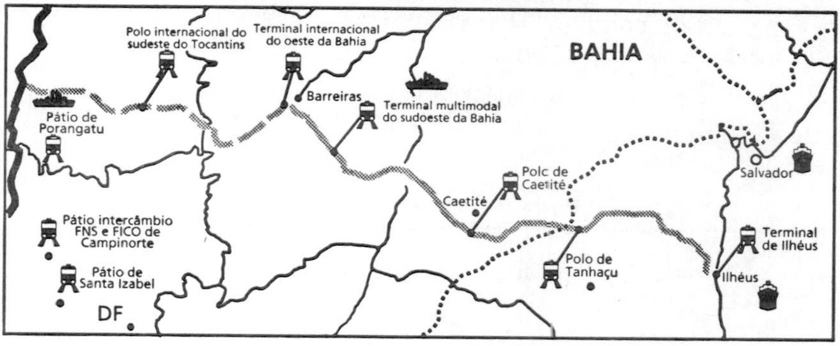

Fonte: Ministério dos Transportes.

O segundo conjunto de projetos, constituído pela Ferronorte e pela Ferroeste, apresenta uma série de vantagens sobre o primeiro, principalmente pela existência de grande produção de grãos na área de influência das ferrovias e pela capacidade e possibilidade de concorrer diretamente com o transporte rodoviário e, assim, alterar, mesmo que parcialmente, a nossa matriz de transportes. A Ferronorte foi idealizada na década de 1970 pelo deputado federal Vicente Vuolo, mas foi conduzida e tornada uma realidade no fim da década de 1980 pelo empresário Olacyr de Morais, o chamado Rei da Soja à época; liga o estado de São Paulo à região de Cuiabá, começa nos trilhos da antiga Fepasa, em Santa Fé do Sul, cruza o rio Paraná e passa por Aparecida do Taboado, Alto Araguaia e Rondonópolis, até alcançar Cuiabá.

As dificuldades iniciais foram vencidas, ao longo da década de 1990, com a construção, pelo estado de São Paulo, da ponte rodoferroviária sobre o Paraná e o início da operação, em 1998, nos primeiros 110 km de linha entre Aparecida do Taboado e o terminal de Inocência. Atualmente a ferrovia já alcança Rondonópolis, onde foi construído o maior terminal de grãos do país, em uma área de 230 m^2. Atualmente, a Ferronorte pertence ao grupo da América Latina Logística, sob a denominação de América Latina Logística Malha Norte S.A., após aprovação em 2006 pela ANTT. Transporta hoje mais de 12 milhões de toneladas/ano em seus 617 km, com potencial de transporte em torno de 25 milhões. Seus grandes gargalos operacionais são a transposição da região metropolitana de São Paulo e, obviamente, o porto de Santos, com seus vários problemas. Na época dos detalhados estudos desenvolvidos por Olacyr, pensou-se na opção de São Sebastião, que não vingou, por questões ferroviárias. Novamente aqui chama atenção o descaso do governo federal com o prolongamento da ferrovia em direção a Cuiabá, por ser considerada não prioritária, conforme declaração recente do Ministério do Planejamento (figura 15).

Figura 15 — Ferronorte

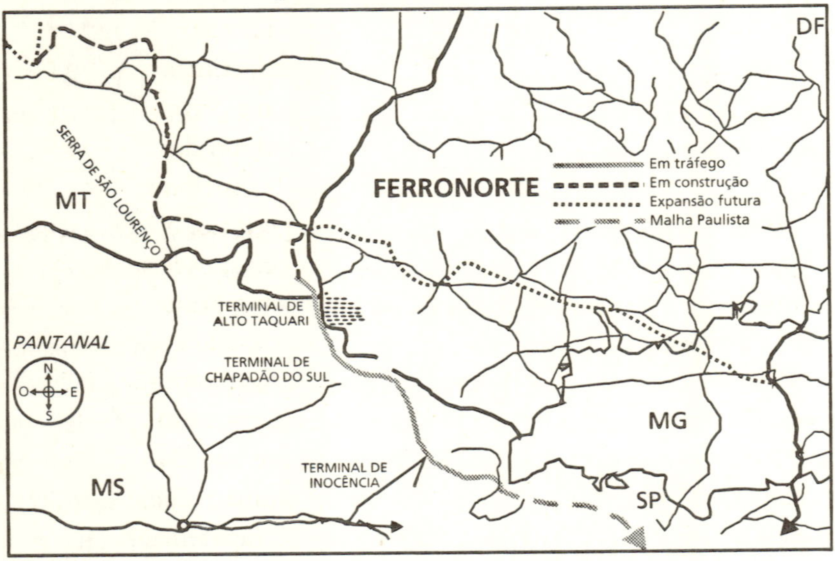

Fonte: Ministério dos Transportes.

Resta falar, em termos de expansão, da Ferroeste, no Paraná, a única concessão estadual, com seus 248 km de Guarapuava a Cascavel, com prolongamentos previstos para Guaíra e, posteriormente, para Dourados, no Mato Grosso do Sul. A situação dessa concessão é bastante precária do ponto de vista financeiro, com baixíssima produção de transportes, pela necessidade de acordo, que tudo indica está para ser firmado com a América Latina Sul para chegar ao porto de Paranaguá. De outro lado, o governo federal anunciou em 2010 a contratação das obras na ligação Cascavel a Dourados, que fazem parte do pacote de concessões anunciado em 2012. As perspectivas de uma ligação do sul do Mato Grosso do Sul com o porto de Paranaguá, passando por Cascavel, são evidentemente muito favoráveis do ponto de vista econômico, pela potencialidade de produção agrícola da região, que hoje é totalmente escoada por caminhões.

Dos três pilares básicos do sistema de transportes resta falarmos da questão portuária, talvez a mais complexa, pelo fato inicial de que se trata de um elo logístico entre o sistema de transporte terrestre, com seus modais ferroviário e rodoviário, e o sistema de transporte aquaviário, com seus vários tipos de navegação (longo curso, cabotagem, navegação interior e navegação de apoio) e, ainda, como vimos, pela multiplicidade de atores institucionais e uma interação mais estreita e difícil entre os setores público e privado. No caso do transporte rodoviário, optamos por enfatizar o declínio dos investimentos públicos em rodovias, e, no caso do ferroviário, pela distribuição ineficiente de recursos, com simultaneidade de escassez e desperdício. No caso do portuário, apesar dos baixos investimentos públicos e privados feitos no sistema nos últimos anos,[53] vamos optar por caracterizar como principais restrições ao desenvolvimento do setor a questão macro da elevada concentração na movimentação das cargas portuárias, especialmente nos portos organizados, e a necessidade de se estabelecerem modelos de administração e de operação que acomodem as funções públicas e privadas e que levem a um aumento da eficiência das operações, a ganhos de escala e a uma redução dos custos portuários. Porto organizado "é aquele construído e aparelhado para atender às necessidades da navegação, da movimentação e da armazenagem de mercadorias, concedido ou explorado pela União, cujo tráfego e operações estejam sob a jurisdição de uma autoridade portuária".[54]

O sistema portuário nacional é imenso, com 34 portos públicos marítimos e seis públicos fluviais, 18 delegados a estados e municípios e três a setores privados, além de 99 TUPs marítimos e 29 TUPs fluviais e algo em torno de 75 terminais arrendados ou concedidos à iniciativa privada nas áreas dos portos públicos, afora 59 portos públicos fluviais sob jurisdição das administrações

[53]Carlos Alvares da Silva Campos Neto et al., *Gargalos e demandas da infraestrutura portuária e os investimentos do PAC.*

[54]Dalmo dos Santos Marchetti e Antonio Pastore, *Dimensionamento do potencial de investimentos para o setor portuário*, p. 13, 14.

hidroviárias e dezenas dos chamados portos secos alfandegados em vários estados[55] (quadro 7). Existe assim uma verdadeira atomização da oferta de serviços portuários, porém de outro lado existe uma forte concentração da demanda em terminais privativos (65% da demanda) e em cinco portos públicos. Dos cinco portos concentradores de cargas, quatro são basicamente os mais importantes do país desde o império, no século XIX: Rio de Janeiro (Itaguaí), Santos, Paranaguá e Rio Grande. A única novidade é o de Itaqui, graças à Vale e a Carajás. Devem existir razões muito fortes que impedem uma redistribuição da movimentação de cargas para outros portos, até porque os quatro apresentam problemas operacionais graves. Nesse sentido, vamos tentar caracterizar adequadamente essa concentração por meio de uma classificação inicial de fatores internos e externos, e a partir daí tentar entender o recente desenvolvimento do setor, especialmente a partir da década de 1990.

Quadro 7a — Sistema Portuário Nacional
34 Portos Marítimos vinculados à SEP/PR

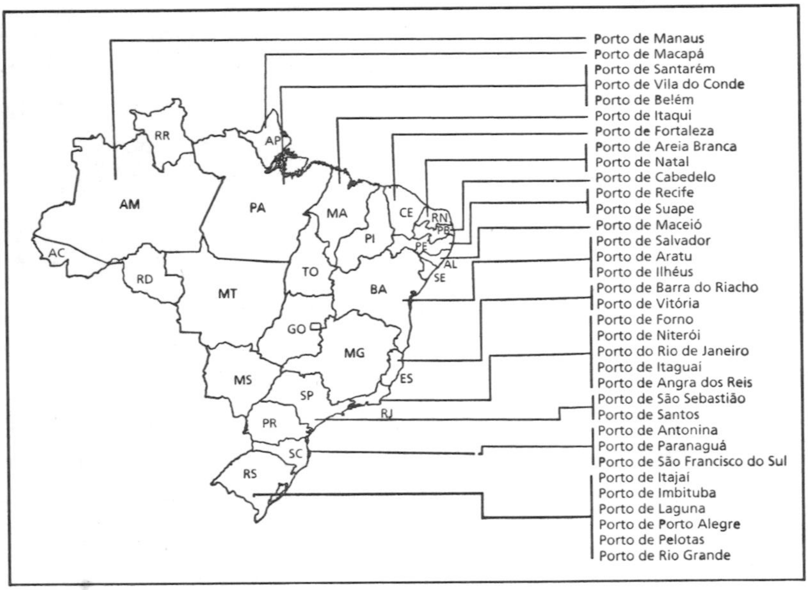

Fonte: SEP.

[55]Agência Nacional de Transportes Aquaviários, *Análise da Resolução 2.969 de 4 de julho de 2013.*

Quadro 7b —Terminais de Uso Privativo TUP

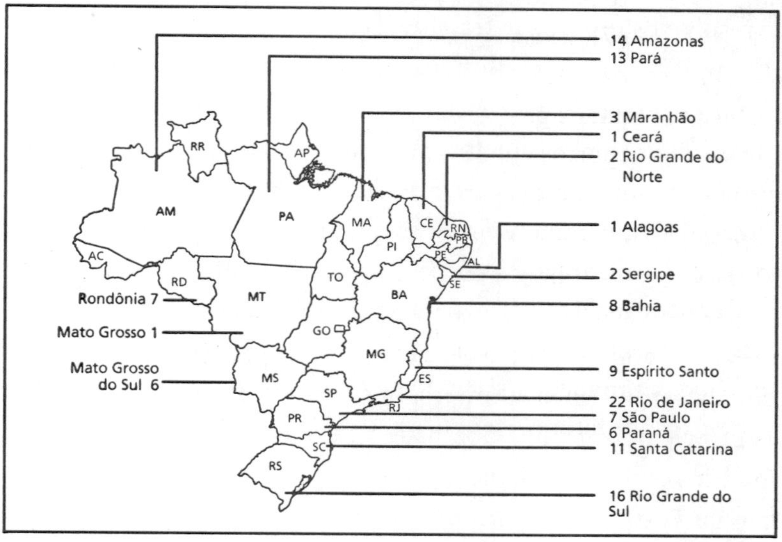

Fonte: SEP.

O primeiro nível de concentração do ponto de vista interno é que a movimentação portuária é voltada basicamente para a navegação de longo curso: na exportação para granéis sólidos e na importação para granéis sólidos e líquidos, produtos, portanto, de baixo valor por unidade. As participações de movimentação portuária por causa da navegação de cabotagem e voltadas para carga geral são reduzidas e em decréscimo relativo nos últimos anos, a não ser no caso da movimentação por contêineres, cujo padrão de atendimento tem sido por meio de terminais privados arrendados ou concedidos, localizados em áreas dos portos organizados e mesmo em áreas fora dos portos. O segundo nível de concentração diz respeito aos acessos terrestres, sejam eles rodoviários ou ferroviários. Esses acessos, por mais precários que sejam, ou com sérios problemas de capacidade e com visíveis gargalos, estão concentrados na direção de alguns poucos portos públicos e de forma altamente eficiente no caso de TUPs específicos. O terceiro nível de concentração refere-se à oferta de berços acostáveis, à existência de equipamentos de recepção, à movimentação de carga e descarga e às áreas de armazenagem de mercadorias, grandes e significativos gargalos da maioria dos terminais públicos brasileiros, que evidentemente estão mais do que resolvidos quando se trata de TUPs.

Entretanto, a par desses níveis de concentração concretos e físicos, existe toda outra realidade portuária, de serviços e atividades de gestão que somente estão disponíveis de forma adequada em alguns casos. O quarto nível de concentração diz respeito às facilidades na contratação de operadores portuários, mediante esquemas de pré-qualificação específicos de cada porto organizado, e aos serviços de despachantes aduaneiros e outros para o desembaraço de cargas e assuntos alfandegários, sem falarmos da categoria dos "práticos", uma verdadeira caixa-preta dos portos. O quinto nível de concentração nos informa sobre a organização do trabalho de capatazia e, principalmente, de trabalhadores avulsos para a estiva, igualmente concentrados em alguns sindicatos e em alguns portos, apesar da criação, pela Lei dos Portos, do OGMO.

Deixamos para o fim a questão da gestão pública do porto, atualmente desenvolvida pelo binômio Administração Portuária (AP) e Conselho de Administração Portuária (CAP). Ela envolve uma enorme gama de atividades, que vão desde a dragagem dos acessos, dos canais de manobra e dos cais, do estabelecimento e da definição do calado para a operação das embarcações e da manutenção dos berços, das instalações elétricas e hidráulicas e dos equipamentos até as conferências e a liberação de cargas, os procedimentos aduaneiros, os impactos ambientais e as questões de saúde pública, de segurança das cargas e da área portuária, sem falar dos demais aspectos burocráticos inevitáveis. Até o presente, a administração dos portos públicos está concentrada em nível federal nas companhias Docas e em órgãos dos governos estaduais e municipais, com todos os problemas de uma gestão estatal sujeita às regras políticas vigentes, especialmente pela importância e visibilidade dos cargos de direção dessas entidades. A esperada melhoria das administrações portuárias, prevista na Lei dos Portos com a criação dos CAPs, não ocorreu, pelo simples fato de que, de uma forma geral, sua atuação foi relegada a aspectos de caráter consultivo, sem, portanto, ingerências na própria administração do porto.

Do ponto de vista externo, o grande fator de concentração é gerado em consequência do comércio internacional, dominado pelas grandes empresas de navegação, cujas linhas fazem escalas regulares em apenas alguns portos da América do Sul, com grandes dificuldades na alteração desses tradicionais esquemas. Os demais fatores externos de concentração estão de alguma forma associados a essa questão principal. Esse fator externo seria minimizado caso o sistema de navegação de cabotagem funcionasse adequadamente, pois aí teríamos portos concentradores de cargas e portos que funcionariam como *feeder ports* (portos alimentadores), adequadamente conectados por linhas regulares aos primeiros.

A concentração não incentiva a concorrência entre portos e traz algumas consequências importantes, que se evidenciam, em primeiro lugar, por meio das dificuldades de se alcançar uma melhor distribuição dos fluxos de transportes, visto que as áreas de influência, por exemplo, dos portos de Santos e Paranaguá se estendem até Mato Grosso do Sul, Mato Grosso, Goiás e Tocantins e, no caso de carga geral, até a região Nordeste; em segundo lugar, pressionam sazonalmente ao extremo o sistema de transporte terrestre em termos de acessos aos portos, além de promover o direcionamento dos investimentos públicos e privados em alguns sentidos, que acabam reforçando ainda mais aquela concentração: os investimentos privados, na busca de uma maior atomização por meio de terminais próprios ou arrendados nas áreas dos portos concentradores e de terminais de uso privativo próximos; os investimentos públicos, no sentido de alcançar um equilíbrio precário entre duas tendências com baixas possibilidades de êxito; a busca de um maior nível de eficiência para os atuais circuitos, com aumento da capacidade da infraestrutura portuária e dos acessos terrestres, da movimentação de cargas e das áreas disponíveis para armazenagem, além da solução de gargalos e restrições operacionais porventura existentes; e o apoio ao processo de descentralização, por meio de delegação a estados e municípios no estabelecimento de novos portos, que visam em última análise a uma desconcentração dos fluxos de transportes e ao aproveitamento das experiências e dos conhecimentos locais.

Entretanto, esse processo de delegação, para ter algum sucesso, necessita levar na devida conta todos os fatores mencionados anteriormente capazes de romper a concentração dos fluxos de transportes, além do cumprimento das diversas etapas necessárias à implementação e concretização desses investimentos. Nos casos em que esses condicionantes não sejam superados, a pretendida desconcentração não ocorre ou, melhor, não se criam possibilidades concretas e significativas de concorrência entre os portos, o que pode representar significativos desperdícios de recursos públicos, coisa que, aliás, vem acontecendo com certa frequência.

Em termos "micro", é importante reconhecer que a atividade portuária se caracteriza por algumas particularidades específicas do lado da oferta de serviços, que não levam necessariamente a aumentos da eficiência na movimentação das cargas, e esse fato é particularmente verdadeiro no caso brasileiro. Atualmente, ainda sem considerar os novos marcos regulatórios do setor aprovados em 2013 pelo Congresso Nacional e sancionados pela Presidência, as atividades portuárias desenvolvem-se sob a égide da Lei de Portos, de sua regulamentação (Decreto 6.620/2008), da lei de criação da Antaq (10.233/2001) e da última resolução da Antaq sobre o assunto (1.660/2010). Nesse contexto, as atividades portuárias relativas à movimentação de cargas tornaram-se quase que totalmente privadas e respondem atualmente por 90% do total, por meio dos terminais de uso público e dos terminais de uso misto, movimentados por "operadores portuários" privados credenciados em cada porto.

A lógica embutida no uso dos TUPs, fora ou dentro dos limites do porto organizado, em áreas próprias, com equipamentos próprios, situa-se totalmente na esfera do empreendimento privado ou público e se constitui em apenas um fator de custos, sem outra conotação adicional, e, assim, sua eficiência e sua produtividade somente podem ser analisadas no contexto geral do negócio em si. No caso dos terminais de uso público arrendados nas áreas do porto organizado, em sua maioria pertencentes a grupos privados produtivos e armadores, nos parece que o fator principal a ser levado em conta deve ser a garantia de que seus produtos e insumos terão suas movimentações asseguradas ou de que seus serviços serão prestados no âmbito de uma determinada cadeia logística, a depender das funções específicas de cada terminal. Em ambos os casos a questão da produtividade é de certa forma secundária: em primeiro lugar, diante da certeza da movimentação e do peso relativo dos custos portuários em cadeias logísticas muito extensas e de elevados custos totais, como as que prevalecem no país, e, em segundo lugar, pelas condições monopolistas e de excessos de tarifação no caso de atendimento ao mercado.

Entretanto, no caso de terminais em áreas do porto organizado, existe uma grande dependência de fatores externos ao próprio terminal, a maioria dos quais sob o encargo das administrações públicas portuárias, especialmente quanto a condições de acessos terrestres, movimentações internas ao porto, armazenagem, oferta de berços, condições de calado, liberações alfandegárias e disponibilidade de mão de obra. Esses fatores externos limitam a eficiência e a competitividade dos terminais e, consequentemente, dos portos: de acordo com a pesquisa CNT de 2012 sobre transporte marítimo, os atuais gargalos do sistema concentram-se em três grupos de problemas: infraestrutura logística, marcos regulatórios e gestão portuária. Daí a grande importância atribuída ao CAP e ao OGMO no sentido de sua atuação com relação a esses fatores externos.

Quanto à movimentação de cargas de terceiros nesses terminais, a grande polêmica do modelo atual, que tem gerado intervenções do TCU no sentido das questões de concorrência e de isonomia de tratamento com relação à oferta de serviços diretamente pelos portos públicos, pode-se acrescentar que aqueles terminais encontram-se em condições privilegiadas de exercitar seus monopólios de mercado, e esses serviços adicionais se constituem em importantes receitas em seus balanços econômicos e financeiros.

Essa questão de concorrência anti-isonômica entre TUPs em áreas próprias fora e dentro da área do porto organizado e terminais arrendados dentro das áreas portuárias pode ser comprovada no caso de terminais de contêineres, especialmente em Santos e em Santa Catarina. Existem atualmente 16 TUPs de contêineres arrendados nos portos organizados: quatro em Santos, três no Rio de Janeiro e um em cada um dos portos: Rio Grande, Imbituba, Itajaí, São Francisco do Sul, Paranaguá, Vitória, Salvador,

Suape e Vila do Conde. Além deles, existem dois terminais de uso misto na área de Santos e quatro fora da área de porto organizado em Imbituba, Navegantes, Itapoá e Pecém. Os três grupos de terminais funcionam com condições distintas quanto a investimentos, pagamentos de arrendamento, uso da mão de obra do OGMO, prazo de exploração, reversão de bens para a União e, principalmente, participação de cargas de terceiros.

Dessa forma, sem entrar nas questões da gestão portuária pública e na relevante questão da regulação dos serviços portuários, que serão abordadas mais adiante, a significativa concentração de atendimento à demanda em poucos portos organizados, em conjunto com os reduzidos investimentos públicos na infraestrutura portuária — que nos últimos dez anos alcançaram uma média de R$ 800 milhões/ano — aí incluídos o orçamento fiscal da União e os recursos das companhias Docas — explica o péssimo desempenho do setor, considerado um dos cinco piores do mundo (está em 108° num ranking de 112 países).[56]

---

[56]Fórum Econômico Mundial 2012-2013.

5. As deficiências da gestão pública

A problemática da gestão pública no setor de transportes é evidentemente da maior importância, pois, dependendo da abordagem que se queira dar, atinge um amplo espectro de atividades, desde o estabelecimento de políticas de transportes, passando pelas funções normativas e de planejamento, até as funções executivas de alguns sistemas que são geridos diretamente pelo setor público. Podem ainda alcançar as funções de regulação de serviços públicos prestados por agentes privados ou públicos, visto que as agências reguladoras obrigatoriamente são pessoas jurídicas de direito público, apesar de serem consideradas entidades de Estado.[57]

Vamos abordar esse tema dessa perspectiva, a não ser quanto à ausência da definição de uma política nacional de transportes, já bastante discutida a partir da própria apresentação do livro, para facilitar entendimentos futuros quanto aos caminhos que se abrem para o setor, porém com ênfase em determinados pontos relativos à gestão propriamente dita de sistemas de transportes.

O planejamento de transportes, seja de mercadorias ou de passageiros, como vimos anteriormente, entrou em declínio há algum tempo no país e se agravou bastante com a extinção do Geipot e da EBTU. Esse processo se

[57]Pedro Henrique Poli de Figueiredo, *A regulação do serviço público concedido*.

acelerou mais ainda, por mais paradoxal que pareça, a partir do início dos processos de concessão do governo à iniciativa privada, como se substituísse, ou atenuasse, de alguma forma a necessidade do planejamento dos sistemas de transportes. Entretanto, o discurso sobre a importância do planejamento continuou intacto e relevante, apesar de que até o presente o governo não conseguiu implantar nenhum processo que possa ser considerado como tal. O PAC-1 e o PAC-2 na área de transportes foram montados por meio de uma listagem de projetos existentes, alguns em andamento e outros a serem iniciados, com o propósito de acelerar os investimentos públicos no setor. Nesse período, o governo, por meio do Ministério dos Transportes, elaborou com bastante esforço o PNLT, que visava a dar uma certa racionalidade àquela listagem de projetos, com o objetivo explícito de alterar a matriz de transportes nacional, mas que se tornou um plano de caráter indicativo por excelência. Fica nítida a preocupação de que estivessem incluídos as ações e os projetos estabelecidos por aqueles programas, mesmo que uma parte significativa deles fosse altamente questionável em sua viabilidade econômica e financeira, além de que não se traduziu na implantação de algum processo orgânico e consolidado de planejamento em nível do governo federal e muito menos na articulação com os estados.

Em 2012, o governo, junto com os pacotes de privatização rodoviários e ferroviários, criou a EPL, com diversas funções, entre as quais cuidar do planejamento de transportes, como uma espécie de sucedâneo do Geipot nessa área. Claro que essa comparação não faz sentido e significa ignorar totalmente a história desse órgão e de sua relevância nas décadas de 1960, 1970 e 1980, especialmente por sua influência junto aos poderes executivos federal, estadual e municipal. Entretanto, esse novo órgão já partiu com a ingrata tarefa de justificar uma nova listagem de projetos, agora a serem concedidos à iniciativa privada, que recebeu o nome oficial de Plano de Integração Logística (PIL), mas que na realidade vem de longe, com origens na área rodoviária no antigo Procrofe, criado em 1993.

Entretanto, a EPL foi criada com a preocupação de se tornar uma empresa pública diferenciada, que pudesse tirar o setor de infraestrutura de transportes da crise em que se encontra. Assim, desde sua fundação ela contou com a ajuda de consultores, foi apoiada pela organização da sociedade civil de interesse público (Oscip)[58] Movimento Brasil Competitivo (MBC) para seus processos internos e tem contratado consultorias externas e assinado convênios de cooperação com outros órgãos, inclusive o Ipea, para desenvolver estudos e pesquisas visando igualmente à elaboração de um novo plano, denominado Plano Nacional de Logística Integrada (PNLI). Com recursos financeiros de monta, a EPL já contratou pesquisas de tráfego e de origem/destino em todo o país de diversas instituições, no valor de R$ 60 milhões, modelos geográficos sofisticados, pesquisa de embarcadores via internet e montagem de um observatório logístico, que deve ficar pronto em 2015, entre outros serviços.

Ademais desses esforços de planejamento de longo prazo, a EPL concluiu estudos, entregues ao Ministério dos Transportes, que visaram a definir projetos que possam zerar o déficit de infraestrutura do país, estimado em R$ 600 bilhões, por meio de programas anuais de R$ 100 bilhões nos próximos seis anos. Para tal, com a ajuda da Oscip, analisou mais de vinte estudos sobre nossos gargalos logísticos, com cerca de três mil projetos, e definiu três ondas de investimentos, públicos e privados, a partir dos programas lançados em 2012, que se encontram parcialmente em licitação, como veremos mais adiante. Assim, o governo federal segue o padrão adotado anteriormente, de primeiro elaborar uma listagem de projetos e tentar viabilizá-los, seja pelo setor privado, seja diretamente, como se essa fosse uma atividade de planejamento. Aqui com agravantes adicionais, devido às incertezas com relação aos projetos que serão efetivamente implantados. Como no caso dos recentes pacotes, dos quais, na melhor das hipóteses, apenas seis das nove concessões rodoviárias serão contratadas e não se sabe quantas nos setores ferroviário e portuário, posto que os processos seguem em discussão. Com relação ao planejamento dos vários setores, é indiscutível a liderança nessa área do segmento aquaviário, que, por meio

[58]Título concedido pelo Ministério da Justiça a instituições com a finalidade de facilitar parcerias e convênios com todos os níveis de governo e órgãos públicos (federais, estaduais e municipais) e que permite que doações feitas por empresas possam ser descontadas no imposto de renda. Uma Oscip é uma espécie de ONG (organização não governamental) credenciada.

do Plano Nacional de Logística Portuária (PNLP) e do Plano Nacional de Integração Hidroviária (PNIH), elaborados pela SEP e pela Antaq, tem tentado de alguma maneira sistematizar sua atuação.

De outro lado, os estados, totalmente ignorados pelo governo federal, não têm tido capacidade e recursos para promover grandes esforços de planejamento, mesmo porque enfrentam um sério desbalanceamento entre necessidades de investimentos e recursos disponíveis, a par das crescentes incertezas com relação aos próprios fluxos de recursos, atualmente sem base tributária específica. Além disso, são altamente dependentes de decisões políticas do governo federal. Em virtude da crescente preocupação com os gargalos e da baixa prioridade concedida pelo governo federal ao setor em termos de investimentos, várias entidades têm apresentado relações de necessidades, seja em nível nacional ou regional, por meio de listagens de projetos prioritários, pelo menos para caracterizar o descompasso atualmente existente entre aquelas necessidades e os investimentos previstos pelo governo. Tais sugestões e/ou proposições não substituem processos científicos de planejamento, com discussões de estratégias e alternativas para o setor como um todo, porém têm o mérito de chamar atenção para os problemas que os setores produtivos enfrentam em termos logísticos, externos, portanto, às suas atividades, e de sensibilizar o governo, que, ao cabo, precisa dar respostas a essas demandas, até pela elevada carga tributária que toda a sociedade está suportando.

Nesse sentido, consideramos importante retornar um pouco à questão da atuação das agências reguladoras, visto que tanto a ANTT quanto a Antaq têm um forte componente de gestão dos sistemas rodoviário, ferroviário e portuário e extrapolam em muito suas naturais funções regulatórias, conforme vimos. Nossa intenção é chamar atenção para dois ou três pontos relevantes na atuação dessas agências, sem pretender discutir as questões de regulação dos serviços públicos de uma forma geral, pois existem excelentes trabalhos nessa área.[59] O contexto geral é o seguinte: as duas agências foram criadas em 2001 e passaram a funcionar efetivamente em 2003: já

[59]Lucia Helena Salgado e Ronaldo Seroa da Motta (ed.), *Marcos regulatórios no Brasil.*

havia ocorrido o primeiro lote de concessões rodoviárias pelo DNER, com marcos regulatórios definidos pelo Procrofe; as malhas das antigas RFFSA e Fepasa já haviam sido concedidas, bem como as ferrovias da Vale, com marcos regulatórios definidos pelo BNDES; e já haviam sido promulgados e implantados os marcos regulatórios previstos na Lei dos Portos.

O ponto inicial, e certamente o mais crucial, é relativo à independência efetiva das agências, tanto em relação aos agentes privados quanto ao executivo, porém, diante do contexto em que foram criadas, o risco de captura pelos primeiros era quase inexistente. São expressivas as restrições à independência dessas agências criadas pelo poder executivo mediante normas legais e formais, como participação do legislativo no processo de escolha dos dirigentes, mandato fixo, autonomia financeira, decisões colegiadas, transparências nas decisões, períodos de quarentena e outras do gênero. Em nosso entendimento, outros fatores ocorreram e moldaram a criação e o desenvolvimento dessas agências. Podem ser resumidos da seguinte forma:

1. O projeto de criação das agências foi apresentado em um contexto político-institucional definido, com a intenção declarada de incremento da participação privada no setor, mas com objetivos claros de modernização da gestão pública;
2. As agências foram criadas no bojo de uma ampla, abrangente e coerente reforma institucional, com extinção de órgãos e criação de outros, amparada por uma política nacional de transportes;
3. As agências foram implantadas em um contexto de profunda desconfiança em relação ao setor privado (no mínimo), sem conhecimento técnico das razões que levaram à criação, considerando-se, de outro lado, que as agências representavam um risco para as políticas setoriais do governo;
4. Desenvolvimento gradual, no bojo de um governo de coalização, de novas agendas para aproveitamento das agências que poderiam ser positivas para a estrutura setorial, até mesmo para apoiar medidas em contraposição ao governo anterior, mantidas as regras do jogo formal e institucional;

5. Tentativas sem sucesso do controle político-administrativo das agências graças à potencial ingerência do legislativo na escolha dos dirigentes, a acordos preestabelecidos e aos riscos envolvidos em decisões colegiadas;
6. Reconhecimento da essencialidade da participação do setor privado em investimentos na infraestrutura de transportes, até para alavancar a formação de capital da economia, montar estruturas específicas de estudos e decisões e usar a estrutura das agências na operacionalidade dos processos.

Relativamente ao item 4, cabe esclarecer em que direções se deu o mencionado aproveitamento das agências. Em primeiro lugar, no sentido de se tornarem poderes concedentes e sucederem estruturas que haviam desenvolvido processos de concessão que estavam aparentemente dando conta do recado de manter fiscalizações adequadas do ponto de vista dos concedentes. Esse tipo de fiscalização, totalmente distinta de uma fiscalização regulatória, tem um significado concreto, pois se refere explicitamente aos termos e aos artigos de um contrato administrativo que especifica os direitos e as obrigações do poder concedente, a par do cumprimento técnico de um caderno de encargos (ou outro nome que se queira dar), tendo em vista a prestação de serviços públicos adequados. Assim, o poder concedente é claramente um prestador de serviços, e quando essa atividade se mistura com a regulação a tendência é que se dê preferência à primeira, afora uma série de outras questões relativas a um duplo papel de contratantes e reguladoras.

Em segundo lugar, no sentido de abarcar outras atividades que precisavam ser cumpridas e que, por um relativo vazio institucional, passaram a ser de sua competência. Aqui é importante deixar clara a diferença entre regulação e regulamentação: esta diz respeito ao exercício de uma das funções básicas da atividade executiva, qual seja, a de editar normas e regulamentos que especifiquem condições e propiciem a fiel execução das leis.[60] As duas agências regulamentam seguidamente uma série de atividades,

[60]Ricardo Wagner Carvalho de Oliveira, *Direito dos transportes ferroviários*.

como, por exemplo, o transporte rodoviário e hidroviário de mercadorias, e desempenham funções típicas do poder executivo, que demandam, por outro lado, um estreito relacionamento técnico e administrativo com os órgãos do setor de transportes.

O segundo ponto que gostaríamos de mencionar é que essa situação de interpenetração das atividades executivas e regulatórias das agências leva a não exercerem adequadamente, em toda sua extensão, suas funções de regulação. Isso é perfeitamente visível com relação aos entes públicos da administração indireta, como, por exemplo, a Valec no setor ferroviário, e as companhias Docas na área portuária, todas concessionárias de serviço público. Não existem justificativas que impeçam as agências de exercer seus poderes e suas competências fiscalizatórias e sancionatórias do ponto de vista da regulação daquelas entidades, que caso ocorressem poderiam melhorar em muito seus desempenhos.

Vamos, agora, concentrar nossas observações na gestão pública dos sistemas rodoviário e portuário, de fundamental importância no contexto do setor de transportes. A gestão do sistema ferroviário encontra-se quase que totalmente nas mãos de empresas privadas e, por essa razão, não será aqui examinada.

O grande problema, comum a todos os órgãos, da gestão rodoviária é a conservação e a manutenção das rodovias, especialmente no caso brasileiro. Até o presente não se encontrou solução que garantisse condições razoáveis de trafegabilidade. Ambas as atividades têm de existir sempre com recursos garantidos e confiáveis, para que as estradas não se deteriorem e mantenham um nível de serviços adequado ao tráfego de veículos leves e comerciais. Caso essas atividades não sejam prestadas adequadamente, começam a existir restrições de velocidade e de capacidade das estradas, com sérios impactos nos custos operacionais dos veículos, no consumo de combustíveis e no índice de acidentes. Isso gera necessidades crescentes de recursos para correção, até chegar ao ponto em que as condições estruturais do pavimento são afetadas e se tem de partir para uma inevitável restauração.

Nesse sentido, é importante deixar claro um ponto inicial: investimentos em restauração não criam capacidade adicional do sistema, não aumentam a oferta de capital básico da economia, apenas repõem a capacidade perdida pela ausência de conserva e manutenção ou pelo término da vida útil dos elementos das estradas. Portanto, o não provimento daquelas atividades tem um efeito duplo: pressiona os transportadores com aumento de custos (quadro 8) e de consumo de combustíveis, com eventuais repasses aos fretes, e pressiona o orçamento de investimentos do governo, que fica impedido de construir estradas por ter de restaurar as existentes, o que deprime ainda mais a taxa de investimentos da economia.

Quadro 8 — Evolução de custo operacional dos veículos conforme o estado do pavimento (%)

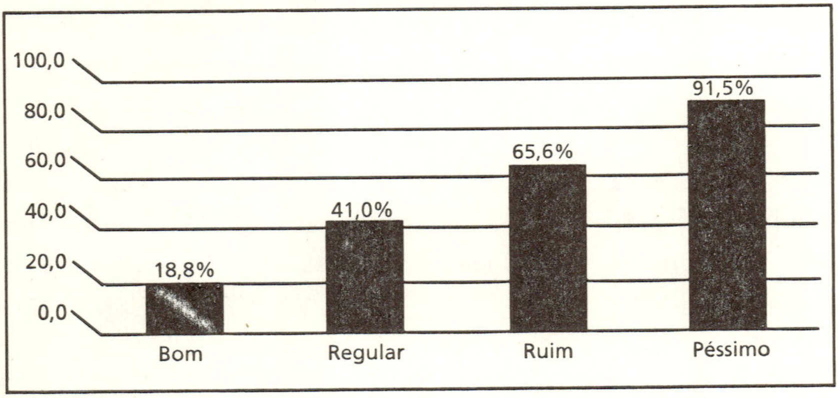

Fonte: CNT.

Os estudos existentes de avaliação da situação das rodovias pavimentadas, sejam federais ou estaduais, costumam partir de comparações das informações levantadas pela CNT por meio de pesquisas anuais do estado geral de conservação das rodovias, feitas desde 1995, e que sempre procuram aumentar o universo pesquisado. São analisadas quatro categorias — estado geral, pavimento, sinalização e geometria da via —, classificadas, segundo critérios técnicos bem detalhados, em "ótimo", "bom", "regular", "ruim" e "péssimo". Na 17ª pesquisa, de 2013, foram analisados 96.714 km (na primeira foram 15.710 km), e chegou-se aos seguintes resultados principais (quadro 9):

Quadro 9 — Evolução da pesquisa CNT de rodovias em Km pesquisados

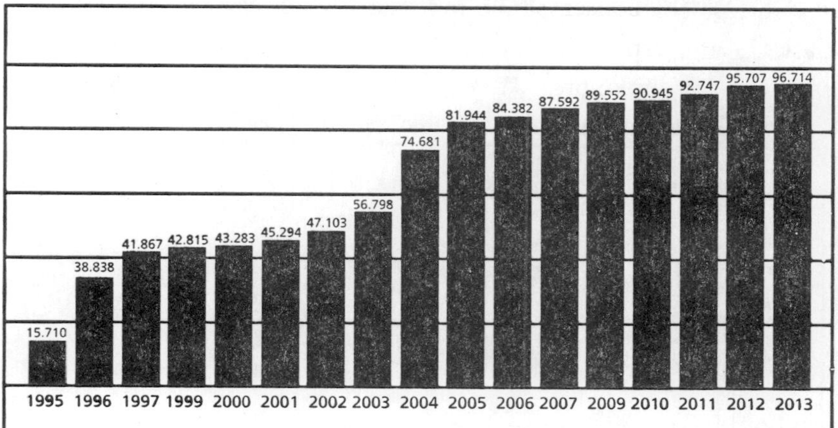

Nota: A pesquisa CNT de Rodovias não foi realizada nos anos de 1998 e 2008.

Fonte: CNT.

— Os 96.714 km de rodovias pesquisados revelaram que o estado geral teve uma avaliação de 36,2% como ótimo e bom, 34,4% como regular e 29,4% como ruim e péssimo. A melhor avaliação foi para o pavimento e a pior para a geometria da via.

— Dos 65.443 km de rodovias federais pesquisados, 39,2% foram avaliados como em ótimo e bom estado, 38,3% como regular e 22,5% como ruim e péssimo.

Figura 16 — Resumo das características - Extensão federal

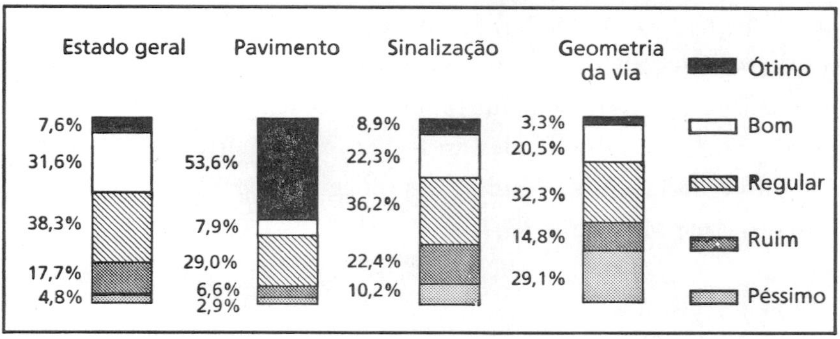

Fonte: CNT.

— Os 31.271 km de rodovias estaduais pesquisados revelaram que 30,1% se encontram em ótimo e bom estado, 26,2% em situação regular e 43,7% em estado ruim e péssimo.

Figura 17 — Resumo das características – Extensão estadual

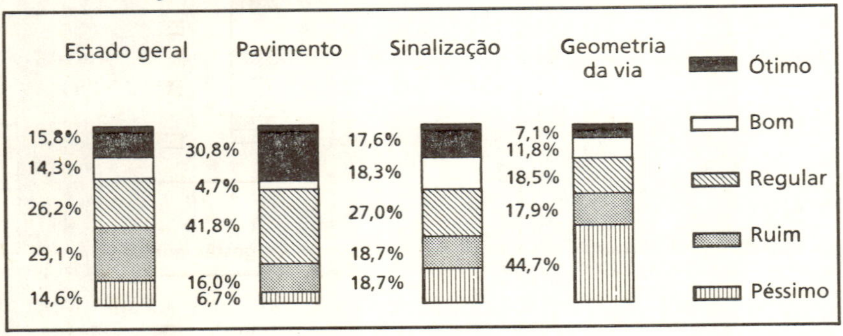

Fonte: CNT.

Quando se analisam as gestões pública e privada das rodovias, chega-se aos seguintes resultados: 26,7% das rodovias sob gestão pública e 84,4% das sob gestão privada estão em estado ótimo e bom; 38,4% sob gestão pública e 14,3% sob gestão privada foram consideradas regulares; 34,9% sob gestão pública e 1,3% sob gestão privada são avaliadas como ruins e péssimas. Os resultados mostram claramente a enorme diferença entre as gestões privada e pública e, aparentemente, uma significativa diferença entre as gestões privadas estaduais e as federais, claramente a favor das primeiras, se levarmos em conta que na média os resultados das avaliações da rede federal total foram bem melhores do que os das estaduais. De outro lado, as gestões públicas apresentam resultados totalmente insatisfatórios, que refletem problemas estruturais, especialmente quanto às necessidades crescentes de restauração dos segmentos avaliados como ruins e péssimos, que chegam a 35%, e dos considerados regulares, que alcançam 38,4%.

Figura 18 — Resumo das características - Extensão sob gestão concedida

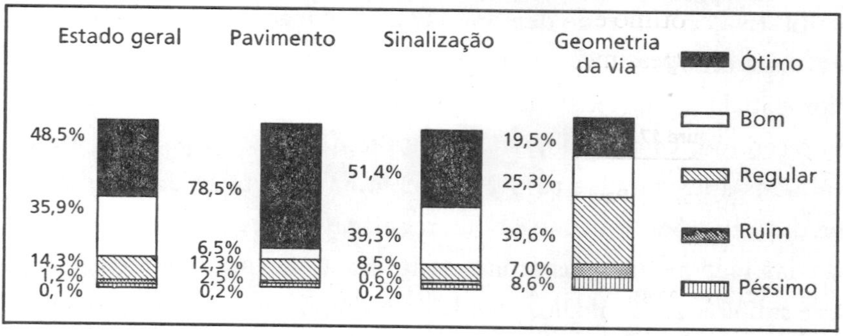

Fonte: CNT.

Figura 19 — Resumo das características - Extensão sob gestão pública

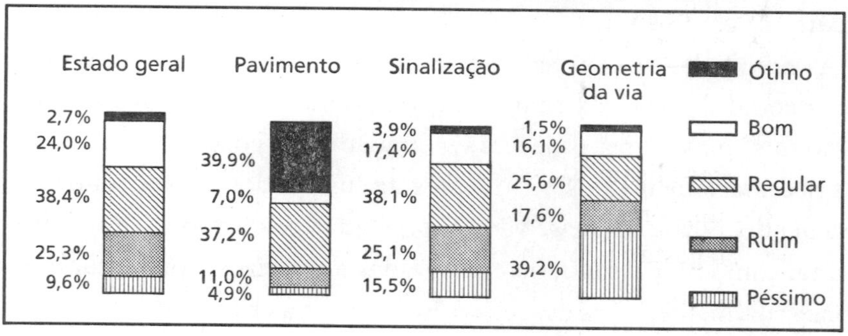

Fonte: CNT.

Na análise da série histórica dessas avaliações, de 1995 a 2013, verifica-se de imediato não ser possível qualquer inferência acerca de tendências e de acertos de políticas para correção dos problemas, pois os resultados são completamente aleatórios, com flutuações entre melhorias e pioras, sem evidências de uma política consistente e na dependência, certamente, de liberações ou não de recursos em determinados anos. De outro lado, principalmente no caso das rodovias estaduais, os universos pesquisados anualmente têm sido maiores a cada ano, o que torna as comparações praticamente inviáveis. Nesse sentido, vamos nos concentrar na análise desses problemas com o uso como paradigma do sistema rodoviário federal sob a gestão do DNIT, especialmente pela disponibilidade de dados e igualmente pela impossibilidade de uma análise desse tipo em nível estadual.

Nossa intenção nestas considerações não tem o caráter de uma precisão quantitativa, mas sim de demonstrar a limitação dos fluxos de recursos para essas atividades, que tem como consequência uma permanente deterioração da malha existente e a redução de investimentos em expansão. Nesse sentido, vamos adotar uma hipótese básica, respaldada até pelos resultados apresentados para 2013, de uma repartição de 1/3 para cada uma das situações de ótimo e bom; regular e ruim; e péssimo, no caso das rodovias federais pavimentadas, de forma a encaminhar nossas simulações e simplificar os cálculos. Ainda para simplificar, vamos considerar que a rede rodoviária a ser analisada é de 60 mil quilômetros de rodovias que se encontram sob jurisdição do DNIT, antes, portanto, dos recentes pacotes de concessão.

As atividades de conservação rotineira podem ser claramente entendidas como de serviços continuados no tempo, não circunstanciais, e, como tais, suas despesas devem ser enquadradas como correntes, incluídas necessariamente nos orçamentos de custeio dos órgãos rodoviários. Independe, portanto, de se vão ser prestadas pelo próprio órgão diretamente, como no passado, ou contratadas a terceiros, como atualmente. Conceitualmente, essas despesas são necessárias para todas as rodovias, independentemente do estado em que se encontram: variam os tipos de serviço, suas intensidades e seus custos. As formas de contratação desses serviços variam bastante, por meio de uma série de tipos de contratos, porém, em termos de custos, no caso do DNIT, para 1/3 da rede considerada boa, de 20 mil quilômetros de rodovias pavimentadas (os restantes 40 mil estariam sendo objeto das demais intervenções), com o uso de um custo anual médio por quilômetro de R$ 60 mil, seria necessário algo em torno de R$ 1,2 bilhão anual somente para essas despesas. As duas questões principais em termos de gestão são conseguir que esses recursos sejam alocados aos orçamentos anuais e garantir que os serviços estejam sempre contratados, o que envolve previsões e licitações antecipadas, antes que os atuais contratos se encerrem. Nenhuma das duas tem sido atendida, seja pelo DNIT, seja pelos órgãos rodoviários estaduais, especialmente no caso dos últimos quanto à disponibilidade de recursos orçamentários.

A conceituação das atividades de manutenção rodoviária apresenta dificuldades maiores, pois parte delas é prestada com características de serviços continuados ou intermitentes e outra com características circunstanciais, especialmente os recapeamentos, que são necessários em intervalos de seis a oito anos. Existem divergências sobre como considerar tais despesas, se como gastos correntes ou de capital. Os órgãos rodoviários costumam enquadrar tais despesas como associadas à conservação rotineira ou a restaurações. De forma a termos um referencial básico de necessidade de recursos, vamos supor, de um lado, que os serviços continuados de manutenção sejam atendidos pela rubrica de conservação rotineira e, de outro, que a rede que necessita de recapeamentos seja a considerada "regular" (1/3 de 60 mil quilômetros), a um custo por quilômetro de R$ 250 mil, o que levaria a um dispêndio de R$ 5 bilhões.

As despesas de restauração são claramente de capital, que têm como objetivo devolver à rodovia as condições estruturais quando de sua construção. Novamente, para termos um parâmetro de comparação e supondo que nosso 1/3 das rodovias federais pavimentadas que se enquadram nas categorias "ruim e péssimo" necessitaria de restauração a um custo por quilômetro de R$ 1 milhão, precisaríamos de algo em torno de R$ 20 bilhões.

O DNIT, nessa área de atividades, trabalha com alguns tipos de contrato: de conservação preventiva e rotineira; tipo Crema — 1ª etapa, de dois anos, que envolve conservação e manutenção; tipo Crema — 2ª etapa (contratos PIR-IV do Programa Integrado de Revitalização), de cinco anos, que inclui obras de restauração, manutenção e conservação; e contratos antigos de restauração. Todos financiados por recursos do Tesouro e alocados no orçamento de investimentos. São controlados técnica e financeiramente por Brasília, e fiscalizados pelas coordenadorias regionais.

Na análise dos dispêndios orçamentários relativos a essas despesas para 1995-2012, verifica-se a existência de três rubricas, quais sejam: restauração/recuperação, manutenção e conservação preventiva, rotineira e de emergência. Até 2007, a rubrica de manutenção está zerada. Essas despesas estão, portanto, alocadas em conservação ou em restauração. A partir de 2008, começa a ocorrer uma alta concentração nessa rubrica, que até hoje responde por mais de 55% dos investimentos do governo na área rodoviária e na qual possivelmente estão incluídas as despesas de todos os contratos das três atividades. As despesas de conserva e restauração, em suas rubricas específicas, são praticamente desprezíveis a partir de 2009.

Figura 20 — Conservação, manutenção e restauração de rodovias: 1995 a 2012 - Valores em R$ mil (jul/2013)

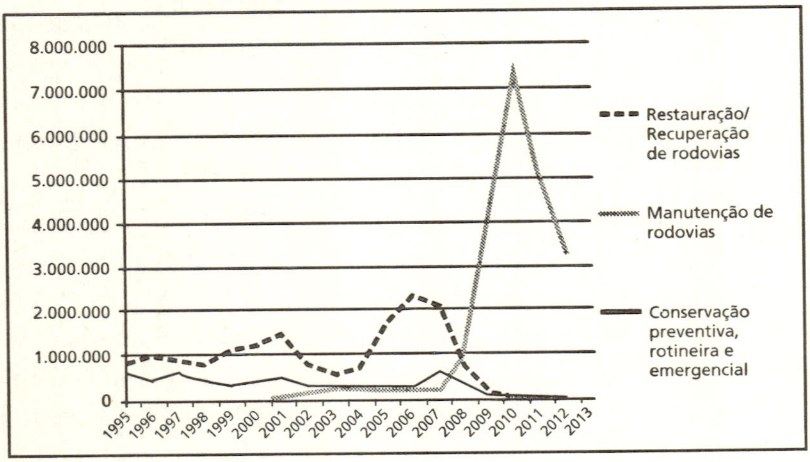

Fonte: CNT.

A dificuldade de uma análise consistente é evidente, porém vamos tentar ressaltar alguns pontos. O total de gastos nos 18 anos do período nas três rubricas foi de R$ 44,5 bilhões a preços de 2013, cerca de R$ 2,5 bilhões por ano, e algo em torno de R$ 42 mil por quilômetro/ano, insuficientes mesmo para uma simples conserva rotineira. Até 2006, na rubrica de conservação foram gastos R$ 4,8 bilhões, ou seja, R$ 400 milhões por ano, o que significa R$ 20 mil por quilômetro/ano, se considerarmos os 20 mil quilômetros em estado bom ou ótimo em nossa hipótese, também insuficientes para uma simples conserva. Entretanto, o número é ainda menor, porque naqueles gastos estão incluídos os de manutenção, referentes aos recapeamentos. Vamos fazer um cálculo conservador: em 12 anos de período deveria ocorrer pelo menos um recapeamento e restrito aos 20 mil quilômetros, o que daria uma necessidade de R$ 5 bilhões, o total de gastos da rubrica em questão. Em resumo: fez-se uma conservação deficiente e não se manteve a rede em bom estado.

A análise da rubrica de restauração/recuperação de rodovias de 1995 até 2008 revela que foram gastos, sempre a preços de 2013, R$ 16,4 bilhões, o que significa um dispêndio anual de R$ 1,2 bilhão. Admitindo-se que esses recursos foram gastos somente em restaurações, o que não é verdadeiro, pois aí estão incluídos os contratos Crema — 1ª etapa, com gastos de manutenção e conservação incluídos, e considerando um custo por quilômetro de R$ 1 milhão, daria para executar 1,2 mil quilômetro/ano, ou seja, levaria quase 17 anos para recuperar o estoque dos 20 mil quilômetros das rodovias em estado ruim e péssimo de nossa hipótese. Meta totalmente insuficiente, pois aquele estoque, no fim do período, estaria praticamente reposto pela ausência de conserva e manutenção nos demais segmentos da rede, a par de que o estoque inicial já estaria se deteriorando após as restaurações, pelas mesmas razões.

Para 2008/2012, agora praticamente na rubrica "manutenção", que envolve as três atividades, foram gastos R$ 21 bilhões, o que significa R$ 4,2 bilhões por ano, e algo em torno de R$ 70 mil por quilômetro/ano, ainda insuficientes, considerando-se a malha total de 60 mil quilômetros de rodovias pavimentadas. O governo, neste último período, vinha fazendo um esforço de investimentos, cujo pico foi em 2010, com um gasto de R$ 7,4 bilhões, porém foi frustrado pelos problemas ocorridos no DNIT no primeiro semestre de 2011 que paralisaram aquele órgão. Novas licitações não foram feitas, especialmente no caso dos Crema — 2ª etapa e do PIR-IV, cuja programação inicial era contratar 30 mil quilômetros, mas só foram assinados alguns poucos contratos para pistas simples (quadro 10).

Quadro 10 — Evolução dos gastos de conservação rotineira, manutenção e restauração por subperíodos (1995-2012) (Preços jul-2012)

Grupo 2 — 1995/2001

REALIZADO*									
MODAL	1995	1996	1997	1998	1999	2000	2001	MÉDIA	TOTAL GERAL
Restauração/ Recuperação de Rodovias	862.269	1.015.120	913.180	822.087	1.146.855	1.223.046	1.486.009	1.067.224	7.470.566
Manutenção de Rodovias	0	0	0	0	0	0	107.171	15.310	107.171
Conservação Preventiva, Rotineira e Emergencial	609.127	451.380	607.405	437.065	303.815	421.433	491.778	474.572	3.322.002
TOTAL									10.899.739

Grupo 2 — 2002/2006

REALIZADO*							
MODAL	2002	2003	2004	2005	2006	MÉDIA	TOTAL GERAL
Restauração/ Recuperação de Rodovias	796.649	564.095	701.840	1.678.367	2.351.479	1.218.486	6.092.430
Manutenção de Rodovias	98.150	192.554	234.300	172.910	172.023	173.987	869.936
Conservação Preventiva, Rotineira e Emergencial	283.367	301.256	289.421	320.341	297.348	298.347	1.491.734
TOTAL							8.454.100

Grupo 2 — 2007/2012

REALIZADO*								
MODAL	2007	2008	2009	2010	2011	2012	MÉDIA	TOTAL GERAL
Restauração/ Recuperação de Rodovias	2.113.045	741.455	124.129	6.484	2.448	1.528	498.182	2.989.089
Manutenção de Rodovias	151.061	1.069.904	4.223.019	7.412.163	4.994.673	3.287.178	3.523.000	21.137.999
Conservação Preventiva, Rotineira e Emergencial	623.901	354.464	63.679	3.458	807	677	174.498	1.046.986
TOTAL								25.174.074

Fonte: DNER e DNIT.

A estratégia do governo nessa área, mesmo considerando a insuficiente disponibilidade de recursos financeiros para equacionar a questão, ficou comprometida pelos seguintes motivos principais:

a) Os contratos Crema — 1ª etapa, de dois anos, assinados em sua grande maioria a partir de 2009, tinham como objetivo estancar a deterioração da malha por meio de ações de manutenção e posteriormente de conservação e preparar os projetos para os da 2ª etapa, de cinco anos, com intervenções mais pesadas de restauração, em um processo contínuo, sem grandes interrupções, de modo a não se perderem os serviços feitos na 1ª etapa. Porém tal não ocorreu, principalmente porque os projetos não ficaram prontos, apesar de todos os expedientes usados, e pela crise do DNIT de 2011, que levou à suspensão das licitações possíveis.
b) De acordo com levantamentos feitos em junho de 2012 existiam 127 contratos em andamento de Crema — 1ª etapa para pistas simples e 15 para pistas duplas. Desses, nada menos do que 111 de pistas simples e 11 de pistas duplas, com término previsto para 2012 e o restante para 2013.
c) A situação não é melhor para os contratos de conservação. Existiam 246 contratos de pistas simples e 19 de pistas duplas, 132 de pistas simples e seis de pistas duplas com término previsto para 2012.
d) Informações disponíveis indicam que o governo pretendia contratar (o que não ocorreu, como se verá adiante) 5.340 km de Crema — 2ª etapa a partir do segundo semestre de 2012, com o uso do controvertido RDC.

Diante do exposto, não se tem dúvida de que a situação das rodovias pavimentadas federais vá se deteriorar com alguma velocidade, tendo em vista que os recursos disponibilizados até o presente são claramente insuficientes, fato agravado pela incapacidade estrutural e conjuntural do DNIT de levar adiante um programa que possa reverter a situação da malha, além dos *gaps* já existentes em termos dos contratos de conservação e dos

Crema — 2ª etapa, e deve-se ainda esperar que muitos dos serviços feitos pelos Crema — 1ª etapa serão perdidos. Entretanto, a situação é bem mais grave, pois o DNIT não voltou a operar a plena carga como em 2009 e 2010 e reduziu em muito a aplicação de recursos em 2012 e 2013, além de que segue insolúvel a questão da elaboração, do acompanhamento, da fiscalização e da aceitação dos projetos, que no caso do RDC traz ingredientes novos, que abordaremos mais à frente.

Outra questão importante quanto à gestão rodoviária é a atividade de elaboração de projetos de engenharia, sejam projetos básicos ou executivos, que já há algum tempo é contratada à área privada por meio das empresas de engenharia consultiva. Foi-se o tempo das divisões de estudos e projetos, as DEPs dos órgãos rodoviários, que os elaboravam diretamente. Entretanto, as atividades de contratação, que envolvem a elaboração de termos de referência, de editais de licitação, de minutas de contrato e, posteriormente, as atividades de fiscalização e, particularmente, as de aceitação dos projetos, além de ser eminentemente públicas, exigem uma qualificação bem maior do que as primeiras por razões óbvias, a par de uma ampla experiência, tanto em termos de projetos como de conhecimento de obras propriamente ditas. Aqui começa todo o problema, especialmente em termos de investimentos, seja em obras de pavimentação, seja em aumentos de capacidade, seja em restaurações e até em manutenção corretiva. Infelizmente, devido à não renovação de suas equipes técnicas, em função dos relativamente baixos salários, pouco atrativos até em termos da administração pública, e à concorrência das empresas de consultoria e de obras, nem o próprio DNER, e muito menos o DNIT, conseguiu resolver essa crucial questão para o desenvolvimento do setor.

Desde 1970 o DNER, diante das necessidades, passou a usar outras consultorias no desenvolvimento daquelas atividades, especialmente quanto à aprovação de projetos. Não era o ideal, primeiro pela insuficiência dos recursos contratados e segundo porque em algum momento teria de haver uma decisão pública, o que levava a uma enorme dilatação dos prazos. O DNIT seguiu o mesmo padrão, porém com uma diferença fundamental já assinalada, da emergência ativa dos órgãos de controle, que neste caso fazem severas restrições a esse tipo de contratação e tentam ao máximo limitá-las. Entretanto, a situação hoje é ainda mais grave, em virtude da decrescente capacidade das empresas de consultoria, que também não conseguiram reter seus profissionais mais competentes, a par da desorganização do mercado, com a criação de empresas de fachada ou fantasmas, sem a mínima condição de desenvolver projetos com o nível técnico necessário para servir de base para vultosos investimentos em obras rodoviárias. As consequências são conhecidas. Projetos básicos ou executivos de qualquer natureza, elaborados sem fiscalização, com aceitações deficientes e feitos de atropelo, são tecnicamente insuficientes, incompletos, com orçamentos ilusórios, com incertezas quanto às soluções e acarretam dilatações de prazos, aumentos de custos, manipulações nas obras e, certamente, problemas futuros de manutenção. Há que se assinalar que os projetos atuais são bem mais complexos, pois, além de tudo, têm de atender a exigências ambientais, que são atualmente bem severas, além das dificuldades nas desapropriações necessárias, em geral em áreas urbanas, com limitações de toda ordem.

Os demais programas de investimentos rodoviários federais de controle de velocidade, de peso e de sinalização, que têm a ver com a operação rodoviária e, fundamentalmente, com a questão da segurança rodoviária, têm sido totalmente marginalizados, seguindo uma tendência histórica desde os tempos do DNER. Os recursos aplicados nesses programas são ridículos, mesmo considerando que os gastos de sinalização devem estar embutidos nos diversos contratos de obras, de manutenção e nos Crema. O que se verifica na prática é que nas rodovias públicas federais e estaduais a "operação rodoviária" está unicamente a cargo das polícias rodoviárias, que trabalham sem supervisão técnica, sem equipamentos e com contingentes insuficientes até para suas tarefas normais. Nesse ponto, existe um verdadeiro abismo entre as rodovias concedidas e as públicas quanto ao nível de preocupação com a segurança dos usuários e com o controle do tráfego, afora as facilidades de atendimento médico-mecânico que há nas primeiras. O DER de São Paulo foi basicamente o único ente público que, por meio de um inovador programa de controle de tráfego e de assistência aos usuários, conseguiu diminuir consideravelmente o fosso entre aqueles dois tipos de rodovias.

A questão da segurança no trânsito de uma forma geral, e particularmente nas estradas, é uma preocupação mundial, tanto que 2011-2020 é considerada a Década Mundial de Ações de Trânsito por todos os países e pelos organismos internacionais. Mais de 1,3 milhão de mortes, de vinte a cinquenta milhões de feridos no mundo e quarenta mil mortos e quinhentos mil feridos no Brasil, a um custo que, segundo o Ipea, chega a R$ 30 bilhões. O atraso do país com relação a essa matéria é grande, por parte do setor público, nas concessões privadas e, principalmente, na área de projetos, visto que, pela sua importância, pesquisas, inovações e novos sistemas têm surgido continuamente e estão disponíveis diversas tecnologias nesse sentido, mas estão longe de ser aplicadas no país.

A questão do controle de peso é igualmente da maior relevância para o setor, em função das consequências para as gestões pública e privada advindas da deterioração do pavimento das rodovias sob sua administração. Em primeiro lugar, há que se chamar atenção para a extensão do problema, não só porque é uma prática constante e rotineira ao longo de toda a rede rodoviária nacional, mas também pelos excessos praticados, que, segundo informações do DNIT, chegam de 70% a 80% com relação ao limite estabelecido de dez toneladas por eixo. Planos de pesagem foram desenvolvidos desde a década de 1970 pelo DNER, com a implantação de dezenas de postos de pesagem, que acabaram não sendo operados. Mesmo na área das rodovias sob administração privada, apesar de constarem de seus respectivos programas de exploração, até hoje o assunto não foi resolvido, devido a questões jurídicas relativas ao poder de polícia.

De outro lado, cristaliza-se entre os técnicos do setor que o dimensio namento dos pavimentos projetados não tem como continuar sem levar em conta esses excessos, pois a vida útil desses pavimentos tem sido muito menor, o que ocasiona uma série de outros problemas de gestão. O DNIT lançou há alguns anos um novo plano de pesagem, nos moldes tradicionais, mas que tem encontrado grandes problemas e resistência por questões jurídicas e técnicas.

Em apresentação no Encontro Nacional de Conservação Rodoviária (Enacor), que aconteceu em novembro de 2013, o DNIT informou a adoção de um novo modelo de pesagem, que, segundo ele, poderá encaminhar uma solução para esse complexo problema, visto que atualmente vários fatores contribuem para o excesso de peso. São eles o desvio da vocação do modo rodoviário, como transporte de cargas de baixo valor agregado em longas distâncias, o estímulo econômico ao sobrepeso e a fiscalização cada vez menos efetiva nas últimas décadas, com instalações ultrapassadas, legislação de fiscalização conservadora e baixo custo para o infrator. Os desafios são agregar serviços com o mesmo investimento, usar novas tecnologias, regulamentar a legislação de trânsito, minimizar o tempo de parada dos veículos na fiscalização e aumentar o número de agentes de trânsito envolvidos no processo. Nesse sentido, será licitada a contratação de 21 postos integrados automatizados de fiscalização (Piaf), como forma de iniciar a implantação do novo modelo.

Resta falar do programa de estudos e projetos em termos de investimentos, cuja problemática foi amplamente discutida anteriormente, até pela ponderação de que se trata da maior restrição existente hoje para qualquer programa de desenvolvimento do setor rodoviário. Na análise do quadro de inversões em 1995/2012 para "outros", verifica-se que foram gastos R$ 1,75 bilhão a preços de 2013 em 18 anos, cerca de R$ 97 milhões. Entretanto, chama atenção que em 1895/2001 a média anual foi de R$ 170 milhões e em 2007/2012, período de maior aceleração dos investimentos, foram gastos somente R$ 60 milhões anuais, o que tende a agravar ainda mais os problemas de uma maior aceleração dos investimentos.

Associada a essa questão dos projetos de engenharia, há que se levar em conta o RDC, que inicialmente seria usado para os projetos da Copa de 2014 e das Olimpíadas de 2016, mas que foi recentemente expandido para todas as obras do PAC pela Medida Provisória 599, aprovada pelo Senado em 27 de junho de 2012. É intenção do DNIT licitar os contratos Crema — 2ª etapa e as obras de pavimentação e duplicação por meio dessa modalidade, apesar da ação de inconstitucionalidade apresentada pelo Ministério Público Federal ao Supremo Tribunal Federal. Entre as novidades do RDC, quais sejam, inversão das fases de habilitação e julgamento das propostas, divulgação do valor estimado da obra somente após a conclusão do processo licitatório e redução do prazo entre o lançamento do edital e apresentação das propostas, a que nos interessa mais de perto é a da contratação integrada, na qual seriam incluídos os projetos básico e executivo.

Nesse sentido, podem-se esperar alterações profundas no mercado de engenharia consultiva. Os grandes grupos de construção vão certamente montar equipes próprias para a elaboração de seus projetos, tentar ao máximo segurar os custos, para não afetar a rentabilidade das obras, provocar uma redução considerável do mercado de consultoria e agravar a crise dessas empresas. As pequenas e médias empresas de construção vão possivelmente terceirizar os projetos com as já debilitadas empresas de consultoria, com mínimos custos possíveis e, certamente, baixo nível de qualidade. Em ambos os casos serão exigidos dos órgãos públicos um acompanhamento e uma fiscalização, seja dos projetos, seja das obras, num nível completamente fora de suas possibilidades reais, até porque, acreditamos, deixa de existir a supervisão das obras que era contratada à mesma projetista.

O segundo tema dominante quanto à gestão pública no setor de transportes é o das administrações públicas portuárias, cuja análise detalhada é praticamente impossível, devido à grande disparidade existente entre aquelas administrações, pertencentes a várias esferas da administração pública, com funções bem distintas e com níveis de atuação significativamente diferentes. Ao mesmo tempo, o modelo de administração portuária adotado pela grande maioria dos portos públicos, a partir da Lei dos Portos, é bastante semelhante, por meio da participação pública na gestão geral e administrativa do porto e da participação privada na movimentação das cargas, ou seja, nas operações portuárias. Esse modelo é denominado na literatura técnica como *landlord port* e é certamente o mais usado internacionalmente. A principal ideia por trás desse modelo é que ao setor público caibam as atividades de bens públicos e ao setor privado as tipicamente privadas voltadas para o mercado. Trata-se, evidentemente, de um arranjo institucional típico de parceria entre os dois setores, ao qual podemos acrescentar até mesmo a assunção pelos envolvidos de riscos diferenciados, de acordo com determinadas regras e normas.

Avançando um pouco mais em nossa caracterização, podemos afirmar que o setor público é em princípio detentor e proprietário da área do porto onde está instalada uma infraestrutura de berços, cais de acostamentos, píeres, ruas internas e outros, bem como uma infraestrutura de acesso marítimo, constituída de canais de navegação, com características específicas de calado, quebra-mares, comportas e sinalização, e o setor privado é preferencialmente responsável pela superestrutura e pelos equipamentos portuários, como armazéns, prédios, guindastes fixos e equipamentos móveis. Existe além disso uma infraestrutura de acessos terrestres que é externa ao porto, com rodovias, ruas de acesso, ferrovias e canais de navegação internos, mas que por suas características tem de ser administrada pelas autoridades públicas (figura 21).

Figura 21 — Administração portuária

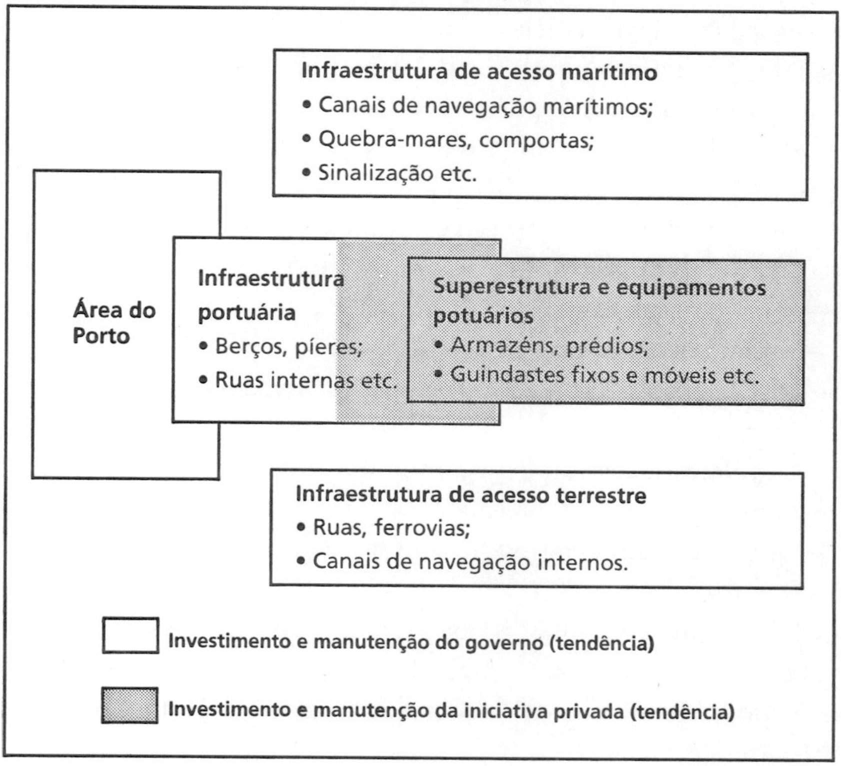

Fonte: David Goldberg.

Entretanto, a atuação do setor público em termos portuários é complexa, porque envolve diversos níveis: em um nível macro, a exploração portuária direta ou indireta é de atribuição da União, exigência clara da Constituição de 1988, e que se alinha não somente com constituições anteriores, mas também com o arcabouço jurídico portuário, datado de 1934, do então Ministério de Viação e Obras Públicas, que perdurou até os nossos dias. Sendo assim, atualmente os portos públicos federais administrados pelas companhias Docas, os delegados a estados e municípios e os eventualmente privatizados, tanto marítimos como fluviais, funcionam em regime de concessão de serviços públicos pela União, algo que por vezes é esquecido mas que traz significativas consequências. Nesse nível, o governo federal tem como atribuições gerais as necessárias definições dos marcos legais da atividade portuária, a respectiva política setorial, o processo de delegação a estados e municípios, a pretendida participação privada e os instrumentos para tal e, finalmente, a execução do planejamento portuário nacional.

Um segundo nível diz respeito às autoridades portuárias que administram os portos públicos, com pelo menos as seguintes funções:[61]

— investimento e manutenção da infraestrutura portuária e de acesso marítimo e terrestre;
— planejamento estratégico do porto;
— promoção do porto e marketing;
— fiscalização dos operadores portuários privados na execução de seus contratos;
— regulação e controle de segurança no ambiente portuário;
— proteção do meio ambiente;
— gestão dos ativos portuários, infra e superestruturas.

Porém tal administração local por parte das autoridades portuárias está atualmente inserida no modelo geral derivado da Lei dos Portos, com a criação do CAP e do OGMO, e submetida, em seus aspectos operacionais

[61]Lourdes Trujillo e Gustavo Nombela, *Privatization and Regulation of the Seaport Industry.*

quanto ao uso dos setores privados, à regulação da Antaq (criada em 2001) e, claro, quanto ao controle desses processos, ao TCU. Por enquanto, vamos minimizar as demais relações dessas autoridades com as áreas de segurança pública, meio ambiente, agricultura, saúde e fazenda, para não complicar ainda mais nossa abordagem.

Dessa forma, ainda que seletivamente, as principais tarefas das autoridades portuárias são planejamento, por meio dos planos de desenvolvimento e zoneamento (PDZ), do Plano de Dragagem, do plano de arrendamento de áreas do porto e do plano de autorização para terminais privativos; gestão da infraestrutura portuária, por meio de processos de manutenção civil, elétrica e hidráulica de instalações físicas e de equipamentos; gestão da infraestrutura marítima, até com a manutenção do calado; gestão da infraestrutura de acessos terrestres; implementação dos programas de expansão de todas essas infraestruturas por meio de licitações públicas; implementação do programa de arrendamentos; obtenção da autorização de terminais privativos, sujeita à Antaq e ao TCU; obtenção de todas as licenças ambientais, seja para sua infraestrutura, seja para os arrendamentos e terminais; gestão e qualificação dos operadores portuários; prestação de apoio técnico e administrativo aos CAPs e OGMOs; desempenho de todas as funções determinadas por eles; e, finalmente, gestão de toda a administração econômica e financeira do porto, até com a fixação das tabelas tarifárias e consequentes discussões com a agência reguladora.

Penso que apenas com essa listagem de atribuições pode-se ter uma ideia do tamanho do desafio colocado a essas administrações, sejam públicas ou mesmo privadas, caso se partisse para uma administração privada, em um tipo de modelo denominado *private landlord port*, a que o Bird dá o nome de *master concession*, ou "concessão cheia", como de certa forma foi sugerido pelo Decreto 6.620/2008, que previa a concessão integral da administração dos portos organizados.[62] Entretanto, se avaliarmos com certo cuidado e certa atenção os movimentos feitos pelos agentes públicos e privados após a promulgação da Lei dos Portos, fica bastante claro que

[62]David Joshua Krepel Goldberg, *Regulação do setor portuário no Brasil*.

em todo esse processo a administração portuária foi severamente punida, e evidentemente não se poderia esperar outra coisa a não ser uma deterioração constante delas, por qualquer critério de avaliação a que se recorra. Diga-se de passagem que, além de jamais terem alcançado níveis de excelência, aquelas administrações estavam preparadas e atuavam em cenários totalmente diversos, especialmente no caso das companhias Docas, que vinham de uma experiência traumática de centralização pública das atividades portuárias por meio da extinta Portobras e de encampação das concessões privadas (Porto de Santos).

As administrações portuárias, conforme visto, sempre trabalharam em regime de pobreza de recursos financeiros e nunca tiveram um modelo estável de financiamento de suas atividades, especialmente quanto à manutenção e à expansão de suas infraestruturas: tentou-se de tudo ao longo do tempo para suprir o setor de um mínimo de recursos nesse sentido, como a taxa de emergência (1945), as obrigações portuárias (1946), a taxa de melhoramento dos portos (1958), o Fundo Portuário Nacional (1958) e o adicional de tarifa portuária (1988), sem, entretanto, resolver a questão.

Dessa forma, a sobrevivência financeira dos portos ficou altamente dependente das tabelas tarifárias cobradas nas movimentações de cargas, em sua armazenagem e em diversos outros serviços prestados pelas administrações portuárias, e tais medidas foram possíveis em função do regime de autarquias adotado para os portos. Assim, resumidamente, qual era o quadro existente antes da Lei dos Portos? Enorme déficit de infraestruturas portuária, marítima (especialmente dragagem) e de acessos terrestres, devido igualmente à crise generalizada do setor público brasileiro, em conjunto com a cobrança de tarifas de serviços portuários de três a seis vezes maiores do que as da média mundial,[63] além dos problemas trabalhistas de sempre, particularmente com os avulsos e ainda agravados pelo início, a partir de 1966, da participação privada/pública na construção e operação de terminais privativos que iria afetar fortemente as administrações portuárias.

[63]Lourdes Trujillo e Gustavo Nombela, *Ibidem*.

Nesse último ponto, é importante assinalar que a partir daquela época, no governo Castelo Branco, por meio dos Decretos-Lei 5/1966 e 83/1966, era inaugurada a história dos terminais privativos, ao disporem que qualquer pessoa poderia ser autorizada a construir e operar instalações portuárias, desde que destinadas exclusivamente a uso próprio, além de acabar com o conceito de *hinterland* dos portos, ao estabelecer o de "área de administração do porto" e regular a cobrança da Tabela "N" devida pelos terminais privativos.[64] Em 1983, com a regulamentação do Decreto-Lei 5/1966, artigo 26, as autoridades portuárias passaram a poder usar contratos operacionais de longo prazo com usuários que investiam recursos próprios em projetos portuários de seu interesse, com base em garantias de remuneração.[65]

Assim, quando é promulgada a Lei dos Portos, a situação geral das administrações portuárias, que já era bastante delicada, sem condição de sequer manter seus padrões de desempenho anteriores, por tudo que vimos, de repente se vê às voltas com uma revolução portuária, que as atinge frontalmente em vários aspectos e traz em seu bojo novas e complexas atribuições e responsabilidades, a par de uma redução expressiva de seu contingente de mão de obra, que, no caso das companhias Docas, alcançou nos primeiros seis anos mais de 70%. Para finalizar este quadro de referência, é bom lembrar que, quando da promulgação da Lei dos Portos, já não existia a Portobras e ainda não existiam a Antaq nem a Secretaria Especial dos Portos e, portanto, as concessionárias portuárias, sem exceção, estavam diante de uma situação institucional que pode ser minimamente classificada de grande fragilidade e de ausência de interlocução. Vejamos algumas dessas novas condições.

A primeira e talvez mais importante tenha sido o estabelecimento do conceito de porto organizado, que aparenta certa simplicidade, mas tem amplas e profundas consequências. O conceito é definido pelo inciso IV do artigo 1º da Lei 8.630 e é fundamental, pois delimita o âmbito em que se exercem as funções e a autoridade da administração do porto e, o mais

[64]Carlos Augusto da Silveira Lobo,*Os terminais portuários privativos na Lei 8.630/1993.*
[65]David Joshua Krepel Goldberg, *Regulação do setor portuário no Brasil.*

importante, é o espaço físico de caráter meramente administrativo onde são prestados os serviços públicos de natureza portuária, objeto da concessão e, consequentemente, onde a concessionária exerce os poderes concernentes à concessão.[66] Ainda segundo esse autor não se criou em favor da União ou da concessionária qualquer sorte de direito real ou preferência para adquirir direitos reais e, portanto, não se impediu o domínio útil ou a posse de terrenos situados na área do porto por particulares ou agentes privados. É igualmente pacífico na definição da área do porto organizado que a lei não inclui (a) as costas ou margens beneficiadas direta ou indiretamente por tal infraestrutura e (b) as costas ou margens atingidas pela navegação interna do porto.

Do ponto de vista das administrações portuárias, todo um novo planejamento teve de ser elaborado, a partir das delimitações das áreas dos portos organizados estabelecidas de forma nem sempre correta por portarias do Ministério dos Transportes, incluindo inventários detalhados, planos diretores, zoneamentos, programas de arrendamento e permissões de terminais, além, evidentemente, de todo um levantamento patrimonial e de ativos do porto.

A segunda condição estabelecida pela lei dizia respeito à própria administração portuária por meio da criação do CAP, que alterou profundamente as regras até então vigentes de atuação das autoridades portuárias. O CAP foi criado, pelo menos em suas intenções, como conselho deliberativo, hierarquicamente superior à administração portuária, com o objetivo de assegurar a descentralização das decisões e tornar o porto, de forma democrática, mais próximo das autoridades locais, de seus operadores, dos trabalhadores portuários e dos usuários, com vistas a assegurar que as decisões tomadas em seu nível pudessem ser implantadas, de forma consensual, com um mínimo de resistência por parte dos atores envolvidos. O conselho é composto por quatro blocos, com direito a um voto, que representam o poder público, os operadores portuários, os trabalhadores e os usuários dos serviços. O presidente é indicado pelo governo federal com direito a

[66]David Joshua Krepel Goldberg, ibidem.

voto de qualidade. A administração do porto tem apenas um representante entre quatro no bloco dos operadores.

Entretanto, o que chama atenção no funcionamento do conselho, cujos integrantes não são remunerados, pois se consideram de relevante interesse público os serviços prestados, é sem dúvida o nível, a profundidade e a relevância de suas atribuições definidas em lei, que cobrem todo o campo funcional do porto, como baixar o regulamento de exploração, opinar sobre a proposta de orçamento, aprovar o plano de desenvolvimento e zoneamento do porto, homologar os valores das tarifas portuárias, promover a racionalização e o aprimoramento do uso das instalações portuárias, manifestar-se sobre os programas de obras, aquisições e melhoramentos da infraestrutura portuária, e, finalmente, incumbir e desincumbir a administração portuária de atribuições.

Imaginam-se as dificuldades que foram geradas para as autoridades portuárias no sentido de se relacionar diretamente com o conselho e com pelo menos 16 conselheiros indicados pelas mais variadas origens, na maioria das vezes sem qualificações adequadas para exercer tais funções e prestando um serviço público não remunerado. Existem na legislação possibilidades de uma total submissão daquelas autoridades ao conselho, como também o contrário. Ficava, assim, nas mãos dos conselheiros a efetividade desse arranjo institucional, que, além de tudo, tem uma característica bastante complicadora, que é o fato de que a agência responsável pela administração do porto é uma concessionária de serviços públicos delegados pelo governo federal e certamente submetida a um contrato de concessão específico e a condições regulatórias previamente acertadas, que obrigatoriamente têm de ser atendidas. Nas atribuições previstas para o CAP esse aspecto é totalmente ignorado, como se o porto fosse uma entidade autônoma em vários sentidos.

A outra questão que passou por uma ampla reforma por meio da Lei dos Portos e trouxe, evidentemente, novos e importantes desafios para as administrações portuárias foi, de um lado, a redefinição da operação portuária a ser executada por operadores portuários privados pré-qualificados e, de outro lado, a gestão da mão de obra na área do porto organizado por esses mesmos operadores, com a criação do OGMO. Nesse ponto da reforma portuária pretendida reside certamente seu maior problema e origem das maiores resistências ao projeto. De imediato, e igualmente com certo distanciamento dos detalhes dessa complexa questão, entende-se que a lei pretendeu resolver ou, mesmo, encaminhar soluções para uma quantidade significativa de problemas distintos, entre os quais: facilitar a intermediação entre operadores e sindicatos; criar mecanismos diferenciados de contratação de mão de obra permanente e avulsa por tipo de terminal; controlar e registrar a oferta de mão de obra avulsa; facilitar antecipações das aposentadorias da mão de obra permanente das administrações portuárias; incentivar o cancelamento do registro ou as demissões voluntárias dos trabalhadores avulsos cadastrados nos portos em troca de uma indenização; e promover a formação profissional e o treinamento multifuncional do trabalhador portuário.

Em princípio, diante de tantos objetivos estabelecidos para ocorrerem ao mesmo tempo, pode-se afirmar, sem grandes riscos, que importantes avanços foram alcançados, especialmente na questão dos operadores portuários, cuja atuação em pouco tempo se encontrava consolidada: dois anos após a lei já estavam cadastrados mais de quatrocentos operadores nos diversos portos, que de certa forma deram conta do enorme crescimento da movimentação de cargas, seja no âmbito do porto organizado, seja nos terminais privativos.[67] Relativamente à desregulamentação dos trabalhos portuários, as dificuldades foram grandes, com greves e paralisações seguidas e com pedidos de inconstitucionalidade na atuação do OGMO que de alguma forma perduram até hoje. Entretanto, regras posteriores à lei foram estabelecidas com relação aos terminais privativos que permitiram o aproveitamento dos trabalhadores avulsos cadastrados no OGMO. Pode-se dizer que quanto às administrações portuárias ocorreu um enxugamento expressivo do contingente de mão de obra sem, entretanto, ter ocorrido a necessária adequação às novas funções públicas.

[67]Luciano Henrique da Silva Oliveira, *Requisitos de legitimidade para a exploração dos terminais portuários privativos de uso misto no Brasil.*

Vamos tentar entender, ainda que de forma simplificada, as dificuldades da administração portuária diante de um novo modelo de repartição de encargos entre a área pública e privada, na área do porto organizado, que começou a emergir quando da Lei dos Portos, ou mesmo anteriormente, e que acabou por se consolidar ao longo dos últimos anos, com a efetiva participação da Antaq e da SEP. A situação básica com relação à oferta de serviços portuários pode ser descrita da seguinte forma: implantação de terminais de uso público, de uso privado e de uso misto, que prestam em alguns casos serviços públicos delegados, com administração independente na movimentação e armazenagem de carga, que atuam como verdadeiros enclaves e demandam os mais variados serviços às autoridades portuárias, direta ou indiretamente, e, ao mesmo tempo, devem ser fiscalizados e monitorados pelas mesmas autoridades. Sem a pretensão de sermos exaustivos, vamos ver algumas das demandas.

A primeira é quanto à oferta de infraestrutura física portuária e de navegação, que depende de instâncias superiores, por meio de orçamentos de custeio e de capital e de suas liberações, que fogem ao controle das autoridades, aí incluído o próprio CAP. De uma maneira geral, os investimentos nessa área nos últimos anos têm sido pouco expressivos e, além disso, o nível de execução dos orçamentos é um dos mais baixos da administração pública, não chega à média no segmento federal, 30% dos valores disponibilizados. Por outro lado, como se trata de administração portuária, seja ela federal, estadual ou municipal, concessionárias de serviços públicos concedidos, sujeitas, portanto, à prestação de serviços adequados aos usuários, precisam ser necessariamente avaliadas quanto à oferta e manutenção daquelas infraestruturas, coisa que evidentemente não está ocorrendo. A situação é ainda mais complicada com relação aos acessos terrestres e à superação dos gargalos existentes, mesmo que sejam dentro da área do porto organizado. Nesses casos, não somente as autoridades portuárias, mas a própria administração superior dessa área tem pouca ingerência e autonomia, até porque envolve uma grande diversidade de atores das mais variadas origens, como autoridades federais, estaduais e municipais, bem como operadores rodoviários e ferroviários privados.

Uma série de outros serviços é demandada a diversos setores da administração pública por meio de autoridades específicas, mas que exige das autoridades portuárias locais supervisão, organização, acompanhamento, monitoração e controle: são as autoridades aduaneiras e fiscais, marítimas, sanitárias, ambientais, de segurança e policiais, entre outras.

Todavia, além de todos os serviços demandados pelos primeiros arrendatários, ou autorizatários, e, consequentemente, pelas necessidades de fiscalização e acompanhamento, as autoridades portuárias participam ativamente para manter em funcionamento o próprio modelo do *landlord port*, em que a quantidade de novas solicitações de áreas e de instalações portuárias cresce de forma acentuada, pelas necessidades do desenvolvimento da economia, pela viabilidade e pelos resultados do modelo adotado e, igualmente, pelo modelo portuário concentrador, conforme já visto. E tudo isso a ser desenvolvido já sob a égide da Antaq e do poder executivo e concedente da SEP.

Os encargos de planejamento referentes à elaboração do Plano de Desenvolvimento e Zoneamento e do Plano de Arrendamentos cabem diretamente às autoridades locais, o primeiro a ser aprovado pelo CAP e o segundo pela Antaq, que o incorpora no Plano Geral de Outorgas (PGO) de sua atribuição, que deve ser aprovado pela SEP. Para cada arrendamento solicitado, as autoridades locais contratam estudos de viabilidade econômica e financeira que são aprovados pela Antaq. As autoridades então preparam e conduzem todo o processo licitatório, por meio da elaboração de minutas de edital e de contratos que são aprovados pela Antaq, e contratam os estudos ambientais. Os estudos de viabilidade e as minutas de edital e contrato são igualmente analisados pelo TCU e os estudos ambientais têm de ser submetidos ao Instituto Brasileiro do Meio Ambiente (Ibama), para aprovação e expedição da licença. O processo de autorização de um terminal privativo segue mais ou menos o mesmo roteiro, talvez com uma menor participação das autoridades locais no caso de terminais fora da área do porto organizado.

Considerando que após a assinatura as autoridades portuárias são as fiscalizadoras do cumprimento do contrato de arrendamento, a par de ter de atender àquelas demandas anteriormente comentadas, não restam dúvidas de que, em todo esse processo, são elas que respondem pelas maiores responsabilidades e atribuições, estão sujeitas às limitações jurídicas nas contratações dos serviços demandados pela Lei dos Portos, têm de lidar com diversas burocracias com poderes institucionais bem acima dos seus e, certamente, são submetidas a orçamentos de custeio que nem de longe refletem as necessidades mínimas para os atendimentos desses encargos.

6. O papel da iniciativa privada

A participação atual dos segmentos privados no setor de transportes é, como já vimos, bastante expressiva, tanto em termos de oferta de infraestrutura, diferentemente do que ocorria no passado, como em termos de operação, além de se constituir em prestador generalizado de serviços em elaboração de projetos e execução de todo tipo de obra, contratados mediante licitações públicas sob a égide da Lei de Licitações (8.666/1993), mas evoluindo para um novo marco regulatório, o RDC. Na área de infraestrutura, o setor privado, por meio de mecanismos de parceria com o setor público, usa especialmente o instrumento de concessões e tem hoje parcela expressiva de rodovias, ferrovias, portos e aeroportos. Desses, pela sua importância, merecem destaque os processos de concessão rodoviária desenvolvidos pelo governo federal, por vários estados e alguns municípios, e os de concessão ferroviária das antigas malhas da RFFSA, da Fepasa e da Vale, bem como as diversas concessões para implantação de ferrovias.

Porém antes de entrar nos detalhes desses programas de concessão, cabem alguns esclarecimentos iniciais sobre as diferentes formas de participação do setor privado em investimentos de infraestrutura, com ênfase em transportes. Seguindo uma linha do tempo dos principais eventos ocorridos recentemente quanto às parcerias e concessões, podemos listar: a Constituição de 1988, em seu artigo 175; a lei de licitações 8.666 de 1993; a lei federal de concessões 8.987 de 1995; a lei federal das parcerias público-privadas (11.079/2004); o projeto de lei 2.892, de 2011, do deputado Arnaldo Jardim; a lei federal 12.766/2012, de aperfeiçoamento das PPPs; e as diversas leis estaduais de concessões e de parcerias público-privadas promulgadas pela maioria dos estados e por alguns municípios mais importantes, algumas até anteriores às leis federais.[68]

O entendimento atual com base nas leis citadas é que a União, os estados e os municípios podem selecionar e contratar empresas privadas por meio de concorrências públicas na prestação de serviços de interesse público, por prazo determinado mediante os seguintes tipos de parcerias:

— Concessão comum: os investimentos e os gastos operacionais feitos pelo parceiro privado são totalmente financiados pelas tarifas pagas pelos usuários dos serviços;

— Concessão patrocinada: as tarifas cobradas dos usuários não são suficientes para o pagamento de todos os encargos da concessão e são necessários aportes de recursos orçamentários do setor público, denominados contraprestações;

— Concessão administrativa: todos os encargos são financiados por recursos orçamentários e não é possível ou conveniente a cobrança de tarifas dos usuários.

A parceria por meio de concessão comum foi regulada pela Lei 8.987/1995 e adotada em todos os primeiros contratos do setor de transportes, particularmente das áreas rodoviária e ferroviária, e mesmo hoje parcerias do tipo concessão patrocinada ainda são pouco usadas por esses setores, a não ser pelas estabelecidas em Minas Gerais para a MG-050, em Pernambuco para a Rota dos Coqueiros e no Rio de Janeiro para a Transolímpica.[69] Entretanto, após um início lento e demorado, em função de algumas questões como divisão de riscos, garantias de pagamentos pelo setor público, encargos fiscais, papel das agências reguladoras, excesso

---

[68] Alessandra Pires Fiche de Oliveira, *Considerações sobre o Regime Diferenciado de Contratações (RDC)*.

[69] Associação Brasileira de Concessionárias de Rodovias, *Relatório anual 2011*.

de burocracia, entre outras, as perspectivas atuais são muito promissoras nessas áreas, nas quais a participação pública é inevitável. A maior evidência nesse sentido pode ser comprovada pelos inúmeros projetos que se encontram em andamento em 18 estados, mas particularmente em Minas Gerais, São Paulo e Rio de Janeiro, como também pelo número de setores envolvidos: transporte, saúde, segurança, saneamento, atendimento ao cidadão, estádios de futebol, centros administrativos, habitação, educação, turismo, resíduos sólidos e energia.

É importante apresentarmos as experiências rodoviária e ferroviária com as parcerias que foram estabelecidas com o setor privado, com financiamento exclusivo pelos usuários dos sistemas. Da mesma forma que no capítulo anterior, assinalamos que essas experiências iniciais de concessão foram feitas sem a existência das agências reguladoras, que somente foram criadas em momentos posteriores e que de certa forma herdaram contratos já assinados e em andamento com marcos regulatórios definidos: essa afirmação é válida tanto para as concessões federais quanto para as estaduais. Além disso, faz-se necessário destacar que as primeiras etapas dos programas de concessão rodoviária foram lançadas nos anos 1990, quando a economia enfrentava graves problemas, com restrições sérias na oferta de capitais nacionais e internacionais, que se refletiram em alguns dos parâmetros daquelas concessões, especialmente nas taxas de atratividade dos empreendimentos e, consequentemente, nos níveis tarifários estabelecidos.

A crise de financiamentos e investimentos rodoviários que se inicia na década de 1970 e que se aprofunda bastante na década de 1980, com a extinção do FRN e com a adoção pela Constituinte de tese contrária à vinculação setorial de recursos, leva os governos federal e estaduais, já no início dos anos 1990, a ressuscitar o mecanismo das concessões rodoviárias à iniciativa privada mediante cobrança de pedágio nas rodovias. O Decreto 94.002/1987, que permitia ao DNER, com autorização do Ministério dos Transportes, contratar, mediante concessão, a construção, conservação e exploração de rodovias e obras rodoviárias, foi o marco inicial e antecipatório desse processo. Foi estudada na ocasião a concessão da Linha Vermelha do Rio de Janeiro, ainda sob jurisdição do DNER, que, apesar de não ter ocorrido, forneceu uma base técnica que seria aproveitada mais tarde.

Entretanto, a cobrança de pedágio como fonte adicional de financiamento rodoviário já havia sido usada pelo DNER, em 1973/1989, nas cinco rodovias que fariam parte da primeira fase do Procrofe, diante da débâcle iminente do FRN: essa experiência foi importante para o DNER em vários sentidos, inclusive no treinamento de pessoal técnico nessa área. O estado de São Paulo já usava esse mecanismo de financiamento havia muito tempo, desde 1947, no governo Ademar de Barros, com o início da cobrança de pedágio na Via Anchieta, e no governo Nogueira Garcez, em 1951, com a cobrança na Via Anhanguera. Posteriormente, em 1953, esse mesmo governo estendeu a cobrança a todas as rodovias pavimentadas de São Paulo, com poucas exceções, por meio do DER-SP, para diversas rodovias do interior, sempre com bastante sucesso: os recursos arrecadados constituíram o Fundo de Pavimentação daquela entidade. Em 1969, a recém-criada Desenvolvimento Rodoviário S.A (Dersa) foi autorizada a cobrar pedágios para seus grandes projetos rodoviários e começou com a via Anchieta, a Imigrantes, a Anhanguera, a Bandeirantes, a Castelo Branco e a Washington Luiz.

Portanto, os dois segmentos que hoje são responsáveis por mais de 70% das concessões, quais sejam os governos federal e de São Paulo, já tinham experiência de cobrança de pedágio e, principalmente, o reconhecimento de que as fontes de financiamento tributárias tinham graves limitações e que era possível aproximar o setor rodoviário de outros setores públicos que cobravam tarifas, taxas e, no caso, pedágios como fonte de financiamento, com suas implicações de nível de tarifas, gastos com manutenção de vias, operação de praças e outras, que facilitaram em muito a adoção de modelos de concessão.

Vamos tentar entender como esses governos evoluíram nessa adoção e com que motivações. As concessões de rodovias federais em seu momento inicial, por meio do Procrofe, tiveram como motivação principal aproveitar a experiência existente de cobrança de pedágio e concretizar alguns investimentos de emergência, especialmente na Dutra e na Ponte Rio-Niterói, além de garantir padrões de manutenção e conservação nos trechos mais importantes e mais demandados de sua malha, que na época eram impossíveis de ser obtidos e sustentados com recursos orçamentários. Acreditava-se na época que o DNER deveria continuar com seu esforço de investimentos voltado para a pavimentação de novos trechos e que iria resolver as questões de restauração de rodovias com ajuda dos programas do Bird, iniciados na década de 1970. Foram feitas concessões de trechos específicos de apenas uma rodovia, quase todos de acessos à cidade do Rio de Janeiro, com exceção do trecho paulista da Dutra e da *freeway* Porto Alegre-Osório, com cobrança de pedágio dos usuários daqueles trechos, com vistas a cumprir os encargos estabelecidos pelos respectivos programas de exploração rodoviária, que incluíam recuperação de emergência na fase de trabalhos iniciais, recuperação estrutural, melhoramentos, operação, manutenção, conservação e monitoração.

Vamos caracterizar bem esse primeiro momento das concessões rodoviárias federais: o programa montado tinha claramente um caráter de emergência, pela necessidade de investimentos de restauração; aproveitava-se a experiência anterior de cobrança de pedágios, até com um melhor uso das praças existentes; com programas de operação que privilegiavam o atendimento aos usuários; com a execução de atividades de conservação, manutenção e monitoração daqueles trechos considerados fundamentais, mas com reduzidos investimentos de expansão, ao longo do período, limitados a uma nova descida da serra das Araras, na Dutra, à duplicação do trecho Matias Barbosa-Juiz de Fora, na BR-040, à duplicação da subida da serra de Teresópolis, na BR-116, além de investimentos operacionais de viadutos, acessos e acostamentos, entre outros.

O primeiro contrato assinado foi o da Ponte Rio-Niterói, em dezembro de 1994, antes, portanto, da Lei 8.987/1995, que regularia a concessão de serviços e obras públicas. Os editais e as minutas de contratos foram exaustivamente discutidos, surgindo daí os marcos regulatórios de todo o processo. Sem pretender entrar em detalhes, as soluções encontradas para alguns dos aspectos mais problemáticos do processo se mostraram adequadas em curto e médio prazos. A definição dos projetos básicos, com o uso das próprias propostas de metodologia de execução das proponentes em suas melhores opções para cada um dos programas a serem executados, na seleção da proposta vencedora, por meio da menor tarifa de pedágio, a única possível, dado o caráter nacional do DNER, e a mais justa em termos dos usuários; no balanço entre a tarifa de pedágio e a redução do custo de transporte; e na aceitação dos parâmetros financeiros da época, que refletiam, de um lado, a escassez de capitais de risco, até em uma atividade pioneira, como concessão de rodovias, e, por outro, as incertezas da política econômica relativas àquele período. Os níveis das tarifas de pedágio estabelecidos refletiram de certa forma essas questões.

Quadro 11 — Resumo 1ª etapa das concessões rodoviárias federais

Síntese da Concessão Licitada pelo Procrofe						
Obra	Ext. (km)	Prazo (anos)	Tarifa Sentido (RS)	Investim. Totais Previstos (RS 106)	Estágio da Licitação	Receitas Totais Previstas
Ponte Rio-Niterói	13,2	20	0,78	55,1	Contrato Assinado em 28/12/94	526,9
Osório-Porto Alegre-Acesso Guaíba	112,3	20	0,90	67,0	Contrato Assinado em 4/3/97	374,4
Rio de Janeiro-Petrópolis-Juiz de Fora	179,7	25	5,73	301,0	Contrato Assinado em 31/10/95	1.498,9
Rio de Janeiro-Teresópolis-Além Paraíba	144,4	25	7,38*	124,3	Contrato Assinado em 10/11/95	978,6
Rio de Janeiro-São Paulo	406,8	25	25	716,8	Contrato Assinado em 31/10/95	5.707,3
Total	856,4	—	—	1.264,2	—	9.086,1

Fonte: Procrofe.

Nota: No sentido Rio-Além Paraíba, o pedágio total será de R$ 8,34, considerando o pagamento de 0,96 na Rio-Juiz de Fora-Petrópolis.

Os marcos regulatórios implícitos nesse primeiro momento eram claramente incipientes, como mencionado anteriormente. Condições de entrada e saída, produtividade, novos investimentos, clareza dos riscos assumidos por parte do poder concedente e concessionária, o não avivamento dos conselhos dos usuários, entre outros, poderiam ser mencionados. Entretanto, o maior problema desses primeiros contratos foi a rigidez com que foram encarados, especialmente pelo poder concedente, que deixava as concessionárias em uma situação demasiadamente confortável. Revisões periódicas do programa de exploração e das tarifas cobradas, reequilíbrios por critérios distintos das taxas internas de retorno, redefinições de critérios técnicos considerados excessivos e investimentos adicionais poderiam ter sido objeto de negociações diretas ou de ajustes periódicos, de molde a compatibilizar as condições iniciais dos contratos com o longo prazo de concessão. A omissão do poder concedente quanto a esses aspectos, nos últimos anos do DNER e nos primeiros da ANTT, foi evidente.

Um último comentário sobre o início do programa de concessões se impõe, qual seja de que nessa primeira licitação houve um domínio quase completo de proponentes do setor de construção civil, no caso, empreiteiras com grande experiência na execução de obras rodoviárias. Entretanto, o "negócio" concessões era algo totalmente diferente e de algum modo estranho para aqueles grupos, mas os obrigava a evoluir no sentido de uma melhor compreensão do tipo de contrato administrativo que haviam assinado com um poder concedente, que delegava, segundo certas condições, a prestação de serviços públicos e no qual os usuários arcavam com o pagamento de todos os encargos. Naquele momento, nasceram os grandes grupos de concessionárias, como a Companhia de Concessões Rodoviárias (CCR), a EcoRodovias Infraestrutura e Logística, a Cibe Participações e Empreendimentos, a Triunfo Logística e tantos outros, hoje fundamentais no desenvolvimento nacional e que se espraiaram muito além do setor rodoviário.

O relativo sucesso do processo iniciado, devido em grande medida ao cumprimento dos programas de exploração das rodovias concedidas, levou a diversas especulações no âmbito do próprio Procrofe a respeito da expansão para cerca de 13 mil quilômetros de rodovias, porém sem estudo mais científico nesse sentido. O DNER à época teve de se estruturar para dar conta dessa nova atividade, com a criação de uma diretoria específica de concessões, e usou consultorias privadas de engenharia para fiscalizar a enorme quantidade de encargos a serem executados pelas concessionárias. Nesse mesmo período, o foco principal das concessões no setor de transportes passou a ser a área ferroviária, com a participação intensa do BNDES, e as concessões rodoviárias somente teriam novos lotes licitados em 2007, já sob a administração e regulação da ANTT, por causa de uma série de problemas e questionamentos.

O segundo lote de concessões já estava definido pelo DNER em 1997/1998 e era constituído basicamente de 2.153 km de rodovias com pista simples e de 1.346 km de pistas duplas que estavam sendo duplicadas e financiadas pelo BID (quadro 12). A intenção do DNER para esse lote era, de um lado, repassar para a iniciativa privada alguns trechos de pista simples que necessitavam de restaurações pesadas e imediatas, como as BRs 393 e 101, no Rio de Janeiro, a BR-153, em São Paulo, a BR-116, no Paraná, e a BR-101, no Nordeste, e, de outro lado, usar um novo modelo de parceria com o setor privado para as rodovias federais mais importantes do país, que haviam sido objeto de financiamentos externos para suas duplicações, como as BRs 381 (São Paulo-Belo Horizonte), 116 (São Paulo-Curitiba) e o conjunto 176/101 entre Curitiba e Florianópolis. Nesse novo modelo, o governo arcava com a implantação da infraestrutura via financiamento e o setor privado operava, conservava e mantinha as rodovias ao longo do prazo de concessão.

Quadro 12 — Programa 2ª etapa de concessões rodoviárias federais

Projetos para Concessão		
Rodovia	Subtrecho	Extensão
BR-393/RJ	Divisa ES/RJ — Volta Redonda	193,6
BR-153/SP	Divisa SP/MG — Div. SP/PR	347,5
BR-101/RJ	Pte. Costa e Silva — Div. RJ/ES	320,1
BR-116/PR/SC	Curitiba — Div. PR/SC Div. PR/SC — Div. SC/RS	405,4
BR-101/RN/PB	Natal — AIV PB/PE	218,5
BR-101/PE	Divisa PB/PE — Div. PE/AL	213,2
BR-101/AL	Divisa PE/AL — Div. AL/SE	248,4
BR-101/SE	Divisa AL/SE — Div. SE/BA	206,1
TOTAL		2.152,9

Fonte: Diretoria de Concessões Rodoviárias.

De qualquer forma, esse segundo lote de concessões poderia igualmente ser caracterizado como uma transferência de ativos, na qual o papel principal das concessionárias estaria relacionado com restaurações, manutenção e operação das rodovias, e não com investimentos de expansão da oferta de infraestrutura. Para todos esses trechos o DNER contratou empresas de consultoria para elaboração de projetos básicos, do Programa de Exploração e a montagem de um plano econômico-financeiro com a determinação de tarifas máximas de pedágio. No caso dos trechos financiados pelo BID, chegar-se-ia a minutas de edital e de contratos. A tentativa era simplificar ao máximo as fases do edital e ter estudos que balizassem os níveis de tarifas a serem propostos pelos licitantes (não existiram no primeiro lote), com o claro intuito de reduzir aqueles níveis, principalmente em relação à primeira licitação.

Os estudos foram feitos e consolidou-se a relação dos trechos a serem licitados com a retirada dos quatro lotes da BR-101 do Nordeste, por dificuldades de viabilização. O atraso na duplicação dos trechos de São Paulo-Belo Horizonte (BR-381) e São Paulo-Curitiba (BR-116), a emergência de novos atores, principalmente o TCU, a extinção do DNER, a criação da ANTT e o novo ambiente político, entre outros fatores, acabaram por postergar o lançamento do edital. Foram afinal licitados, em 2007, sete lotes, que envolviam 2,6 mil quilômetros, por meio do mesmo modelo de avaliação das propostas, qual seja, da menor tarifa básica de pedágio, porém com algumas inovações importantes, como a fixação da TIR de projeto em 8,95%, o uso do Índice Nacional de Preços ao Consumidor Amplo (IPCA) para reajustes tarifários e riscos maiores para os concessionários quanto aos limitados investimentos programados.

Os resultados foram aparentemente surpreendentes, não somente pelo número total de participantes, que chegou a 29 grupos, como pelos reduzidos valores tarifários propostos, tudo em sintonia com o desejo do governo de marcar uma posição política expressa com relação às concessões feitas pelo governo anterior e aos próprios valores tarifários.

Indo além, colocou em risco o uso do instrumento das concessões ao setor privado, ao entender erroneamente que se tratava de uma "privatização". Os deságios apresentados em relação ao teto tarifário alcançaram em média 46,4%, com um máximo de 65% no caso da BR-381, e levaram as tarifas por quilômetro ofertadas à média de R$ 2,599/100 km. A maioria dos lotes foi vencida por empresas espanholas, seis dos sete lotes que propuseram em seus fluxos de caixa TIRs alavancadas na média de 11%, com um caso extremo de 4,19%, suficientes para colocar em questão os resultados do certame pela total inexequibilidade dos programas de exploração (quadro 13). Segundo consta, esses grupos contavam com financiamentos subsidiados do governo espanhol, por meio do Fundo de Comércio Financeiro daquele país, fato amplamente divulgado pela mídia brasileira.

Quadro 13 — Resultados 2ª etapa

Concessionária	Extensão	Contrato	Deságio Leilão	Tarifa (2009)[1]
Autopista Fernão Dias	562,1 km	25 anos	65,43%	R$ 0,0156/km
Autopista Fluminense	320,1 km	25 anos	40,95%	R$ 0,0390/km
Autopista Litoral Sul	382,3 km	25 anos	62,67%	R$ 0,0143/km
Autopista Planalto Sul	412,7 km	25 anos	39,35%	R$ 0,0327/km
Autopista Regis Bittencourt	401,6 km	25 anos	49,20%	R$ 0,0224/km
Rodovia do Aço	200,4 km	25 anos	27,17%	R$ 0,0479/km
Transbrasiliana	321,6 km	25 anos	40,00%	R$ 0,0323/km

Fonte: ABCR e ANTT.

[1]Se todas as praças estivessem cobrando a tarifa.

Assim, esse segundo lote de concessões do governo federal suscitou uma série de questionamentos, especialmente pelo tempo decorrido desde o primeiro lote. Houve suficiente prazo para a análise dos estudos e se tomaram decisões corretas, até porque estavam em jogo os trechos rodoviários mais demandados, com elevados volumes de tráfego, que justificariam o financiamento não somente dos custos operacionais, mas certamente dos encargos dos empréstimos assumidos pelo governo. Entretanto, ficou patente que as autoridades públicas responsáveis pelas contratações foram incapazes de usar os estudos que haviam sido elaborados. E, mais, após quase dez anos referendaram a listagem inicial de trechos, dos quais pelo menos três altamente questionáveis: os da BR-153, que cortam todo o estado de São Paulo; da BR-116, de Curitiba até a divisa de Santa Catarina com o Rio Grande do Sul; e da BR-393, Além-Paraíba (MG)-Volta Redonda (RJ). Fica bem difícil entender a lógica espacial dessas concessões e de suas extensões, até por não prever para alguns trechos investimentos de aumento de capacidade.

De qualquer forma, essa segunda etapa, cujos resultados o governo comemorou com pompa, como uma nova forma de "privatização", se transformou no maior fracasso do processo de concessões rodoviárias, com implicações sérias, pois, apesar de os investimentos serem reduzidos, em torno de R$ 118 milhões/km/ano em média, algumas concessionárias até o momento não cumpriram seus cronogramas de obras, em especial a Obrascon Huarte Lain (OHL), que tinha cinco concessões e que transferiu esses contratos para outros grupos no fim de 2012. Houve reiterados pedidos de reequilíbrio dos contratos via revisões tarifárias e não cumprimento dos programas de exploração das rodovias, até por causa da permanência de gargalos emblemáticos, como o contorno de Betim, o contorno de Florianópolis e a duplicação do trecho da serra do Cafezal, na BR-116, onde o número de mortos por acidentes de tráfego só faz crescer. Dos cerca de R$ 2,4 bilhões previstos de investimentos nessas obras maiores, que a preços de hoje seriam algo em torno de R$ 3,1 bilhões, apenas um quarto foi executado, de acordo com a ANTT.

Em 2000, portanto bem anterior às licitações da segunda etapa, o governo federal foi sub-rogado nos direitos e nas obrigações do contrato de concessão do denominado Polo de Pelotas, que incluía algumas rodovias federais, como as BRs 116, 392 e 470, com 623,8 km de extensão total, do Programa Estadual de Concessões Rodoviárias do Rio Grande do Sul. Esse contrato havia sido assinado com o estado em 1998, mas, devido ao não cumprimento de obrigações contratuais da concessionária e sem se conseguir resolver os problemas, houve uma denúncia por parte do estado do convênio de delegação com o governo federal, em 1999. Ainda em 2000, foi assinado termo de rerratificação e aditivo daquele contrato, que aumentou o prazo para 25 anos a partir dos trabalhos iniciais e permitiu um expressivo aumento de tarifas, de 58,5%. Em 2002, esse contrato passou a ser gerido pela ANTT.

Em janeiro de 2009, o governo federal promoveu nova licitação de concessões, no que agora é denominada segunda etapa fase II, e envolveu em apenas um lote as BRs 116 e 324 e as BAs 526 e 528, com 680,6 km, todas na Bahia. O prazo foi mantido em 25 anos e a seleção da licitante vencedora pela menor tarifa básica de pedágio. Diferentemente do leilão anterior, apresentaram-se apenas dois grupos, e o vencedor concedeu um deságio de 21% em relação à tarifa-teto. Foram incluídos aprimoramentos regulatórios, como a limitação da TIR de projeto em 8,5%, a inserção do fluxo de caixa marginal para reequilíbrios quando novos investimentos forem necessários e descontos de reequilíbrios quando houver descumprimento dos parâmetros de desempenho, sem, no entanto, abdicar das multas contratuais.

No fim de 2011, a ANTT fez um leilão para a concessão da BR-101 no Espírito Santo, entre o acesso a Mucuri, na Bahia, e a divisa ES/RJ, com 475,9 km, trecho esse constante da fase III do programa de concessões federais. De acordo com informações da ANTT, essa fase teria uma primeira etapa, constituída dos trechos da BR-040 no Distrito Federal, em Goiás e Minas Gerais, com 936,8 km, e da BR-116 em Minas Gerais, com 816,7 km, ambos no estágio de audiência pública. A segunda etapa seria justamente a BR-101 no Espírito Santo, cuja licitação foi feita em janeiro de 2012, mas ficou pendente de solução para a assinatura do contrato, que acabou somente ocorrendo em agosto de 2013, por conta de problemas levantados pelo segundo colocado sobre o plano de negócios da empresa classificada em primeiro lugar. Houve oito proponentes, e o consórcio vencedor apresentou um deságio de 45,63% sobre a tarifa-teto de 6,233/100 km, ou seja, 3,391/100 km. Os investimentos totais alcançam R$ 2,146 bilhões, com o compromisso de duplicar metade do trecho até o sexto ano e o restante até o décimo ano.

A terceira etapa da fase III envolve 5,7 mil quilômetros e compõe, com os trechos da BR-040 no Distrito Federal, em Goiás e Minas Gerais (936,8 km), e da BR-116 em Minas Gerais (816,7 km), o pacote anunciado pelo governo federal, que chega a 7,5 mil quilômetros com nove lotes de concessões e previsão de licitações e início de algumas obras ainda em 2013. Nessa fase III, o prazo continua a ser de 25 anos e a seleção pela menor tarifa. Entretanto, a exigência de investimento é maior, pois os trechos terão de ser totalmente duplicados até o quinto ano de concessão, o pedágio só começará a ser cobrado após os trabalhos iniciais, a conclusão de 10% da duplicação, e o financiamento desses investimentos será feito com recursos próprios. Segundo informações da ANTT, à época do lançamento do pacote, a TIR de projeto deveria ser de 5,5%, por indicação da Secretaria do Tesouro Nacional, do Ministério da Fazenda.

Na segunda etapa fase II e na fase III foram contemplados no programa grandes eixos inter-regionais que ligam as regiões Nordeste e Centro-Oeste à Sudeste, como já tinha sido feito anteriormente com a região Sul (segunda etapa fase I). No sentido longitudinal do Nordeste, a partir da Bahia, passando pelo Sudeste até alcançar o Sul, as BRs 116 e 101. No sentido do interior e basicamente em direção ao centro-oeste, as BRs 040, 050, 060, 153 e 163. Um eixo regional importante também foi incluído, o das BRs 381 e 262 em Minas Gerais/Espírito Santo. Algumas considerações se impõem: dado o nível de investimentos programados com a necessidade de duplicações e como uma parcela grande de trechos não tem demanda suficiente para justificá-las, estará se criando durante algum tempo um excesso de capacidade em eixos alternativos (caso clássico: BRs 116 e 101, ambos pedagiados).

Do ponto de vista do usuário, e talvez da eficiência econômica, poderia ser criada uma saudável competição entre o público e o privado ao se deixar um dos eixos na esfera pública, com repercussões positivas para ambos os setores, além de uma melhor administração sobre o crescimento futuro da demanda. De outro lado, caso as tarifas de pedágio cobradas fiquem baixas, graças às políticas de incentivos e de subsídios adotadas pelo governo, vão aumentar ainda mais as vantagens comparativas do setor rodoviário *vis-à-vis* o de cabotagem, no que estou chamando de movimentos longitudinais, e o setor ferroviário, no sentido interior. Essas questões serão amplamente discutidas no capítulo 7, quando falarmos dos pacotes de privatização do governo atual.

As inovações regulatórias da fase III são profundas e significativas. Dentre elas cabe destacar a flexibilização do prazo estipulado para os trabalhos iniciais, com incentivos financeiros para a redução deles; a necessidade de programas de redução de acidentes como condição necessária para início da cobrança de pedágio; um tratamento bem mais rígido reativamente a obras de emergência; a introdução de um "fator X" nos reajustes de tarifa, de forma a captar parte dos ganhos de produtividade; e a criação de metodologia específica do custo médio ponderado de capital, visando a um balanço mais adequado entre capital próprio e de terceiros, com implicações na definição das TIRs, que poderiam variar por períodos de acordo com as necessidades de investimentos.

Dessa forma, com o pacote anunciado em 2012 pelo governo, a rede federal concedida chegará a 12.263 km, ou seja, 5,6% da rede total pavimentada, mas a quase 20% da rede federal pavimentada, uma participação expressiva da iniciativa privada no setor rodoviário federal. Pelo fato de que a demanda de transportes na maioria das rodovias federais é altamente concentrada em alguns eixos inter-regionais e mesmo regionais, é certo que aquela participação física será muito inferior à do atendimento às necessidades de movimentação de mercadorias. Talvez estejamos falando, caso se agreguem os programas de São Paulo, Paraná e Rio de Janeiro, em algo em torno de 60% a 70% da demanda de transportes rodoviários atendidos pela iniciativa privada.

Dos programas de concessões rodoviárias estaduais, certamente o mais importante é o de São Paulo, com seus 19 contratos vigentes, que envolvem 5.525 km de rodovias concedidas, com perfeita articulação com o sistema público de rodovias administrado diretamente pelo DER-SP. Por outro lado, não existe dúvida que as rodovias paulistas concedidas sejam as melhores do país: de acordo com a avaliação do CNT para os últimos anos, nove das dez melhores rodovias lá se encontram. E, mais, a extensão e a abrangência dos lotes, que em alguns casos envolvem três, quatro rodovias, guardam uma coerência e uma consistência grande com as regiões mais desenvolvidas do estado e beneficiam uma população de mais de quarenta milhões de pessoas.

Antes de entrar na descrição desse programa de concessões, quero chamar atenção para um ponto que me parece pertinente, mas que diz respeito a questões mais gerais do sistema de transportes. A excelência da malha rodoviária paulista, aí incluídas as rodovias concedidas e públicas, coloca um desafio grande para a economia dos demais estados, aumenta em muito a atração dos setores produtivos paulistas e afeta diretamente outros setores de transportes, especialmente o ferroviário e o hidroviário, além de continuar expandindo a área de influência do porto de Santos, com consequências ainda mais significativas relativas à própria matriz de transportes do país, visto que no principal estado o predomínio do rodoviário atinge mais de 95% da demanda.

O programa foi montado em três etapas, com 20, 30 e 35 anos de prazo de concessão, e dois critérios de avaliação, quais sejam: na primeira etapa, por meio do maior pagamento de outorga fixa e variável, e na segunda e na terceira, por meio de outorga fixa e menor tarifa. O montante financeiro dessas outorgas chegou a mais de R$ 11 bilhões, atualizado até julho de 2011. Os investimentos feitos também foram significativos e alcançaram quase R$ 15 bilhões, atualizados também até julho de 2011. Um programa caro, com reflexos diretos no nível de tarifas, em média R$ 12,76/100 km a preços de 2011 (quadros 14 e 15).

Quadro 14 — Resumo do programa de concessões de São Paulo — Modelo de Contratação das Concessões

Modelo de Contratação das Concessões						
Etapas	**início**	**Prazo (anos)**	**Ext. (km)**	**Critérios de Contratação**	**TIR — Taxa Interna de Retorno**	**Principais Particularidades**
1ª Etapa: 12 lotes	9 Lotes em 1998 e 3 Lotes em 2000	20	3.500	Tarifa Quilométrica Fixa por Padrão de Rodovia e Maior Valor Outorga Ofertada	Varia de 17,58% a 21,37%	Índice de reajuste das tarifas de pedágio pelo IGP-M. Em processo de alteração para IPCA.
2ª Etapa: 6 lotes	1 Lote em 2008 e 5 Lotes em 2009	30	1.740	Menor Tarifa Quilométrica e Outorga Fixa Determinada pelo Poder Concedente	Varia de 9,31% a 16,55%	Inclusão de estradas vicinais (917 km) para manutenção da concessionária, construção/ reformulação de acessos e interligações. Remodelagem / ampliação dos trevos de acesso aos municípios lindeiros da rodovia principal. Índice de reajuste das tarifas pelo IPCA.
3ª Etapa: Rodoanel Trechos Leste e Sul	Rodoanel Trechos Leste e Sul Previsto para Início de 2011	35	104	Menor Tarifa Quilométrica e Outorga Fixa Determinada pelo Poder Concedente	7,09%	Índice de reajuste das tarifas pelo IPCA. Concessionária construirá todo o Trecho Leste.

Fonte: Artesp.

O programa paulista de concessões é gerenciado pela Agência Reguladora de Serviços Públicos Delegados de Transporte do Estado de São Paulo (Artesp), criada em 2002, que sucedeu a Comissão de Monitoramento das Concessões e Permissões de Serviços Públicos, criada em caráter temporário em 1998, quando do início do programa. Na primeira etapa, foram licitados nove lotes em 1998 e três em 2000; na segunda, um lote em 2008 e cinco em 2009; e na terceira, os trechos leste e sul do Rodoanel, com o compromisso da concessionária de construir integralmente o trecho leste.

Quadro 15 — Investimentos e desonerações do programa de São Paulo

Concessões — Resultados				
Desoneração do Estado			Valores atualizados até julho /2011 — bilhões R$	
Tipo	12 lotes 1ª Fase	6 lotes 2ª Fase	1 lote 3ª Fase	TOTAL DO PROGRAMA
Investimentos	12,30	2,00	0,05	14,35
Despesas Operacionais	7,05	0,66	0,02	7,73
Conservação de Rotina	2,13	0,24	0,01	2,38
Ônus Fixo	3,59	5,81	0,39	9,79
Ônus Variável	1,10	0,06	0,00	1,16
TOTAIS	26,17	8,77	0,47	35,41

Fonte: Artesp.

De outro lado, o sistema de outorga proporcionou ao estado, por meio do DER, recursos expressivos, que foram usados na manutenção das rodovias públicas e na pavimentação de um programa de rodovias vicinais de milhares de quilômetros. Diga-se de passagem que na segunda etapa foi incluído como encargo das concessionárias (seis lotes) a manutenção de 917 km de vicinais, sem cobrança de pesagem. Expressivos também foram os resultados relativos à segurança rodoviária, com reduções do índice de acidentes (–18%) e do número de pessoas mortas (–38%) e feridas (–39%).

Em termos regulatórios, cabe destacar dois importantes aspectos: o primeiro, que a Artesp, no caso do Sistema Anchieta/Imigrantes, já aplicou efetivamente a metodologia do fluxo marginal na análise de investimentos novos na Baixada Santista, com redução efetiva da TIR e manutenção das tarifas. De outro lado, desenvolve dois projetos-piloto de cobrança automática ponto a ponto, ou seja, cobrança real por quilômetro, nas rodovias SP-075 e SP-360, com instalação de pórticos e distribuição gratuita de *tags*, em um sistema que guarda compatibilidade com o recém-implantado Sistema de Identificação Automática de Veículos (Siav). Essa tecnologia de cobrança privilegia a justiça tarifária, mas também contribui para a modicidade tarifária, no sentido de cobrar da maioria dos usuários das rodovias pedagiadas. Tem sido largamente usado em redes de rodovias urbanas em vários países, como Chile, Portugal, Colômbia, Peru e Estados Unidos.

Dois outros programas estaduais de concessões de grande abrangência são os do Paraná e do Rio Grande do Sul. O primeiro, denominado de Anel de Integração do Paraná, iniciado em 1997, consiste em uma malha de 2.493 km, divididos em seis lotes, com rodovias federais delegadas e rodovias estaduais. O prazo das concessões é de 24 anos e a seleção das concessionárias foi feita por maior oferta de quilômetros de rodovias secundárias a serem mantidas, com tarifas prefixadas. Eram previstos investimentos de aumento de capacidade do Anel, ou seja, das rodovias principais. Desde o início do programa, conduzido pelo DER-PR, houve muitos problemas e muitas disputas entre aquele órgão e as concessionárias, que se agravaram quando o governo, por razões eleitoreiras, reduziu unilateralmente as tarifas de pedágio em 50% e desequilibrou totalmente os contratos. Demandas judiciais de parte a parte seguem sob julgamento, e o programa se manteve sem alcançar os objetivos iniciais.

O Programa Estadual de Concessões Rodoviárias (PECR) do Rio Grande do Sul, iniciado igualmente em 1998, foi concebido por meio da definição de nove polos, constituídos de rodovias federais delegadas e estaduais, algumas pedagiadas e outras não. As licitações foram conduzidas pelo Daer, com tarifas prefixadas, e a avaliação das propostas foi feita pela maior oferta de quilômetros a serem mantidos pelas receitas dos polos. Desses nove polos, o de Pelotas, como vimos, passou para o âmbito federal e o de Santa Maria jamais foi implantado, por questões jurídicas. Restaram, portanto, sete, com 1,8 mil quilômetro, 984 km de rodovias federais e 816 km de estaduais, cujos contratos foram administrados pelo Daer e regulados pela Agência Estadual de Regulação dos Serviços Públicos Delegados do Rio Grande do Sul (Agergs). O prazo do programa era de apenas 15 anos e os encargos básicos eram relativos à recuperação das rodovias que se encontravam em péssimo estado e, após, conservação e manutenção.

Da mesma forma que no Paraná, o PECR teve problemas desde o início, com reajustes de tarifas suspensos e decisões judiciais de paralisação de cobranças em determinadas praças. Criou-se de imediato uma disputa política acirrada a favor e contra os pedágios pelo uso deles na campanha eleitoral. O governo, já em 2000, aprovou na Assembleia um termo aditivo para superar a questão dos desequilíbrios dos contratos, porém, além de não resolver a questão, criou mais problemas, como o tarifaço de 30%, a redução dos investimentos e a queda de qualidade das rodovias.

Em 2008, o governo estadual apresentou um projeto de lei com reduções expressivas de tarifas e das TIRs de contratos, com solução para os significativos desequilíbrios existentes, mas teve sua pretensão barrada pelo governo federal, devido à prorrogação de prazo solicitada. O Ministério dos Transportes usou como paradigma o malfadado resultado da segunda etapa das concessões federais e a argumentação técnica sem o mínimo de responsabilidade, por meio de erros grosseiros de conceitos e cálculos. Em 2009, o governo estadual denunciou os convênios de delegação com base em seu artigo 12, que automaticamente sub-rogava os contratos para a administração federal. O governo federal não acatou tal denúncia por razões políticas e o programa ficou praticamente no limbo. Recentemente, o governo estadual notificou as concessionárias de que não vai prorrogar os prazos contratuais, que venceram em 2013, comunicou ao governo federal a devolução das rodovias federais integrantes do programa e criou uma empresa pública para gerir a cobrança de pedágios, denominados comunitários, nas rodovias estaduais.

Das experiências malsucedidas dos programas paranaense e gaúcho ficam claros pelo menos dois aspectos: primeiro, que o instrumento de concessão no qual o usuário paga uma tarifa pelo uso de um trecho de rodovia não é adequado para se estabelecerem subsídios cruzados por dentro dos contratos e causa injustiças flagrantes, que comprometem até a aceitação das cobranças de pedágio pelas comunidades; segundo, que programas muito ambiciosos, com projetos complexos, de grandes extensões e, naturalmente, com posturas distintas das várias concessionárias, apresentam enormes dificuldades de administração e regulação pelos governos estaduais. É melhor iniciar um programa com trechos específicos e localizados e crescer a partir dessas primeiras experiências, até porque os benefícios são mais visíveis para a população em geral.

Esse exatamente foi o caso do estado do Rio de Janeiro, que iniciou seu programa de concessões pela licitação da Rodovia dos Lagos, a RJ-124, entre Rio Bonito e Araruama, em 1996, que visou a resolver o problema específico do grande afluxo de tráfego nos fins de semana em direção àquela região, até com um projeto de aumento de capacidade com características geométricas modestas. O trecho inicial de 30 km foi estendido em 27 km até São Pedro da Aldeia e em 2011 o contrato de 25 anos foi prorrogado por mais 15 para a execução de investimentos não previstos no contrato. Nesse sentido, foi usada pela Agência Reguladora de Serviços Públicos Concedidos de Transportes Aquaviários, Ferroviários e Metroviários e de Rodovias (Agetransp) a metodologia do fluxo marginal, com redução tarifária de R$ 10,30 para R$ 8,60 de segunda a sexta-feira (-16,5%) e de R$ 15,70 para R$ 14,30 com adicional para fins de semana (-8,9%).

A Agetransp foi criada por lei estadual em 2005 e sucedeu a Agência Reguladora de Serviços Públicos (Asep), criada em 1997. Certamente a preocupação da agência com rodovias concedidas não é das maiores, vista a dimensão dos problemas a enfrentar nas demais áreas. O estado tem hoje duas concessões, a Rodovia dos Lagos, já citada, e a Rota 116, que liga Itaboraí a Nova Friburgo, depois estendida até Cantagalo, com 140 km de extensão e prazo de 25 anos. O município do Rio de Janeiro tem duas concessões rodoviárias municipais. A Linha Amarela, de 1998, com 25 km, é um caso de grande sucesso. O contrato de concessão da Via Transolímpica, de 26 km, ligando Deodoro à Barra da Tijuca, foi assinado em abril de 2012, o consórcio vencedor da licitação era formado pelas empresas CCR, Odebrecht Transport e Invepar, visando à Olimpíada de 2016.

Os demais estados que têm concessões rodoviárias — Minas Gerais, Espírito Santo, Bahia e Pernambuco — seguem mais ou menos o modelo do Rio de Janeiro, com poucos trechos concedidos e bem localizados. Em Minas, temos uma concessionária, a Nascente das Gerais, que envolve a MG-050 e as BRs 491 e 265, com 371,35 km, e atende às regiões metropolitana, sul e centro-oeste, com prazo de 25 anos, assinada em 2007, por meio da primeira parceria público-privada rodoviária da Secretaria de Transportes e Obras Públicas. No Espírito Santo, temos também apenas uma concessão, de 1998, a Rota do Sol, que liga Vila Velha a Guarapari, com 67,5 km, prazo de 25 anos e sob gerência e administração do DER-ES.

Em Pernambuco, temos duas concessões: a Rota dos Coqueiros, de 6,5 km, entre Jaboatão dos Guararapes e Cabo de Santo Agostinho, que somente entrou em operação em 2010, com prazo de 33 anos; e a Rota do Atlântico, com 45 km, de 2011, com 35 anos de prazo, que liga a BR-101 Sul na capital às famosas praias do estado, como Porto de Galinhas. Na Bahia, também temos duas concessões: a Estrada do Coco (BA-099), com 217 km, que dá acesso às praias do litoral norte, assinada em 2000, com prazo de 35 anos; e a Bahia Norte, um complexo viário de 121,45 km que envolve seis rodovias estaduais nos arredores do polo de Camaçari, de 2010, com 25 anos de prazo. Nesses dois estados as concessões são controladas por agências reguladoras: na Bahia, pela Agência Estadual de Regulação de Serviços Públicos de Energia, Transportes e Comunicações (Agerba), criada em maio de 1998, e em Pernambuco pela Agência de Regulação de Pernambuco (Arpe), criada em 2003.

Cabe ressaltar que ainda existem cobranças de pedágio diretamente por governos estaduais, como o de Mato Grosso, em quatro rodovias, por meio da Secretaria de Estado de Infraestrutura (Sinfra), em uma rodovia no Mato Grosso do Sul, por meio da Agência Estadual de Gestão de Empreendimentos (Agesul), em São Paulo em duas rodovias, por meio do DER, e no Rio Grande do Sul em três rodovias, por meio do Daer. Em resumo: o processo de concessões rodoviárias desenvolveu-se muito no país e de certa forma está alcançando seus limites, em termos de extensão, especialmente nos casos do governo federal e de São Paulo. Suas funções também evoluíram, de uma atuação voltada para a manutenção das rodovias para participar intensamente de investimentos pesados em aumentos de capacidade, o que aparenta ser sua vocação a partir do estágio em que se encontra. As questões suscitadas com os deságios ofertados na segunda etapa das concessões rodoviárias do governo federal estão sendo superadas: ficou patente, tanto para o governo como para as concessionárias, que apenas tarifas baixas não solucionam os enormes desafios das concessões. O fato é que hoje uma expressiva parcela da demanda de transportes rodoviários é bem atendida por esse segmento e certamente aumentará. Para se ter uma ideia, em 2012 foram atendidos nas cabines de pedágio das concessionárias 1,63 bilhão de veículos, o que dá uma média de 4,5 milhões/dia.[70]

Os investimentos das empresas concessionárias evoluíram bastante desde 1996, conforme pode ser visto no quadro 16 a seguir. Saíram de um patamar inicial de R$ 1,08 bilhão para R$ 5,11 bilhões em 2012 (preços de julho de 2013). Foram investidos ao longo desse tempo R$ 53 bilhões. Entretanto, esses valores não podem ser examinados separadamente dos valores das despesas operacionais, cuja classificação para efeito dos contratos de concessão inclui parcelas significativas de despesas que são igualmente investimentos, como recapeamentos de vias, contornos, acessos, viadutos, acostamentos, equipamentos operacionais e de segurança viária. Nessa rubrica de despesas operacionais foram gastos, em 1996/2012, R$ 57,57 bilhões, dos quais cerca de 30% se referem a investimentos, o que levaria o total de investimentos das concessionárias no período a R$ 70 bilhões, valores nada desprezíveis, tendo em conta que em certo sentido representaram uma economia para os cofres públicos, afora todos os demais benefícios.

[70]Associação Brasileira de Concessionárias de Rodovias, *Relatório anual 2012*

Quadro 16 — Evolução dos investimentos e despesas operacionais das concessões rodoviárias

RODOVIAS CONCEDIDAS — R$ milhões (1)		
Ano	Investimentos	Despesas Operacionais
1996	1.085,74	479,75
1997	842,63	660,09
1998	3.603,96	12.786,78
1999	2.771,37	2.218,84
2000	4.431,31	2.414,36
2001	4.619,84	2.616,12
2002	3.742,10	2.567,48
2003	1.944,34	2.399,27
2004	1.822,34	2.570,69
2005	2.066,89	2.550,39
2006	2.252,94	2.727,72
2007	2.128,25	2.955,11
2008	3.717,87	3.178,04
2009	3.906,75	3.813,10
2010	4.527,65	4.249,07
2011	4.430,15	4.546,30
2012	5.110,10	4.833,53
TOTAL	**53.004,25**	**57.566,64**

Fonte: ABCR.

(1) Valores constantes corrigidos pelo IGP — DI julho/2013

Do ponto de vista de financiamento não existiram restrições no sentido da expansão das concessões, devido à disponibilidade de crédito do BNDES; à criação de mercado para os papéis de dívida das concessionárias, como debêntures; à abertura de capital dos maiores grupos; e às possibilidades de investimentos externos, dada a participação de agentes externos nos principais grupos que atuam nesse setor. Houve igualmente uma evolução muito significativa dos marcos regulatórios das concessões rodoviárias, tanto em nível federal, com a ANTT, como no nível dos estados, com suas agências de regulação. Podem-se esperar duas consequências importantes: redução tarifária, mesmo em casos de contratos antigos, que deverão passar por processos de repactuação, ou mesmo de relicitação; e introduções tecnológicas em vários aspectos das atividades de regulação e de prestação dos serviços propriamente dita, que certamente beneficiarão ainda mais os usuários do sistema, tanto do ponto de vista da qualidade dos serviços prestados quanto da modicidade tarifária.

No caso do setor ferroviário, vamos nos concentrar na análise do processo de concessão à iniciativa privada das antigas malhas da RFFSA e da Fepasa, visto que nos capítulos anteriores tratamos com algum detalhe dos projetos de expansão da malha ferroviária. Diferentemente do programa de concessões rodoviárias, que nasceu e prosperou a partir do próprio DNER, o da RFFSA foi incluído no Programa Nacional de Desestatização (PND), que havia sido criado em 1990 pela Lei 8.031, com alterações posteriores, e no qual havia dois grandes agentes, o Conselho Nacional de Desestatização (CND), órgão decisório, e o BNDES, na qualidade de gestor do Fundo Nacional de Desestatização (FND). O processo de desestatização do setor ferroviário foi iniciado a partir da inclusão da RFFSA no PND pelo Decreto 473, em março de 1992, com administração direta do BNDES, responsável por formular o modelo de desestatização, que previu a concessão dos serviços de transporte ferroviário de cargas, com arrendamento de ativos e vendas dos bens de pequeno valor, até porque se pretendia alcançar a extinção da empresa.

O modelo detalhado do processo foi estabelecido pelo BNDES, nos termos do Decreto 1.204/1994, e ficaram a seu cargo: proceder à ampla divulgação de todos os processos de privatização; determinar a forma e as condições gerais de venda das ações, de participações societárias minoritárias e de outros bens e direitos e até fixar o preço mínimo e a parcela do pagamento em moeda corrente dos bens ou valores mobiliários a serem alienados; recomendar a comissão diretora da destinação dos recursos provenientes das alienações, entre outras funções. De outro lado, o marco regulatório geral dos serviços de transporte ferroviário foi estabelecido pelo Regulamento dos Transportes Ferroviários (RTF), pelo Decreto 1.832, de março de 1996, publicado às vésperas do primeiro leilão da RFFSA, que, apesar de seus indiscutíveis avanços, ficou longe de esclarecer pontos importantes, como tarifas, desativação de ramais antieconômicos, interpenetração de malhas e o controverso tráfego mútuo.[71]

O processo de desestatização foi iniciado em março de 1996, com a concessão das seis malhas da RFFSA, e concluído em novembro de 1998, com o leilão da Malha Paulista, que havia sido transferida da Fepasa para a RFFSA, com contratos individuais de concessão dos serviços e arrendamentos de ativos operacionais (quadro 17). Foram assim concedidos 25.895 km de ferrovias ao setor privado por meio de contratos, todos iguais, com apenas duas metas a serem alcançadas: aumento da produção de transportes e redução de acidentes. As metas foram estabelecidas com base na produção dos últimos dez anos, com exceção da Tereza Cristina, obrigada a atender às demandas da Eletrosul, seu cliente quase exclusivo, e da Malha Paulista, com um primeiro ano sem meta.

Quadro 17 — Malha ferroviária concedida (RFFSA)

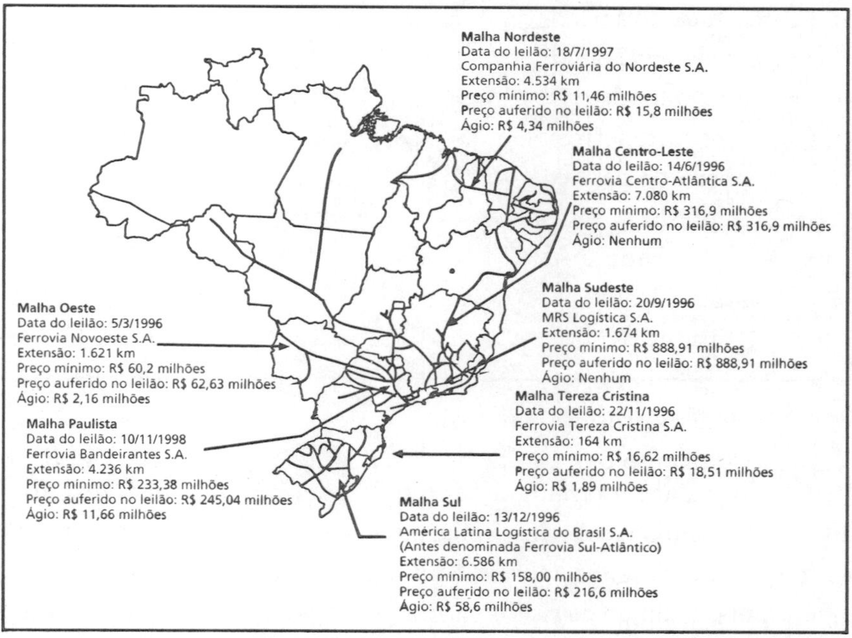

Fonte: Ministério dos Transportes.

[71]Aline Eloyse Lang, "As ferrovias no Brasil e avaliação econômica de projetos".

Para termos o panorama completo do sistema operacional ferroviário que emerge à época, precisamos acrescentar, além dessas malhas, as concessões que o governo federal outorgou em 1997 à Vale, a exploração da Estrada de Ferro Vitória-Minas (905 km) e da Estrada de Ferro Carajás (892 km), bem como algumas outras ferrovias de menor expressão e quilometragem: a Estrada de Ferro Jari (68 km), a Estrada de Ferro Amapá (194 km) e a Estrada de Ferro Trombetas (35 km), com participação da Vale do Rio Doce Alumínio (quadro 18).

Quadro 18 — Demais concessões ferroviárias

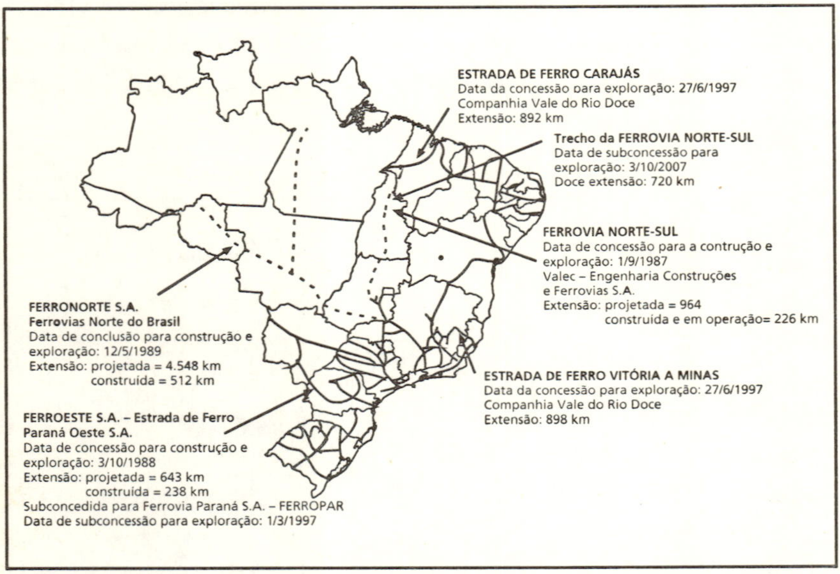

Fonte: Ministério dos Transportes.

Relativamente aos contratos de concessão, podemos dizer que, em linhas gerais, eles seguem o receituário aplicado no caso rodoviário, com base na lei de concessões de 1995, porém com algumas diferenças importantes, que afetaram o balanço de riscos entre o setor público e o setor privado.[72]

[72]Tribunal de Contas da União, "Relatório sobre os estudos para desenvolvimento do modelo de fiscalização da regulação técnica do setor ferroviário".

No caso das rodovias, foi elaborado todo um projeto básico, com discriminações detalhadas de investimentos e custos operacionais expressos no Programa de Exploração de Rodovias (PER), ao longo de toda a concessão, o que no fundo caracterizava com precisão o que a Lei 8.987 considerava serviços adequados aos usuários. No caso ferroviário, foi estabelecido um sistema de metas de produção e redução de acidentes que respondia integralmente pela caracterização de serviços adequados aos usuários, com problemas flagrantes de redução e falta de entendimento da problemática operacional ferroviária, sem conotações claras de eficiência e de produtividade, seja das vias, seja do material rodante, bem como da necessidade do uso econômico da totalidade da malha concedida, agravado pelo fato de que pelo menos um dos indicadores, o de produção, era de complexa atribuição de responsabilidades aos operadores ferroviários, altamente dependentes, nesse caso, de fatores completamente exógenos ao sistema.

Nesse sentido, nos contratos rodoviários os riscos do tráfego projetado eram claramente conceituados como das concessionárias, que, caso não se verificassem como esperado, não ensejavam qualquer alteração nos compromissos de investimentos e custos pactuados. Nos contratos de concessões ferroviárias não existiam compromissos de investimento assumidos, o que levava juridicamente a que, caso os níveis de produção não fossem alcançados, e não o foram durante alguns anos, a solução seria a denúncia e a extinção do contrato. Existiram ainda vários outros problemas, como, por exemplo, os limites estabelecidos por tarifas de referência com escassas ou inexistentes explicações de conceitos e metodologias de cálculo e, claro, as questões de direito de passagem e tráfego mútuo, que ficaram em alguma medida não resolvidas pelo RTF, pois impôs uma prioridade evidente com relação ao segundo e dificultou o processo de interpenetração de uma malha em outra, uma característica essencial do transporte ferroviário.

Assim, como dissemos anteriormente, apesar do grande êxito alcançado na solução dos crescentes encargos do governo federal na manutenção do sistema e do encaminhamento correto que se deu à questão no sentido de não usar recursos públicos adicionais previamente à sua desestatização, perdeu-se a grande chance de uma transformação efetiva do setor. Certamente, o mais grave, do ponto de vista das políticas públicas de transportes, foi o fato de que no fim foram criadas unidades de negócio operacional independentes, isoladas e autossuficientes, que usavam parcelas restritas das malhas concedidas, com impactos mínimos na desejada intermodalidade, na competição com o modal rodoviário e, consequentemente, na alteração da nossa matriz de transportes.

De outro lado, o modelo de desestatização das malhas ferroviárias, com contratos de concessão com as características comentadas, acrescidos com os complexos contratos de arrendamento de bens operacionais da antiga RFFSA, exigia como contrapartida pública, no sentido de acompanhamento e fiscalização e, particularmente, de regulação dos contratos, uma estrutura técnica altamente qualificada e em número suficiente, com dedicação exclusiva para tal, que evidentemente não estava disponível nem na Secretaria de Transportes Terrestres do Ministério dos Transportes nem na Comissão Federal de Transportes Ferroviários (Cofer), criada em 1996. Não há dúvida de que, nesse sentido, a situação mudou bastante após a criação e efetiva ação da ANTT (2002), que passou a controlar aqueles contratos e regular o setor ferroviário como um todo.

Importante ressaltar que das resoluções da ANTT voltadas para aumentar o uso do transporte ferroviário se destaca a 433/2004, que, por meio da criação dos Contratos Operacionais Específicos (COE), tenta regular de forma mais clara que o antigo RTF as questões do tráfego mútuo e do direito de passagem. Mais recentemente (2011), a ANTT emitiu pelo menos três importantes resoluções relativas ao transporte ferroviário, com clara intenção de aumentar o uso das malhas concedidas até mesmo para usuários específicos: a 3.694, um regulamento de defesa dos direitos de usuários de transporte ferroviário de cargas, a 3.695, que facilitou ainda mais as operações de direito de passagem e tráfego mútuo, e a 3.696, de pactuação e repactuação de metas por trecho.

De toda forma, após um início problemático, devido a alguns dos fatores mencionados, e igualmente porque a economia ainda passava por necessários ajustes estruturais, o fato é que a partir de 2002 o setor ferroviário vem crescendo significativamente. A produção de transportes passou de menos de 180 bilhões de TKUs para 300 bilhões em 2012 e o índice de acidentes, de 36 por milhão de trens/quilômetro para 12,96 em 2012 (quadro 19). Na análise do período como um todo, de 1997 a 2012, verifica-se que a produção de transporte ferroviário cresceu 117% e o PIB cresceu apenas 55%, o que demonstra a crescente importância do setor na economia. O peso do transporte de minério de ferro ainda é bastante elevado, com cerca de 60% do total transportado, porém houve avanços importantes na carga geral (aumento de 84,4% entre 1997/2012) e nas cargas conteinerizadas. A quantidade de contêineres transportados passou de 3.459 em 1997 para mais de 270 mil em 2011, segundo a ANTF. Ainda segundo essa entidade, o transporte intermodal cresceu mais de 68 vezes desde a desestatização.

Quadro 19 — Produção de transporte em milhas de tonelada útil (TU)

Concessionárias	2006	2007	2008	2009	2010	2011	2012	2013
ALLMN	5.551	6.928	8.232	10.072	10.498	11.611	13.952	14.416
ALLMO	3.355	2.690	3.235	2.778	4.430	4.421	3.932	4.625
ALLMP	4.221	3.473	5.229	4.917	6.719	7.490	5.702	5.336
ALLMS	28.942	26.536	26.763	26.073	25.975	27.067	24.192	22.940
EFC	92.591	100.361	103.670	96.267	104.949	114.543	117.726	105.415
FERROESTE	1.511	862	996	646	471	400	306	285
EFVM	131.620	136.604	133.211	104.317	131.755	133.462	133.187	148.618
FCA	15.177	18.957	19.280	17.455	21.242	18.958	22.254	22.924
FNS	0	0	1.424	1.639	2.012	2.541	2.939	3.114
FTC	2.627	2.635	3.038	2.856	2.637	2.448	2.968	3.240
MRS	101.998	114.064	119.799	110.954	123.030	130.009	131.404	130.906
TLSA	1.519	1.814	1.643	1.467	1.529	1.431	1.389	1.212
TOTAL	389.113	414.925	426.520	379.441	435.248	454.380	459.947	463.032

Fonte: ANTT e ANTF.

Os investimentos privados no setor passaram de R$ 1,62 bilhão (de janeiro de 2014) em 1997 para R$ 5,60 bilhões em 2012, um crescimento de mais de três vezes, que certamente representa aumento de capacidade de transporte, a par da recuperação do sistema. Em 1997, existiam em circulação 1.154 locomotivas e 43.816 vagões, e, em 2012, 3.102 locomotivas e 94.271 vagões, segundo a ANTF, com uma queda acentuada de pelo menos 15 anos na idade média da frota de material rodante. Apesar de os investimentos em expansão da malha estarem sendo feitos principalmente com recursos do governo federal, é inegável que também nessa área as concessionárias ferroviárias contribuíram significativamente. Entretanto, podemos considerar que esse período até 2012 foi atípico na economia. Vários indicadores apontam que facilitou muito a demanda por nossas *commodities*, com reflexos positivos e diferenciados sobre a produção de transportes ferroviários, mas que também trouxe questionamentos sérios sobre a evolução do setor, hoje altamente concentrado em poucos grupos, com participação expressiva de cargas próprias e que atuam no mercado de transportes de forma marginal, sem objetivos de crescimento e de competição, voltados unicamente para seu principal negócio.

Entretanto, daqui para a frente o crescimento do setor de transportes ferroviários estará diretamente relacionado com aumentos da densidade de uso das vias e do material rodante e de tração e com o consequente enfrentamento da concorrência rodoviária por meio de ações comerciais mais agressivas. Nesse sentido, as concessionárias deverão alterar suas estruturas de investimentos, com ênfase em soluções de gargalos operacionais, contornos urbanos, construção de variantes, de pátios e terminais e passagens de nível críticas, que, segundo estudos feitos, indicam como sendo aqueles projetos ferroviários de maiores retornos econômicos e financeiros, de maiores relações benefício/custo. Nessa área, seria oportuno não aguardar iniciativas públicas, especialmente por meio do DNIT, que já comprovou com sobras sua ineficiência nessa área, posto que durante todo esse tempo não conseguiu implantar nenhum dos contornos ferroviários a seu encargo. De outro lado, as administrações dessas empresas devem reforçar suas estratégias comerciais de atração de novas demandas e usar até o recente desenvolvimento de operadores logísticos, alguns com *grande expertise* na área ferroviária, que poderão ainda contribuir para romper o atual isolamento entre as várias malhas.

Para concluir este capítulo, vamos retornar ao tema do novo regime de contratação de obras e serviços, o RDC, mencionado quando discutimos a questão da gestão pública. Inicialmente criado para ser usado nas obras da Copa do Mundo de 2014 e da Olimpíada de 2016 (Lei 12.462, de 5/8/2011), foi estendido para as obras do PAC (Lei 12.688/2012), para as obras e os serviços de engenharia dos sistemas públicos de ensino (Lei 12.722/2012) e para as obras e os serviços no âmbito do SUS (Lei 12.745/2012), que haviam sido regulamentados pelo Decreto 7.581/2011. O RDC tem sido amplamente usado pelo DNIT, pela Infraero e pela Valec no setor de transportes. Foi saudado efusivamente por membros do governo, tendo em vista os resultados animadores quanto à redução dos prazos de contratações, mas, ao mesmo tempo, visto com ceticismo pelas empresas de construção civil, especialmente as ligadas à área rodoviária, com números significativos de licitações desertas e canceladas.

Longe de mim a pretensão de examinar esse assunto na profundidade que ele merece, porém trata-se de uma nova realidade que impacta as relações do governo com o setor privado. A redução dos prazos de contratação pode e deve ser comemorada, porém é uma simples decorrência das regras do processo em que são contratados os projetos básico e executivo junto com as obras, com a inversão do processo de pré-qualificação e de preços e com as restrições criadas para os processos recursais. A questão principal certamente não é essa, mas sim o equilíbrio alterado de riscos a serem assumidos pelos setores público e privado e as naturais consequências com relação à qualidade das obras e a seus custos de construção.

Em princípio, e creio que todos concordam com isso, no novo regime de contratações, comparativamente com o previsto na Lei 8.666/1993, os riscos das empresas privadas aumentaram de forma expressiva. Projetos básicos aprovados pelo governo, tabelas de preços unitários das próprias entidades, orçamentos de referência abertos e disponíveis, flexibilidade de inclusão de preços novos e alterações de orçamentos de até 25% dos custos iniciais são algumas das condições que representavam redução de riscos para os contratados e que no RDC não estão contemplados. Entretanto, pelo menos teoricamente, uma das consequências desse aumento dos riscos será o inevitável aumento dos custos de construção por parte das empresas: qualquer coisa diferente disso pode significar mais adiante grandes problemas, que irão afetar os contratos, as empresas e o próprio governo.

De outro lado, fica evidente e explícito que, paralelamente ao incremento dos riscos do setor privado, o governo, por seu lado, não apresenta contrapartida com relação à diminuição de seus riscos atuais, que continuam a ser de várias origens. A principal: nos documentos referentes ao RDC não existe sequer menção ao pagamento em dia das faturas de serviços prestados. A atitude do governo nesse caso é olímpica, no sentido de que cabe ao setor privado apenas aceitar as condições estipuladas ou não, conforme diversos pronunciamentos oficiais. Entretanto, as coisas não são assim tão simples, como se comprova pelos investimentos feitos pelo DNIT nos dois últimos anos, nos quais a nova modalidade de contratação, ao contrário do que propaga o governo, enfrenta seguidos problemas com licitações fracassadas.

Em palestra no 16° Enacor, em novembro de 2013, o presidente da Associação das Empresas de Obras Rodoviárias (Aneor), José Alberto Pereira Ribeiro, apresentou números preocupantes com relação aos desembolsos totais de recursos federais, que caíram de R$ 19,2 bilhões em 2011 para apenas R$ 13 bilhões em 2012 e não deverão superar os R$ 10 bilhões em 2013, por causa de vários fatores, entre os quais a extinção dos recursos da Cide. Entretanto, pela figura 22, adiante apresentada, comprova-se que o RDC teve uma aplicação mínima, com seis contratos assinados em 2012 e um em 2013, com uma porcentagem grande de licitações fracassadas.

Figura 22 — DNIT – licitações RDC 2012 - 2013

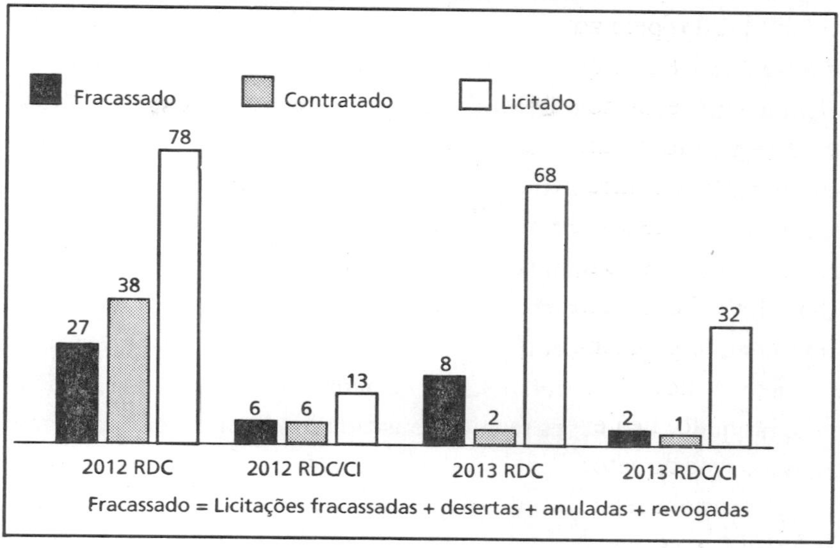

Fonte: DNIT.

Na realidade, a nova modalidade de contratação de empresas privadas para execução de obras e serviços se assemelha bastante ao tipo de parceria público-privada de concessão administrativa prevista na lei das PPPs, com uma única diferença, que é o prazo da parceria, que nesse caso é o período de execução das obras, dos testes e de entrega para seu uso imediato. Para tanto, existe a necessidade, por parte do governo, de garantir os pagamentos dos serviços, seja por meio de fundos garantidores, seja por outros modelos financeiros, como, no caso, por meio de garantias orçamentárias plurianuais, que podem ser dadas sem ferir a Lei de Responsabilidade Fiscal. Além disso, está mais do que na hora de se fixarem com mais clareza no processo de contratações de obras as responsabilidades de cada um dos atores envolvidos. Atrasos ocasionados por entidades de controle e ambientais são, em princípio, de responsabilidade única e exclusiva do executivo, que, para tanto, deverá se estruturar de forma adequada e preventiva, de preferência por meio de convênios explícitos com aquelas entidades, no sentido de clarear suas relações. Atualmente, não existem responsabilidades definidas, e cada entidade age da forma que entende ser a mais adequada, em detrimento do interesse público expresso e evidenciado na contratação específica.

Um último ponto, que não diz respeito somente ao uso do RDC, mas que se relaciona de uma forma geral à ligação com o setor privado por meio de parcerias, nas quais estão em questão certa distribuição de riscos entre os setores público e privado. Trata-se da necessidade de se contar com equipes técnicas muito mais capacitadas do que as que tradicionalmente trabalham no setor público, pois seus encargos serão muito acrescidos e fundamentais para se alcançarem os objetivos pretendidos, seja na área de projetos básicos e executivos, seja no acompanhamento da execução de obras, no qual as soluções técnicas buscadas variam bastante, de acordo com o contratado.

7. As apostas do governo: pacotes de privatização

Diante de tudo que falamos até o momento, resta iniciarmos a discussão final sobre quais caminhos se abrem para o setor de transportes de cargas. Não se pretende, e nem foi esta a nossa intenção original, apresentar propostas abrangentes que envolvessem todos os aspectos mencionados, mas chamar atenção para determinados pontos que são fundamentais para o estabelecimento de um novo ciclo de desenvolvimento do setor. Entretanto, vamos inicialmente inferir de que forma o governo federal está vendo o problema e quais as propostas que estão sendo levadas a cabo nos diversos setores.

Em 2005, quando do lançamento do PAC-1, havia uma quase certeza, por parte do governo, de que se poderia resolver a questão da infraestrutura de uma forma geral por meio do incremento dos investimentos públicos em seus diversos programas, nos quais a parcela de investimentos privados corresponderia aos arranjos institucionais já existentes, e com a ilusão de que se poderia obter um melhor rendimento da máquina pública na implementação dos projetos por meio de um acompanhamento mais estreito da área de planejamento, mas principalmente por acreditar que com a disponibilidade de recursos aqueles objetivos seriam alcançados. O PAC-2, em 2007, seguiu praticamente o mesmo roteiro e aumentou ainda mais a dotação de alguns programas, devido até à melhoria da situação geral da economia, que vivia um ambiente externo muito favorável.

No caso dos transportes, houve um incremento importante de investimentos no setor rodoviário, com ênfase nas restaurações das rodovias, que se encontravam deterioradas, e início e aceleração de projetos de expansão de grandes trechos ferroviários, ambos já por nós analisados. Entretanto, esse esforço de investimentos no setor, que na realidade durou até 2010, com uma queda significativa de mais de 20% em 2013, enfrentou uma série de problemas, que colocaram em que a própria implementação do programa e deixaram evidentes dois aspectos para os analistas do governo: que as metas do programa para os diversos setores de transportes eram claramente insuficientes para enfrentar a problemática do setor e que os níveis de execução dos programas eram totalmente insatisfatórios.[73]

Assim, sem entrar em grandes detalhes, no que se refere ao setor de transportes, aqueles programas tinham como objetivo único a reversão do quadro de declínio acentuado dos investimentos públicos que vinha ocorrendo desde a década de 1980, sem nenhuma visão sobre as demais questões do setor e, diga-se de passagem, sem qualquer pretensão nesse sentido. E, evidentemente, apesar da retórica, sem a mínima possibilidade de alteração da matriz de transportes, ou, melhor, com o agravamento dela, visto que, mesmo com todas as suas dificuldades, o DNIT estava muito mais bem aparelhado para usar os recursos disponibilizados do que as agências dos demais setores. Esse fato é facilmente comprovável por meio dos valores investidos nesses setores nos últimos anos.

De qualquer forma, várias coisas ficaram evidentes, ou deveriam ter ficado, nesse processo de recuperação do investimento público federal na área de infraestrutura de transportes: vejamos algumas delas.

---

[73]Carlos Alvares da Silva Campos Neto et al., "Gargalos e demandas da infraestrutura ferroviária e os investimentos do PAC", idem para portuária e idem para rodoviária.

Figura 23 — Investimento em transporte por modal - 2002-2013

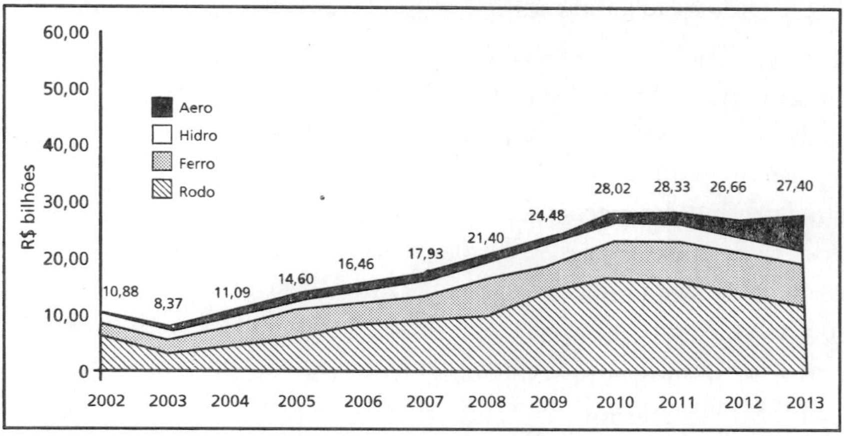

Fonte: SIGA BRASIL (SIAFI), DEST/MPOG, ABCR, ANTF e BNDES. Elaboração IPEA.

A total impossibilidade de o governo federal resolver a questão dos investimentos no setor, principalmente porque os recursos necessários estão fora de suas possibilidades, mesmo admitindo a continuidade da política de incremento da carga tributária e mesmo que se concedesse uma elevada prioridade para o setor. De outro lado, porque não existem condições objetivas de a máquina pública implementar programas de investimento de vulto, conforme foi exaustivamente demonstrado. Esse fato é particularmente grave em dois aspectos principais, que de certa forma se tangenciam e se complementam: de um lado, a dificuldade de se contar com projetos de engenharia adequados e de qualidade e, de outro, a crescente participação no processo do TCU, que exerce suas funções de controle e acompanhamento da governança pública. Nessa segunda consideração, mesmo que se resolvam as questões relativas aos projetos, as contratações de obras (RDC) e as relativas aos órgãos de controle e ambientais, subsiste a impossibilidade pelo lado dos recursos de custeio necessários para adequar, expandir e capacitar as estruturas públicas em todos os seus aspectos, mas principalmente em termos de recursos humanos.

A segunda constatação é que o papel do setor privado é fundamental na solução do problema, como, aliás, acabou por reconhecer o próprio governo ao lançar o pacote de privatizações em 2012, que será objeto de nossa análise detalhada a seguir. Porém, além desses dois pontos, que nos parecem evidentes, existem alguns outros que merecem registro. O isolamento, a independência e certa onipotência do governo federal de achar que resolve a problemática da infraestrutura de transportes sem a interação com as demais instâncias administrativas, fato esse que pode ser comprovado pelas distintas abordagens que o programa concedeu para uma série de outros setores, como habitação e saneamento. Foram constatadas algumas especificidades dos transportes, como o fato de que qualquer programa no setor envolve um número grande de projetos e exige esforços de gestão e acompanhamento da execução de obras que pressionam sobremaneira as despesas correntes, bem como os procedimentos burocráticos, com respostas em geral lentas da administração. E que, dada a grande interdependência dos projetos, uma característica típica do setor, programas de investimentos acelerados precisam ser muito bem planejados e, por isso mesmo, requerem algum tipo de centralização ou coordenação na implantação.

Assim, diante desse relativo fracasso em alavancar os investimentos públicos no setor de infraestrutura de transportes e do fato de que a economia passa por problemas estruturais de perda de produtividade e de competitividade, causadas em parte por essa deficiente infraestrutura, o governo optou por lançar um pacote de privatizações nas áreas rodoviária, ferroviária, portuária e aeroportuária, como forma de atrair o capital privado. Em agosto de 2012, o governo, além de liberar R$ 455 milhões para o Ministério dos Transportes para obras rodoviárias e ferroviárias, anunciou um programa de concessões para o setor de R$ 133 bilhões em 25 anos, como também a criação da EPL, como braço operacional da implantação do PIL e como embrião de um planejamento de longo prazo.

Dos investimentos programados de R$ 133 bilhões seriam gastos R$ 79,5 bilhões nos primeiros cinco anos e R$ 53,5 bilhões em 20 a 25 anos, R$ 42 bilhões em 7,5 mil quilômetros de rodovias, R$ 23,5 bilhões em 5 anos e R$ 18,5 bilhões em 20 anos, e R$ 91 bilhões em 10 mil quilômetros de ferrovias, R$ 56 bilhões em cinco anos e R$ 35 bilhões em 25 anos. Na área rodoviária seriam nove lotes. Os dois primeiros (BRs 116 e 040 em Minas Gerais) estariam contratados em março e abril de 2013 e os demais até julho de 2013. Na área ferroviária, seriam 12 lotes, divididos em dois grupos, que estariam igualmente com seus contratos assinados até no máximo setembro de 2013. A relação dos projetos e mapas pode ser vista a seguir.

Figura 24 — Programa de novas concessões rodoviárias

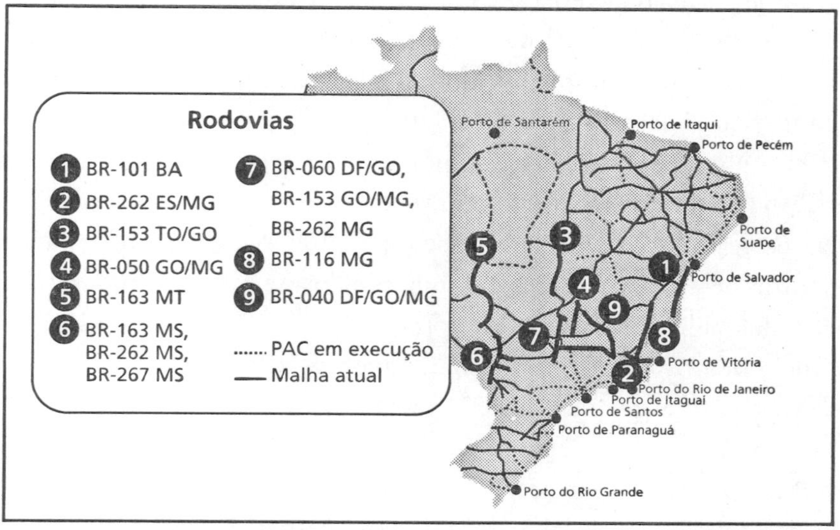

Fonte: Ministério dos Transportes.

Figura 25 — Novas concessões ferroviárias

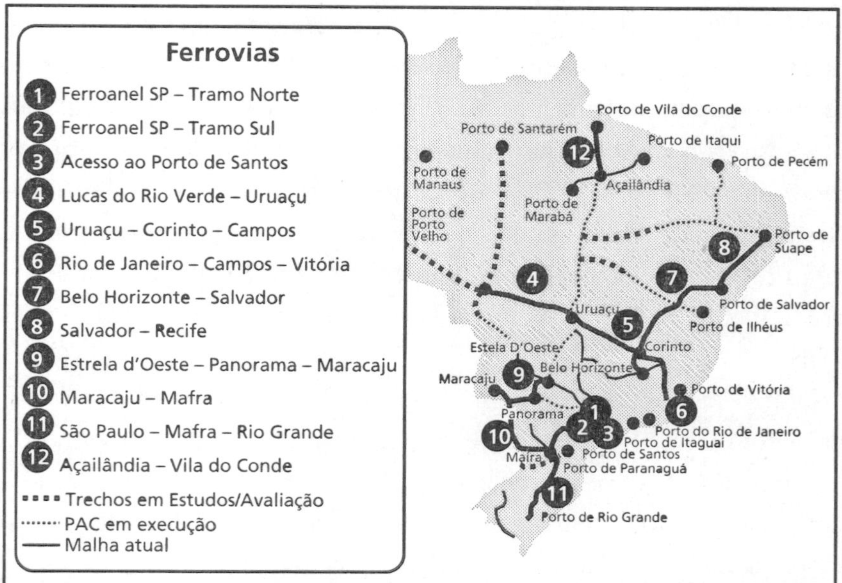

Fonte: Ministério dos Transportes.

Os prazos previstos pelo governo evidentemente não se confirmaram e, na realidade, o programa demorou a engrenar, mesmo na área rodoviária, na qual não existiam grandes novidades quanto ao modelo das concessões, por causa basicamente da fixação de uma taxa interna de retorno pouco atrativa, inicialmente fixada em 5,5%, aliada a algumas outras regras pouco claras, como participações do DNIT nas duplicações, entre outras, que até levaram o governo a cancelar os primeiros lotes acima mencionados. No primeiro leilão, em setembro de 2013, para o qual já tinham sido alterados vários parâmetros solicitados pelo setor privado, como a TIR de 7,2% e condições de financiamentos pelo BNDES mais favoráveis, foram oferecidas duas rodovias. Para uma delas, a BR-262, entre Monlevade, em Minas Gerais, e Vitória (Viana), no Espírito Santo, de 376,6 km, não se apresentou nenhum consórcio ofertante.

Dos projetos rodoviários, foram até o presente licitadas com sucesso quatro concessões: o lote quatro, da BR-050, entre Cristalina e a divisa SP/MG, com 436,6 km; o lote cinco, da BR-163 em Mato Grosso, entre Sinop e a divisa MT/MS, com 850 km; o lote sete, com três rodovias, as BRs 060, 153 e 262, com 1.176 km; e finalmente o antigo lote seis, reformulado com apenas a BR-163 no Mato Grosso do Sul, com 847,2 km. O governo espera licitar mais um lote ainda em 2013, o lote nove, a BR-040 em Minas Gerais. O restante dos lotes ficou para ser licitado posteriormente, porém, segundo informações divulgadas pela Casa Civil da Presidência, o governo pretende licitar em 2014 apenas a BR-153 entre Goiás e Tocantins. As demais rodovias ficarão sob administração do DNIT.

Na área ferroviária, nenhuma licitação foi feita e está ainda em discussão com o TCU o modelo de concessão proposto pelo governo, que altera bastante o anteriormente adotado. A ideia inicial do governo foi adotar um modelo de separação vertical entre a oferta de infraestrutura e a operação dos serviços de transporte ferroviário de mercadorias. A Valec compraria a totalidade da capacidade de transporte da ferrovia, faria oferta pública para operadores ferroviários ou usuários e garantiria o direito de passagem em todas as malhas. Entretanto, diante das críticas e dos questionamentos feitos, especialmente quanto ao papel e às garantias a serem dadas pela Valec no processo, o governo editou o Decreto 8.129, de 24 de outubro de 2013, para tentar esclarecer o assunto e propor novos mecanismos a serem disponibilizados para que aquela empresa pública possa efetivamente cumprir a importante função que lhe fora outorgada pelo modelo imaginado.

Na área portuária, as medidas do governo demoraram a ser apresentadas, porém em dezembro de 2012 foi anunciado o pacote do setor, que envolvia R$ 54,2 bilhões até 2017, a serem aplicados em arrendamentos e terminais de uso privativo, R$ 31 bilhões em 2014 e 2015 e R$ 23,2 bilhões em 2016 e 2017. Os portos beneficiados seriam Espírito Santo, Rio de Janeiro, Itaguaí, Santos, Cabedelo, Itaqui, Pecém, Suape, Aratu, Porto Sul (Ilhéus), Porto Velho, Santana, Manaus/Itaquatiara, Santarém, Vila do Conde, Belém/Miramar/Outeiro, Porto Alegre, Paranaguá/Antonina, São Francisco do Sul, Itajaí/Imbituba e Rio Grande. Além disso, serão investidos R$ 2,6 bilhões em acessos hidroviários, ferroviários e rodoviários e em pátios de regularização de tráfego nos 18 principais portos públicos, bem como R$ 3,8 bilhões em dragagem, por meio da contratação da iniciativa privada por dez anos para cinco blocos de portos.

Naquela mesma data, o governo instituiu a Comissão Nacional das Autoridades nos Portos (Conaportos), pelo Decreto 7.861, com a finalidade de integrar as atividades desempenhadas pelos órgãos e pelas entidades públicas nos portos e nas instalações portuárias, e a Comissão Nacional para Assuntos de Praticagem (CNAP), com o objetivo de regular esta problemática atividade. Entretanto, o movimento mais importante do governo na área portuária foi a edição da Medida Provisória 595, na qual se propunha uma significativa alteração nos marcos regulatórios do setor, em substituição à Lei dos Portos, com profundas e importantes consequências para o setor como um todo. Essa medida foi examinada e discutida pelo Congresso durante mais de seis meses e se transformou na Lei 12.815, de 5 de junho de 2013, como a nova Lei dos Portos. Em 27 de junho de 2013 foi editado o Decreto 8.033, que regulamentou a lei.

No setor aeroportuário, o movimento em direção às concessões de terminais públicos já vem de algum tempo, especialmente a partir do anúncio da Copa do Mundo de futebol no país. O Aeroporto Internacional de São Gonçalo do Amarante, em Natal, foi concedido em agosto de 2011. No início de 2012, foram concedidos à iniciativa privada os importantes aeroportos de Guarulhos, Brasília e Viracopos, por meio de um modelo muito criticado e cujos resultados foram de alguma forma decepcionantes, tendo em vista a limitada experiência em operações aeroportuárias dos licitantes vencedores. Em 20 de dezembro de 2012, foi lançado o Programa de Investimentos em Logística: Aeroportos, com um conjunto de medidas para melhorar a qualidade dos serviços, bem como ampliar a oferta em praticamente todas as regiões do país e, no caso de alguns terminais importantes, como Galeão (RJ) e Confins (MG), concedê-los ao setor privado. Os leilões desses aeroportos foram feitos com grande sucesso no fim de novembro de 2013.

Vamos tentar entender inicialmente a concepção geral do programa para cada um dos setores antes de analisar, com algum detalhe, os resultados das licitações já feitas nas áreas rodoviária e aeroportuária e como vem evoluindo a discussão dos modelos específicos propostos pelo governo para as áreas ferroviária e portuária, com vistas às licitações de projetos específicos. Sumariando, podemos afirmar que no caso rodoviário trata-se apenas de um programa de concessões para determinados trechos, com elevados investimentos de duplicação, sem conotação adicional relativa a qualquer outra questão do setor. Nas ferrovias, a única diferença diz respeito ao modelo de exploração, com a separação entre infraestrutura e operações, mas que tem relevância em virtude da necessidade de um ente público para acomodar a demanda e oferta dos serviços. Nos aeroportos, a situação é semelhante ao caso rodoviário, porém com impactos bem maiores, dada a participação dos aeroportos concedidos com relação à demanda de movimentação de passageiros. Na área portuária, além de consolidar um novo arranjo institucional, sob a hegemonia da SEP, foi proposto um novo marco regulatório, com alterações significativas para o desempenho do setor privado, que passa a ter um protagonismo fundamental na oferta de serviços.

Portanto, pode-se inicialmente afirmar que a intenção clara do governo federal foi repassar parcela de seus sistemas rodoviário e aeroportuário para a administração privada por considerá-la mais eficiente e de promover um choque de oferta de serviços nas áreas ferroviária e portuária em caráter extensivo sob a égide do setor privado, com expectativas de que os custos de transportes e de movimentação de cargas se reduzam significativamente. Sem pretender avançar muito, alguns questionamentos são inevitáveis: em primeiro lugar, como ficam os sistemas públicos rodoviários e aeroportuários muito mais abrangentes e complexos do que os respectivos segmentos privados, bem como o tratamento a ser dado à Valec, ou outro ente público com as mesmas funções, no caso ferroviário e as administrações públicas portuárias, sejam federais ou delegadas a estados e municípios?

Em segundo lugar, procurar saber se as expectativas do governo federal são factíveis, tanto no que se refere à desejada participação do setor privado como em relação às esperadas consequências em termos de melhorias do setor quanto ao nível dos serviços e de seus custos. Em terceiro lugar, temos de considerar que as medidas propostas para cada um dos setores, e mesmo internamente, terão efeitos em prazos completamente distintos. Uma coisa é repassar a administração de uma rodovia ou de um aeroporto para o setor privado, que, dependendo do caso, poderá ter efeitos palpáveis em curto prazo para aqueles usuários específicos. Outra coisa é a redução dos custos de transportes em uma cadeia produtiva, que pode até ter início pela implantação de uma ferrovia ao longo de vários anos, mas que após vai depender de uma série de medidas operacionais e comerciais de muito longo prazo para se consolidar.

Diante do exposto, seria irrealista pensar que essas medidas terão impacto significativo, seja nos investimentos totais ou privados no setor, em função dos esquemas de financiamento com recursos públicos, seja em termos de alterações em médio prazo na matriz de transportes, seja na redução dos custos de transportes dos principais corredores de transportes, a não ser que se promova uma série de outras medidas de caráter bem mais abrangente do que as contidas nesses pacotes. De qualquer forma, vamos aprofundar nossa análise deles.

As referências básicas com relação às concessões rodoviárias são as seguintes:

— Trata-se de um programa de parcerias com o setor privado por meio de concessões comuns, nas quais são cobradas tarifas dos usuários no financiamento dos empreendimentos;
— Segue como uma transferência de ativos públicos para exploração privada, por 30 anos, mas nesse caso com exigências maiores de investimento, com o objetivo de alcançar a duplicação de todos os trechos em cinco anos;
— As regras para o início da cobrança de pedágio aos usuários também foram alteradas no sentido de que venha a ocorrer após a duplicação de 10% do trecho licitado;
— No financiamento do empreendimento, a participação do BNDES ou de bancos privados pode chegar a 70%, por meio de empréstimos de longo prazo em até 25 anos, incluindo carência de cinco anos, com taxa de juros de longo prazo (TJLP) até 1,5% e de empréstimos-ponte de até 30% do financiamento de longo prazo, com as mesmas taxas de juros e com o primeiro desembolso em até noventa dias após a assinatura do contrato;
— Dos restantes 30%, metade pode ser financiada pelos chamados fundos-noiva,[74] com participação do BNDESPar, dos fundos de pensão Petros, da Petrobras, e Funcef, da Caixa Econômica Federal, do BB Banco de Investimento e de eventuais investidores internacionais;

[74]Participação de entidades públicas no capital acionário das administradoras das rodovias e ferrovias leiloadas.

— No pacote rodoviário de nove lotes, constituídos de rodovias federais troncais, existem dois grupos de projetos: seis lotes que fazem a transição entre os estados da região Centro-Oeste — Goiás, Mato Grosso, Mato Grosso do Sul e Tocantins, além do Distrito Federal — com a região Sudeste e o Paraná, na região Sul, para acessar os portos de Vitória, Itaguaí, Santos e Paranaguá;

— O segundo grupo é constituído pelos projetos de duplicação da BR-101 na Bahia e da BR-116 em Minas Gerais, que fazem a ligação Nordeste-Sudeste. E finalmente existe um projeto que tem características especiais, o da BR-163, no Mato Grosso, que pode vir a se constituir em uma opção importante para o escoamento da produção agrícola do cerrado em direção à região Norte, ao porto de Santarém;

— No primeiro grupo existem projetos complementares e projetos concorrenciais, até em suas articulações com concessões estaduais, o que significa dizer que a determinação do tráfego atual e de sua projeção somente pode ser feita por meio de uma análise de rede, sem a qual as incertezas com relação ao risco de tráfego serão muito elevadas;

— Essas incertezas são ainda maiores porque muitos desses trechos terão ainda de enfrentar a eventual concorrência ferroviária, não somente em relação à malha existente (FCA, EFVM e Ferronorte), como principalmente com relação à malha projetada, até no próprio pacote ferroviário;

— No segundo grupo, os dois projetos concorrem diretamente, bem como com a Ferrovia Centro-Atlântica e com as possibilidades de um eventual transporte por cabotagem.

— Todos os estudos de tráfego, de engenharia e econômico-financeiros que serviram de base para as licitações foram desenvolvidos sob a coordenação da Estruturadora Brasileira de Projetos (EBP), contratada diretamente pela ANTT, de acordo com a lei de concessões federal e com o convênio firmado entre o BNDES e a empresa;

— Como em uma grande parte dos 7,5 mil quilômetros do programa os níveis de tráfego não justificam duplicações, mesmo considerando um horizonte de cinco anos, estará se construindo a priori uma rede com excesso de capacidade, com implicações em termos do mercado de transportes daquelas regiões, com viés claro favorecendo o transporte rodoviário, observação já feita no capítulo 6.

No início do processo dessas concessões, o governo sinalizou sua intenção de, por meio da fixação de uma taxa interna de retorno baixa (5,5%) e de condições de financiamento mais apertadas, conseguir tarifas que fossem semelhantes às da segunda etapa das concessões federais, apesar de as exigências de investimentos serem completamente opostas. Dado o relativo desinteresse dos segmentos empresariais da área, acabou não somente elevando a TIR de projeto como facilitou em muito as condições de financiamento por meio do BNDES, com a possibilidade de empréstimos-ponte e de longo prazo com taxas de juros subsidiadas e da criação dos fundos-noiva, até com a possibilidade de que esses viessem a compor o capital das sociedades de propósito específico (SPE)[75] a serem criadas até o limite de 49%, sem falarmos das desonerações fiscais já acertadas. Dessa forma, no limite, os acionistas das novas empresas ficariam responsáveis por aportar apenas 15% dos investimentos programados. Além disso, é importante não esquecermos que são contratos de trinta anos, com extensas e aperfeiçoadas garantias e seguros após tantos anos de experiência do mercado com concessões e com uma expectativa de receita a ser paga pelos usuários que excede em muito aqueles investimentos.

Dessa forma, afora a licitação da BR-262 entre Minas Gerais e Vitória, que deu deserta (quando não há nenhum proponente), as demais tiveram

[75]A SPE (Sociedade de Propósito Específico) surgiu com a Lei das Parcerias Público-Privadas (11.079/2004) para execução de um contrato de parceria concedido após licitação. É organizada sob um dos tipos societários existentes na ordem jurídica: sociedade limitada, sociedade anônima aberta etc. Como o próprio nome diz, tem um fim específico e prazo determinado. É vedado à administração pública ter a maioria do capital votante, salvo na aquisição em caso de inadimplemento dos contratos de financiamento.

resultados muito bons, especialmente com relação aos deságios oferecidos para a tarifa básica de pedágio. O primeiro trecho concedido, da BR-050 entre Cristalina e a divisa MG/GO, com 436,6 km, já com contrato assinado, foi ganho pelo Consórcio Planalto, com a proposta de valor do pedágio de R$ 4,534/100 km e com um deságio de 42,38% sobre o teto fixado. O consórcio vencedor se constituiu em uma agradável surpresa, pois é formado por nove empresas médias, das quais oito estreantes em concessões, lideradas pela Sociedade de Engenharia e Pavimentação Rodoviária (Senpar) e pela Greca Distribuidora de Asfaltos.

A segunda licitação, de um trecho da BR-163 em Mato Grosso com 850,9 km, que tem início na divisa com Mato Grosso do Sul e termina próximo da cidade de Sinop, foi ganha pela Odebrecht TransPort S.A., que, além de deter várias concessões rodoviárias, dias antes ganhara a concessão do aeroporto do Galeão, com um ágio de 400% sobre o valor da outorga fixado pela Anac. Nesse caso a empresa apresentou uma proposta de tarifa de R$ 2,63/100 km, com um deságio de 52% sobre o teto fixado no edital.

A terceira licitação envolveu um conjunto de três rodovias federais, as BRs 060, 153 e 262, com 1.176 km, no Distrito Federal, em Goiás e em Minas Gerais, e foi ganha pela Triunfo Participações e Investimentos (TPI). Essa empresa, com larga experiência de concessões desde a primeira etapa do programa federal — ficara em segundo lugar nas duas licitações anteriores, além de ser sócia do aeroporto de Viracopos, em Campinas —, apresentou uma proposta de tarifa de R$ 2,851, com um deságio de 52% sobre a tarifa-teto.

A quarta licitação, da BR-163 em Mato Grosso do Sul, foi ganha pelo maior grupo de concessões do país e certamente da América Latina, a CCR. O trecho concedido, de 847,2 km de extensão, cruza todo o estado, desde a divisa com o Paraná até a divisa com Mato Grosso. Esse lote era originalmente constituído pelas BRs 262, 267 e 163, que dariam acesso a São Paulo saindo de Campo Grande e Dourados, porém o governo, por causa do risco de torná-lo pouco atrativo do ponto de vista econômico, optou por licitar somente a última. A proposta de tarifa da CCR foi de R$ 4,381/100 km e correspondeu a um deságio de 52,74% ante o valor-teto fixado no edital.

O quinto lote foi arrematado por trinta anos pela Invepar Investimentos, Participações e Infraestrutura, que tem como sócios os três maiores fundos de pensão do país, todos de funcionários do Estado, Previ (do Banco do Brasil), Petros (da Petrobras) e Funcef (da Caixa Econômica), e a construtora OAS. O trecho da BR-040, de 936,8 km, vai de Juiz de Fora a Brasília, dos quais 557,2 terão de ser duplicados em até cinco anos, e terá 11 praças de pedágio. A empresa ofereceu uma proposta de tarifa básica de pedágio de R$ 3,22528/cem quilômetros, o que representou um deságio de 61,13% em relação ao teto, fixado em R$ 8,29763. As estimativas de receita são de R$ 24,7 bilhões e os investimentos previstos, de R$ 7,92 bilhões.[76]

A análise do resultado desses editais, quanto à adequação desses níveis tarifários aos encargos previstos, exigiria de nossa parte entrar em detalhes nos estudos prévios de tráfego e de engenharia e nos fluxos de caixa de cada uma das proponentes, coisa que foge completamente ao escopo deste livro. Entretanto, algumas observações gerais merecem registro, especialmente quanto à questão dos investimentos. Levando-se em conta que na BR-050 a previsão é de que sejam aplicados R$ 3,03 bilhões; na BR-163, R$ 4,6 bilhões; no conjunto 060, 153 e 262, R$ 7,15 bilhões; na BR-163, R$ 5,7 bilhões; e na BR-040, R$ 7,92 bilhões, e considerando as respectivas extensões, chegamos a uma média de R$ 6,5 milhões/quilômetro de investimentos. Esse índice, tendo em vista as necessidades de duplicação em curto prazo e que as concessionárias tenham de conservar, manter e operar uma extensão total que é o dobro da extensão inicial, mostra claramente que os investimentos totais foram bastante subestimados.

[76]Durante o período de edição do livro foi realizado o sexto leilão de concessão de rodovias (23/5/2014), do trecho de 624,8 km da BR-153 entre Anápolis (GO) e Aliança do Tocantis (TO). O vencedor do certame foi a Galvão Engenharia, com um deságio de 45,99% sobre a tarifa fixada em edital de R$ 9,22/100 km: o valor do investimento total é de R$ 4,31 bilhões. Este trecho rodoviário compete diretamente com a Ferrovia Norte-Sul no transporte de grãos daquela região.

O custo de uma duplicação por quilômetro de rodovia, a preços de hoje, já está entre R$ 6 milhões e R$ 7 milhões, e nos números relativos a investimentos totais previstos nas concessões devem estar incluídos todos os demais custos, especialmente os relevantes de recapeamento e demais obras de acessos e interseções, que no caso de duplicações são geralmente muito elevados. No caso dos lotes concedidos na segunda etapa do programa federal, na qual os encargos das concessões eram muito mais reduzidos, pois para alguns trechos as duplicações já haviam sido executadas e nos outros não existiam previsões para tal, os investimentos/quilômetro em média, a preços de hoje, alcançariam R$ 4,5 milhões/quilômetro, índice esse que corrobora integralmente nossas considerações sobre essa questão.

Outro ponto que mereceria um registro mais completo é o das estimativas de demanda, que balizaram a determinação do tráfego pedagiado nas diversas praças e sua evolução ao longo do tempo. Pelo que pudemos examinar, de forma sumária, a metodologia adotada com base em modelos de transporte usou procedimentos simplificados com relação às competições intra e intermodal entre os sistemas rodoviário e ferroviário, sem levar em conta o próprio programa federal de investimentos nas ferrovias para aquelas regiões, que, como já assinalado, pode ter levado a algumas distorções naquelas estimativas. Ressalta-se ainda que a mesma abordagem foi usada para todas as concessões, até porque apenas uma empresa fez todos os estudos, a EBP, altamente questionada, diga-se de passagem, pelo TCU por sua atuação nos estudos dos terminais portuários para a SEP.

De qualquer forma, não temos dúvida de que nos resultados alcançados quanto à modicidade dos níveis tarifários o fator preponderante foi a "estatização dos riscos", por meio dos esquemas de financiamento públicos já devidamente mencionados, agravados pelas elevadas participações no capital das empresas vencedoras dos certames de entidades públicas, como BNDES, Previ, Petros, Funcef, FI-FGTS (fundo criado com recursos do trabalhador para investir em aeroportos), entre outros. Perdeu-se a oportunidade de alavancar não somente recursos privados de grupos solidamente estabelecidos nesse setor como de instituições financeiras e de seguradoras que poderiam muito bem substituir o atual papel do BNDES. Nesse sentido, é fundamental se dar conta de que os grupos que atualmente entram nas licitações das concessões rodoviárias são profundamente distintos daquelas empresas que concorreram nas primeiras etapas do programa federal e do estado de São Paulo e que, além disso, esse modelo de financiamento é extremamente adequado ao atual estágio de desenvolvimento corporativo desses grupos, pois contribui com novos ativos, com participação muito reduzida de capital próprio e com expectativas interessantes de receitas.

São grupos altamente capitalizados, têm como acionistas empresas de grande porte econômico e financeiro e trabalham em diversos setores de infraestrutura, como aeroportos, energia, rodovias, ferrovias, portos, mobilidade urbana, serviços, no Brasil e em alguns casos no exterior, com ativos expressivos mediante suas diversas empresas controladas, de capital aberto, como a CCR (48,78%) e a Triunfo, e com expressivas captações de recursos de capital no mercado financeiro, como, por exemplo, a Odebrecht TransPort. A CCR detém hoje dez concessões rodoviárias dentre as mais importantes do país, com cerca de 2,5 mil quilômetros, em São Paulo, Rio de Janeiro e Paraná; cinco concessões de mobilidade urbana, inclusive a Linha 4 do metrô paulista; três aeroportos internacionais (Quito, San José e Curaçao) e agora o aeroporto de Confins, em Belo Horizonte; e várias empresas de serviços, com uma receita operacional bruta de quase R$ 6 bilhões em 2012. A Odebrecht TransPort tem 18 ativos concentrados em três áreas: mobilidade urbana — Supervia, no Rio de Janeiro, linhas do metrô de São Paulo, vários VLTs —, rodovias no Sudeste, Nordeste e Centro-Oeste, sistemas integrados de logística na área portuária, e recentemente ganhou a concessão do aeroporto do Galeão.

Portanto, é inimaginável acreditar que pelo simples fato de constituir uma SPE para administrar uma determinada e recente concessão rodoviária se garantirá a independência corporativa, com relação à prestação de um serviço público específico, no qual a empresa cumpre de alguma forma o papel do Estado. Esse fato pode ser admissível do ponto de vista contábil, porém não se pode esquecer que a nova concessão é mais um ativo a ser acrescido a uma série de outros que, de uma forma ou de outra, têm algum tipo de relação mútua de interesses econômicos e financeiros e que, em conjunto, fazem parte de uma estratégia do próprio grupo. Essa tendência, que me parece inevitável, coloca, entretanto, desafios novos para o governo e para a agência reguladora, mesmo no nível das atuais condições estabelecidas nos editais de licitações, visto que até o presente as atenções estão exclusivamente voltadas para aquela licitação ou para aquela concessão específica, e se procura sempre avaliar os resultados de forma parcial e limitada.

No caso ferroviário, a coisa é totalmente distinta. Até o presente, nenhuma concessão foi licitada, com o prosseguimento das discussões no âmbito do governo e dos órgãos de controle sobre o modelo de separação vertical a ser adotado e sobre a participação da Valec no processo. Em princípio, a grande vantagem desse tipo de modelo ferroviário de separação entre "trilho e trem" é que ele permite uma maior competição no uso da infraestrutura. Entretanto, a experiência internacional mostra que esse fato não se aplica a todas as situações; depende, entre outros, da capacidade existente, da estrutura do transporte ferroviário da região e, evidentemente, da gestão e dos processos de entendimento entre as partes envolvidas. Ademais, o regime de exploração das concessões existentes é exatamente o oposto daquele modelo, e, portanto, as ferrovias funcionam com base na integração vertical. No caso das ferrovias da Vale (70% da demanda), existe um completo predomínio do uso das vias para o transporte de minérios, uma situação de total monopólio do leito ferroviário.

Diante desse quadro, vamos tentar analisar, mesmo que sumariamente, a relação dos projetos incluídos no programa ferroviário. Dos 12 relacionados, podemos arbitrariamente separá-los nos seguintes grupos:

— Gargalos operacionais (três): Ferroanel (SP), tramos norte e sul e acesso ao porto de Santos;
— Ligações inter-regionais (três): Belo Horizonte a Salvador (lote 7), Salvador a Recife (lote 8) e São Paulo–Mafra–Rio Grande (lote 11);

— Eixo transversal Mato Grosso–Goiás–Minas Gerais–Espírito Santo–Rio de Janeiro (dois): lote 4 (Lucas do Rio Verde a Uruaçu), também conhecida como Ferrovia de Integração do Centro-Oeste, e lote 5 (Uruaçu a Corinto e a Campos);
— Eixo transversal Mato Grosso do Sul — Santa Catarina — Paraná (dois): lote 9 (Estrela do Oeste, Panorama, Maracaju) e lote 10 (Maracaju, Mafra);
— Ligação intrarregional (um): lote 6 (Rio de Janeiro–Campos–Vitória);
— Acesso portuário (um): lote 12 (Açailândia, Porto de Vila do Conde).

Sem entrar na discussão acerca da viabilidade econômica e financeira dos projetos — posto que para alguns deles, como os gargalos, as incertezas quanto à necessidade de implantação são bem reduzidas, mas em relação a outros existem questionamentos —, pode-se, preliminarmente, indicar que as ligações inter-regionais e a ligação intrarregional poderiam ser indicadas para a aplicação do modelo de separação vertical. Todos os outros lotes apresentam de alguma forma uma grande complementaridade com as malhas existentes ou estão em processo de implantação, o que dificultaria em muito a adoção daquele modelo e levaria à coexistência em determinados movimentos de dois tipos de exploração. Essas restrições poderiam ser sanadas por meio de uma mudança radical dos marcos regulatórios e de sua aplicação à exploração das malhas existentes, porém até o momento não houve definição clara a esse respeito pelo governo federal. Ao contrário, no Decreto 8.129, de outubro de 2013, no artigo 5º, o governo admite que o poder concedente poderá autorizar a ampliação das malhas existentes sob o modelo antigo de concessão, o que por si só é suficiente para gerar grande perplexidade e incerteza quanto à adoção do novo modelo.

De outro lado, a indicação de uma empresa de construção ferroviária como a Valec, que sequer tinha em seus quadros técnicos especializados em operação ferroviária, para desempenhar as funções de detentora de parcelas da capacidade dos leitos ferroviários — que seriam leiloados publicamente a eventuais operadores ferroviários, como donos de carga, concessionários atuais e operadores logísticos independentes — transmitiu ao mercado uma grande insegurança e aumentou as desconfianças com relação ao modelo pretendido. Diga-se de passagem que os problemas da Valec não param por aí: como todos sabem, a empresa acumula déficits sucessivos, possui passivos expressivos das antigas RFFSA e do Geipot, enfrenta processos de irregularidades em suas obras pelo TCU e vários de seus antigos dirigentes são acusados de improbidade administrativa, além do fato de que na prática a ANTT não regula sua atuação como concessionária de serviços públicos.

Um último questionamento com relação às propostas do governo federal para o setor ferroviário é a insistência em fazer as licitações de concessões sob o regime de concessões comuns, regidas, portanto, pela Lei 8.987/1995. O modelo proposto, até pela aquisição por parte do governo de parcelas da capacidade ferroviária dos trechos, se enquadra claramente como uma concessão do tipo patrocinada regida sob a lei das parcerias público-privadas (11.079/2004), na qual o financiamento dos empreendimentos é dividido entre o pagamento de tarifas pelos usuários e os aportes financeiros do governo. Além de tudo, essa abordagem poderia ser de muita utilidade para o governo, pois, por meio das manifestações de interesse, o setor privado poderia ajudar o governo a detalhar melhor o modelo de exploração e chegar a um consenso, bem como na forma e no *timing* da implantação.

Na área portuária, a situação é novamente bastante atípica, pois, apesar de o governo não haver ainda feito licitação para arrendamentos ou concessões nas áreas dos portos organizados, devido a questionamentos do TCU sobre os estudos desenvolvidos pela EBP, foram estabelecidos novos marcos regulatórios, aprovados pelo Congresso e homologados pela Presidência da República, que se encontram em plena vigência e que merecem uma atenção toda especial. A par disso, a configuração institucional do setor mudou significativamente a partir da criação da SEP e especialmente agora, por meio da Lei 12.815/2013 e do Decreto 8.033/2013.

Em nível federal caminhou-se para uma melhor definição de atribuições entre o Ministério dos Transportes, a SEP e a SAC, sob a coordenação geral do Conit, assessorado pela EPL. Ao primeiro cabe a responsabilidade pelos modais rodoviário, ferroviário e dutoviário e os sistemas de navegação interior; à segunda, pelos portos marítimos, fluviais e lacustres, pelas administrações portuárias e seus conselhos; à terceira, pelo modal aeroviário. As agências reguladoras, ANTT, Antaq e Anac, ficaram direcionadas para cada uma daquelas entidades nesse novo arranjo institucional, como pode ser visto a seguir (figura 26).

Figura 26 — Novo arranjo institucional do Setor de Transportes Federal

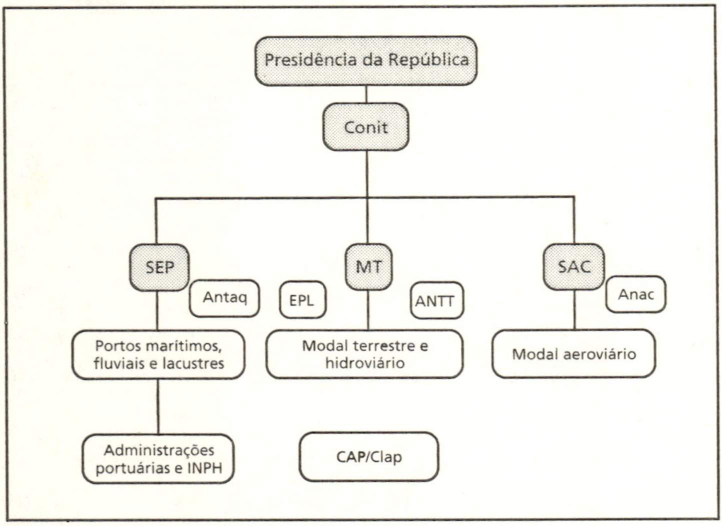

Fonte: SEP.

Apesar dos avanços, existem algumas zonas de indefinição localizadas, particularmente na área hidroviária, que se vincula funcionalmente ao Ministério dos Transportes, por meio do DNIT e da Codomar, mas que operacionalmente tem tudo a ver com a administração dos portos fluviais e lacustres, que agora está sob a égide da SEP. Da mesma forma o Fundo de Marinha Mercante, que continua no Ministério dos Transportes.

No setor portuário, as alterações institucionais foram claramente no sentido de reforçar o papel centralizador da SEP, o que revive de alguma forma o modelo Portobras, tanto em nível de planejamento, com a atribuição de elaborar o PNLP e o PGO e de aprovar os PDZs dos portos, como de autoridade pública maior nos relacionamentos com os estados e municípios e com o setor privado, pois passou a assinar todos os contratos de concessão, arrendamento e autorização como poder concedente federal.

Todos os demais atores institucionais foram esvaziados em termos de poder: a Antaq, como agência reguladora, fica com suas atribuições de fazer os procedimentos licitatórios, regular e fiscalizar as outorgas, porém perde seu status anterior de poder concedente e de responsável pela elaboração do PGO. Os CAPs ficam definitivamente relegados a atuar como conselhos consultivos, e as autoridades portuárias, além de perder algumas de suas atribuições tradicionais, ficam totalmente controladas, seja pela necessidade de se comprometer com metas definidas pela SEP por meio de contratos-programa como pela criação da Conaporto, das Comissões Locais de Autoridades nos Portos (Claps) e da CNAP, que passam a interagir com as demais autoridades públicas que atuam no universo portuário e passam a monitorar o desempenho logístico dos portos, com evidentes poderes de fiscalização sobre eles. Perdem também os trabalhadores avulsos, que viram sua regra atual mantida, porém com a proibição de os operadores portuários contratarem trabalhadores temporários e certamente com o esvaziamento dos portos públicos.

Em termos de operação portuária, a grande alteração nos marcos regulatórios de atuação do setor privado diz respeito à extinção dos TUPs, que passam a ser denominados de Terminais Privados (TPs), localizados sempre fora da área dos portos organizados e que ficam autorizados a movimentar livremente cargas de terceiros, o que resolve as pendências judiciais sobre essa matéria. O alcance dessa medida é bastante relevante, porque, em última análise, o governo permitirá, inicialmente, a transformação dos 129 TUPs em portos privados capazes de estabelecer competição com todos os portos públicos, como atrairá capital privado diretamente para aplicação em novos portos e promoverá, assim, um choque de oferta de serviços portuários.

Essa transformação será feita por meio do instrumento de autorização, com prazo de 25 anos, prorrogáveis por períodos sucessivos, sob a condição de que as empresas autorizadas mantenham as atividades portuárias e façam investimentos na modernização e ampliação de suas infraestruturas. Os interessados poderão requerer a autorização a qualquer tempo, mas a Antaq deverá tornar esse pedido público, de modo a resguardar a possibilidade de outros interessados em fazer semelhantes investimentos na mesma região. De outro lado, a Antaq poderá tomar a iniciativa de fazer uma chamada pública para conceder autorização para exploração portuária em determinada região, mas consultará previamente as autoridades aduaneiras e a prefeitura dos municípios. Esse mesmo instrumento de autorização será aplicado no caso de exploração de estações de transbordo de carga, instalação portuária pública de pequeno porte, instalação portuária de turismo e "terminais indústria", previstos na nova lei, que são espaços localizados fora dos portos públicos que vão servir para movimentação exclusiva de carga pertencente à empresa autorizada a operar um terminal desse tipo.

Arrendamentos e concessões nos portos públicos serão sempre licitados com prazos de 25 anos, garantida a prorrogação apenas uma vez, pelo mesmo prazo, desde que a empresa arrendatária ou concessionária promova investimentos para ampliação e modernização das instalações. A avaliação das propostas seguirá maior movimentação de carga, menor tarifa ou menor tempo de movimentação, entre outros itens estabelecidos no edital. Tanto no caso dos terminais privados como no de arrendamentos e concessões, ficam vedados a empresas com participação superior a 5% em companhias de navegação marítima, exceto se empresas públicas. Aparentemente, os TUPs existentes nas áreas dos portos organizados cumprirão seus atuais contratos de autorização até o término, mas não serão prorrogados, terão de se adaptar à nova lei, enquanto que os contratos de arrendamento e concessão existentes, tanto anteriores à Lei dos Portos, que se encontram vencidos, quanto posteriores, que deverão vencer até 2017, poderão ser renovados por um único período, mediante negociações específicas quanto ao nível de investimentos a ser pactuado.

Alterações de marcos regulatórios normalmente levam algum tempo para ser aceitas e principalmente para ser implementadas, pois têm implicações sobre normas, procedimentos e interesses atuais que necessitam ser revistos. No caso em questão, quer me parecer que o choque de oferta de serviços portuários pretendido pelo governo aponta na direção correta, mas está longe de ser suficiente para uma redução final dos custos portuários, principalmente por duas razões: a primeira, como assinalado anteriormente, pela alta participação que existe e por algum tempo existirá de movimentação de carga própria nos terminais, cuja lógica nada tem a ver com o "negócio movimentação de carga portuária", mas faz parte de um negócio de exportação de determinada mercadoria; a segunda, não existe garantia de que com as alterações pretendidas e com a criação de tantas comissões se consiga melhorar em muito as administrações portuárias, que em última análise são as maiores responsáveis pelos custos e pela baixa eficiência na prestação dos serviços.

Antes de finalizar esta sumária análise dos novos marcos regulatórios do setor, não podemos deixar de ressaltar que teria sido uma boa oportunidade corrigir alguns problemas que ficaram pendentes de interpretação na antiga Lei dos Portos e que seguem com o mesmo padrão na lei atual. Denominar de contratos de arrendamento os contratos de prestação de serviços públicos referentes a terminais de uso público dentro da área de porto organizado é, de acordo com muitos especialistas, uma aberração, como se o importante não fosse a delegação expressa do poder público para uma exploração privada de uma atividade constitucionalmente atribuída à União. "O titular de um terminal de uso público é antes de tudo um subconcessionário do porto organizado, apenas secundariamente figura como um arrendatário de imóvel localizado em área do porto organizado."[77]

De qualquer forma, 2013 foi um ano perdido para o setor: os pedidos de autorização de terminais privados continuam pendentes, pois as regras

[77]Carlos Augusto da Silveira Lobo, *Os terminais portuários privativos na Lei 8.630/93*

ainda seguem em discussão, nenhum contrato de dragagem foi assinado, nenhum contrato de gestão das companhias Docas foi assinado, não se resolveu o problema da praticagem, os investimentos públicos foram mínimos, abaixo de 15% das verbas autorizadas, e os estudos relativos a 161 áreas portuárias desenvolvidos pela EBP para a SEP estão sob suspeita no TCU, que até questiona o convênio de cooperação técnica da empresa com o BNDES.

Para finalizar esta análise sobre os programas do governo federal com relação aos modais de transportes, resta falarmos sobre o transporte aéreo, apesar de sua pouca importância no transporte de mercadorias. Parecem existir dois movimentos principais do governo nessa área, quais sejam: transferir a administração de importantes aeroportos para a iniciativa privada — mas, em um primeiro momento, manter participação expressiva da Infraero e tentar absorver a experiência internacional na operação aeroportuária — e reforçar e subsidiar a aviação regional por meio de investimentos em 689 aeroportos públicos regionais e certas rotas entre cidades pequenas e médias do interior. Os aeroportos de Natal, Guarulhos, Viracopos e Brasília já estavam sob administração privada desde o início de 2012, quando foi anunciado o novo programa, que incluiu Galeão e Confins, por meio de um novo modelo com ênfase na experiência internacional na operação aeroportuária, com a obrigação da Infraero de concluir as obras em andamento nos dois aeroportos e com novas condições de financiamento, na linha do que foi feito para as concessões rodoviárias.

O novo aeroporto de Natal foi concedido em novembro de 2011 ao consórcio Inframérica, constituído pela empresa brasileira Engevix e a argentina Corporación America, que venceu o leilão com um lance de R$ 170 milhões, ágio de 228% sobre o valor mínimo de outorga. A concessionária, segundo informações correntes, acelerou o ritmo das obras de implantação do aeroporto com vistas à demanda da Copa do Mundo e foi entregue em junho de 2014, com um dos acessos pavimentados.

Os leilões das concessões dos aeroportos de Guarulhos, Viracopos e Brasília foram feitos simultaneamente em 6 de fevereiro de 2012, com prazos de vinte anos. Foram ganhos pelo consórcio Invepar, composto pelas empresas Invepar Investimentos e Participações em Infraestrutura e ACSA, da África do Sul, por R$ 16,2 bilhões; pelo consórcio Aeroportos Brasil, composto pelas empresas Triunfo Participações e Investimentos, UTC Participações e EGIS Airport Operation, por R$ 3,8 bilhões; e pelo consórcio Inframérica Aeroportos, o mesmo da concessão de Natal, por R$ 4,5 bilhões. A participação da Infraero como acionista nas três concessões alcança 49% do capital social das empresas concessionárias, com igual porcentagem na governança.

O resultado desses leilões não foi de agrado do governo, dada a baixa experiência desses consórcios na área, principalmente para operar dois dos maiores aeroportos do país, Guarulhos e Brasília. De outro lado, a participação da Infraero no negócio já causou enorme déficit, que vai ter de ser coberto por aportes do governo, que ao fim subsidiará fortemente os investimentos a serem feitos nesses terminais. Entretanto, essa mesma regra de participação da Infraero em 49% foi mantida no caso das concessões do Galeão e de Confins.

O Aeroporto Antonio Carlos Jobim (Galeão) foi arrematado, por 25 anos, pelo Consórcio Aeroportos do Futuro, formado pela Odebrecht TransPort e pela operadora do aeroporto de Singapura Changi, na proporção de 60% e 40%, respectivamente, com um lance de R$ 19 bilhões, um ágio espetacular de 293% sobre o mínimo estipulado, de R$ 4,8 bilhões. A concessão do Aeroporto Internacional Tancredo Neves (Confins), pelo prazo de trinta anos, foi ganha pelo Consórcio Aero Brasil, constituído pela CCR e pelas operadoras dos aeroportos de Zurique e Munique, com uma proporção de 75%, 24% e 1%, respectivamente. O consórcio fez um lance de R$ 1,8 bilhão, com um ágio de 66% sobre o valor mínimo de R$ 1,1 bilhão. Os valores de outorga serão pagos ao longo do tempo, após um período de transição para a passagem da administração dos aeroportos da Infraero para os consórcios vencedores. Foram estimados investimentos de R$ 5,7 bilhões para o Galeão e de R$ 3,5 bilhões para Confins, a serem feitos até abril de 2016.

O lance da Odebrecht pelo Galeão surpreendeu o mercado, não somente pelo ágio de 293% como pela diferença com relação ao segundo colocado, mais de 16%, e pela participação na receita total de cerca de 70% das receitas comerciais de exploração dos espaços do aeroporto. Especula-se que dois fatores contribuíram para esse resultado: uma alteração nos marcos regulatórios das explorações comerciais nos terminais aeroportuários e o fato de que um mês antes o governo liberara o FI-FGTS, fundo que é sócio da Odebrecht TransPort desde 2010, com uma participação de 30%, e que não é sócio dos demais consórcios concorrentes da licitação. Em 25 de dezembro de 2013 foi anunciada a entrada do BNDES como sócio da Odebrecht TransPort, com 10,61% do capital, ao injetar R$ 1 bilhão no negócio. Para manter sua participação de 30%, o FI-FGTS aportará R$ 428,5 milhões na empresa.

8. Outros caminhos

Faremos a partir daqui uma tentativa de sumarizar muito do que foi visto ao longo destes capítulos, porém com o foco direcionado para a proposição de determinadas linhas de ação que possam contribuir para o desenvolvimento do setor. Várias proposições específicas foram sendo feitas em nossa exposição, porém é importante consolidá-las por meio de um visão geral inicial, posto que dificilmente teremos condições, no âmbito deste livro, de fazer proposições que abarquem todas as questões levantadas. O ponto de partida nesta abordagem é o reconhecimento de que, independentemente das reais intenções, fica bem claro, em nossa análise das tentativas recentes do governo federal de encaminhar uma solução para a grave crise do setor, tanto no que se refere à tentativa de incremento dos investimentos públicos quanto nos recentes pacotes de privatização, que a prioridade continua sendo o transporte rodoviário. No primeiro caso, mediante o acréscimo de investimentos ocorridos via DNIT, que, apesar dos percalços, teve um desempenho bem superior ao dos demais setores, e, no segundo caso, onde as concessões rodoviárias aconteceram, mesmo que por meio de pesados subsídios públicos.

A continuidade dessa política de priorização do sistema rodoviário desde a década de 1940 até os nossos dias impressiona, como se estivéssemos amarrados a uma camisa de força, da qual não se consegue escapar. Ela envolve a maioria de nossos dirigentes, sejam públicos ou privados, com os mais variados objetivos, e permeia toda a economia, com supostos benefícios para os setores produtivos e, enfim, para o povo, mas com custos crescentes para a sociedade, especialmente aqueles considerados contribuintes, que são sempre convocados a participar de parcela da conta a ser paga. Assim, de uma forma bem simples e sem radicalismos, vamos aqui levantar as possibilidades que existem para um caminho opcional a esse, reconhecendo de forma realista sua força e seu poder político-administrativo, que necessariamente começa por um entendimento claro e definitivo do contorno das políticas públicas que sustentam essa opção há tanto tempo, bem como uma mudança significativa do padrão de tratamento que historicamente vem sendo dado a esse setor.

A situação de predomínio da opção rodoviária alcançou um estágio no mínimo perigoso, e não apenas no que diz respeito ao transporte de mercadorias, mas de forma clara e transparente com relação ao transporte de passageiros, particularmente nas regiões metropolitanas, cidades grandes e médias, com avanço até nas pequenas cidades, como deixaram evidentes as manifestações iniciadas em junho de 2013 e que galvanizaram o país como um todo. Na área de mercadorias, o transporte rodoviário avança por todo o país, por meio de distâncias médias crescentes (maior que 1,3 mil quilômetros), inviabiliza qualquer tipo de pernada, seja hidroviária, seja ferroviária, e segue recebendo todas as "benesses" dos governos federal, estaduais e municipais, mediante os mais diversos subsídios, e, claro, as devidas atenções do setor privado.

Identificar corretamente os fatores de atração, ou mesmo de desconhecimento do setor, que levam a políticas diferenciadas não é uma tarefa simples. Porém vamos tentar adiantar algumas linhas de pensamento que podem nos ajudar. Concentraremos a atenção nos aspectos relativos ao transporte de cargas, mesmo porque na área de passageiros o universo a ser examinado, a partir da própria indústria automobilística e de seu símbolo máximo, o automóvel, tem uma dimensão inatingível para as nossas intenções. Os fatores naturais da importância do setor para o país de dimensões continentais, população rarefeita no interior e escassas atividades produtivas, que geram baixas densidades de cargas, já foram devidamente ressaltados, assim como o bem-sucedido projeto rodoviário nacional que envolve setores governamentais e setores privados já foi particularmente comentado.

O primeiro ponto que merece atenção é o imenso desconhecimento do setor, seja no que se refere à infraestrutura, seja no que se refere ao transporte propriamente dito. É inconcebível que não se tenham informações precisas sobre a extensão das redes municipais e estaduais, das malhas viárias urbanas, sem falar de sua situação de conservação e dos projetos que se encontram em andamento naquelas instâncias. Mesmo quanto à malha federal, existem áreas grandes de desconhecimento, como, por exemplo, o que se gasta atualmente em conservação rotineira, manutenção e restauração dos trechos federais, apesar do esforço deste autor em busca de dados junto ao DNIT. Igualmente não existem informações sobre a capacidade instalada dos órgãos rodoviários estaduais e municipais, sobre planos e projetos e muito menos sobre políticas específicas em cada estado e município. O desconhecimento é total, mesmo sabendo que uma das principais características do setor rodoviário é sua continuidade no espaço econômico, independentemente de jurisdições e de nomenclaturas rodoviárias.

A esse completo desconhecimento acerca da infraestrutura rodoviária agrega-se o fato de que na área dos transportes rodoviários de carga o mesmo ocorre, devido em parte à dimensão do sistema, que opera em nível nacional, e em grande parte ao universo de empresas, caminhoneiros autônomos e cooperativas, que ofertam de forma atomizada aqueles serviços, com decisões sobre serviços e fretes que variam bastante em casos específicos. Esse sistema começou a ser desvendado a partir da criação do Registro Nacional de Transporte de Cargas pela ANTT e, como foi mencionado, a EPL está iniciando pesquisas que poderão melhorar o conhecimento do sistema.

O segundo ponto que gostaria de colocar deriva em parte do primeiro, porém tem dimensões próprias e está relacionado à perplexidade quanto ao desempenho desse setor rodoviário, principal responsável pela movimentação de riquezas, que, como vimos, tem na área de infraestrutura uma malha reduzida, de nível regular para ruim de conservação, com uma gestão pública deficiente e com uma operação de transportes feita por empresas e caminhoneiros que não primam pela eficiência, com idade média de veículos elevada e que, apesar de tudo, consegue se constituir em uma opção na movimentação de cargas em termos nacionais. Causa, assim, estranheza como esse setor foi capaz de responder aos enormes desafios do incremento de produção agrícola exportada e do abastecimento de produtos agrícolas e industriais para atender ao mercado interno urbano, que cresceram de forma recorde na década, e manter fretes relativamente baixos e custos logísticos modestos. Nem a produção voltada para o mercado interno, nem o consumo das famílias, e muito menos o setor exportador foram pesadamente afetados pelas claras deficiências do setor rodoviário como um todo, pois, caso esse fato não fosse verdadeiro, já estaríamos discutindo para valer algumas alterações ou mudanças no atual esquema.

Podem-se relacionar algumas justificativas para esse desempenho, como a ausência de regulamentação que ainda prevalece, os custos sociais não imputados ao setor, como excesso de carga por eixo dos caminhões, os custos ocasionados pela circulação de caminhões pesados, o bitrem e o tritrem em rodovias não projetadas para tal, em cidades pequenas e médias e em regiões metropolitanas, e os custos derivados da total leniência com a segurança rodoviária, com o consequente aumento de acidentes, mortos e feridos nas estradas. Subsídios governamentais para compra de veículos e, principalmente, para o consumo de óleo diesel, políticas que vêm de longa data, vêm se agravando nos últimos anos, em virtude dos preços cobrados pela Petrobras e das desonerações tributárias embutidas em tais políticas. Questões derivadas da competição predatória de mercado, que, como vimos, está refletida na idade média da frota, mas que foram muito além, com empresas endividadas, com passivos tributários e trabalhistas de monta, que se verificam em transações de transferência de controles de empresas bem posicionadas no mercado.

Entretanto, o desconhecimento sobre o setor e como ele efetivamente opera causa significativos e crescentes custos sociais. Apesar disso, usufrui de subsídios governamentais indiscriminados, o que não me parece gratuito. Existem por trás de tudo isso as bases de uma política pública específica para o setor, que envolve os aspectos de infraestrutura e operações, de fundamental importância para o governo federal, no caso da primeira questão, por meio da ideia de que o desenvolvimento do setor de transportes, e não somente o rodoviário, passa pela implantação, pavimentação e agora duplicação de um sistema de rodovias inter-regionais, o sistema de rodovias troncais dos seguidos planos nacionais de viação desde 1934, que liga capitais e cidades de caráter estratégico para a integração nacional. Considera-se, adicionalmente, que o restante da malha não é de sua alçada e não tem importância, que de alguma maneira os transportadores, cujo dinamismo ninguém discute, darão alguma solução. Além de que se sabe que em alguns estados o problema rodoviário será de alguma forma resolvido e usa-se para tal o exemplo marcante de São Paulo. É claro que essa situação se agravou muito após a extinção do FRN, que, por meio do esquema de repartição dos recursos do imposto único sobre combustíveis e lubrificantes, possibilitava um maior conhecimento do que ocorria naquelas duas jurisdições administrativas, a par das atribuições do DNER como órgão central do sistema.

Esse esquema, inicialmente estabelecido pelo governo Vargas, que teve no governo Juscelino um caráter de redenção nacional, até pelas circunstâncias especiais da fundação de Brasília, foi usado com toda a intensidade possível durante o regime militar. Após as crises dos anos 1980 e 1990 foi ressuscitado pelos governos populares por meio do PAC-1 e PAC-2 e, agora, pelo pacote de concessões do atual governo, mediante subsídios generalizados ao setor privado, ligado às concessões e à indústria de construção civil e voltado exclusivamente para os grandes eixos troncais federais. E não para por aí. Pelo que deu para perceber, o mesmo esquema está sendo usado pela EPL no planejamento de longo prazo mediante as "ondas" de investimentos futuros.

A contrapartida perfeita para essa política na área de infraestrutura rodoviária foi o arranjo institucional montado na indústria de serviços de transporte rodoviário, até pouco tempo atrás sem nenhum tipo de regulamentação, com a divisão de funções entre as empresas de transportes e os caminhoneiros autônomos, de forma a atender ao crescente mercado nacional, com fretes reduzidos e com máximo uso dessa infraestrutura de eixos inter-regionais, com índices absurdos e inusitados se comparados com as demais experiências internacionais, conforme apresentado com mais detalhes no capítulo 2. Para deixar ainda mais claro o esquema engendrado, é importante destacar que aceita de parte a parte todas as ineficiências possíveis, como a deficiente gestão pública na conservação e manutenção das rodovias e uma operação de transportes tradicional feita com veículos de mais de dez anos de vida útil, desde que se garantam, de um lado, os extensivos e generalizados subsídios ao transporte e, de outro, a liberdade dos operadores com relação ao padrão dos serviços e à fixação dos fretes em níveis baixos, suportados preferencialmente pelos transportadores autônomos.

Além disso, esse sistema de transportes foi montado com algumas características fundamentais: era relativamente seguro, rápido e totalmente aberto e livre para quem desejasse trabalhar como caminhoneiro; e estruturado de forma atomizada, com relativamente baixa concentração em empresas que eram criadas em todas as regiões do país, mas que atuavam livremente no mercado nacional, o que lhes dava grande flexibilidade. Entretanto, a característica essencial nesse esquema, e que faz toda a diferença, é que se trata de um transporte "porta a porta", sem baldeações, sem transbordos e, portanto, sem o que chamamos "penalidades", sem interferência de terceiros, o que garante baixos custos e a possibilidade de cobrar fretes muito baixos.

O objetivo desse esquema de infraestrutura e transporte, que se complementam, foi permitir sempre essa opção de transporte aos donos das cargas e aos consumidores, por meio da existência de conexões entre todas as regiões do país, de forma direta, ao passar pelos diversos sistemas de rodovias, e sem necessidade adicional de uso de qualquer outro meio de transporte. O monopólio desse esquema é total, pois um suposto produtor localizado em qualquer região do país consegue colocar seus produtos em qualquer lugar com um simples telefonema para uma transportadora, que, além de vir coletar a carga, cobra um frete baixo, se comparado com o valor dos produtos a serem transportados, com o agravante de que, na maioria dos casos, não existe outra opção.

A conclusão é óbvia: o sistema de rodovias troncais inter-regionais é o eixo estruturante do transporte brasileiro e cumpre as mesmas funções desempenhadas pelas hidrovias e pelas ferrovias em outros países, cujos sistemas rodoviários em todos os níveis foram montados como alimentadores desses eixos, a não ser para transportes específicos a pequenas distâncias, porém com uma enorme e significativa vantagem, qual seja, a de não causar penalidade para seu efetivo uso.

Nesse sentido, a política de expansão da malha rodoviária concentrada na pavimentação e na duplicação desses eixos somente agrava aquela vocação, ainda mais se feitas com fortes subsídios públicos. Nesse sentido, este diagnóstico sumário evidencia nossa diferença de enfoque com relação às abordagens tradicionais: a questão primordial não é a participação do transporte rodoviário na matriz de transportes, que até parece estar superestimada, mas o mais importante é o completo desvio de funções engendrado no atendimento ao mercado, por meio da concentração da demanda de transportes nos eixos rodoviários, fato esse que confere a eles um caráter estruturante, organizador e monopolizador dos movimentos gerados nos sistemas coletores e locais.

Antes de analisar as principais consequências desse esquema para os demais meios de transporte, que de um jeito ou outro tiveram de se ajustar a essa situação, é bom lembrar que, ao falar desses eixos, não estamos nos referindo somente às rodovias federais. Esse mesmo esquema foi rebatido em maior grau pelos estados, que montaram suas redes rodoviárias seguindo a mesma lógica de implantação e pavimentação de eixos regionais ou estaduais e passaram a atuar em seus espaços econômicos específicos como estruturadores, com a preocupação adicional de prover a maior acessibilidade possível de suas rodovias aos eixos federais, que naturalmente conectavam entre si as cidades mais importantes de cada estado. Dessa forma se garantia e se afirmava cada vez mais a continuidade do sistema, o que permitia uma grande acessibilidade a múltiplas regiões dos estados e, consequentemente, do país.

O maior impacto desse esquema rodoviário predominante se dá evidentemente sobre o sistema de transportes terrestres, nas opções ferroviária e dutoviária, esta muito concentrada no transporte de óleo cru e derivados pela Petrobras Transporte (Transpetro). O transporte ferroviário, sem dúvida o mais atingido pela concorrência rodoviária, foi examinado anteriormente em suas várias questões e ficou evidente que atualmente suas funções no sistema são de alguma forma marginais e restritas a determinados movimentos, nos quais prevalecem os objetivos de transporte de carga própria, voltada para exportação de produtos ou abastecimento de insumos dentro de certas cadeias produtivas. A malha ferroviária existente é pequena, de apenas 26 mil quilômetros, mas seu uso está restrito a algo em torno dos 70% a 80%, com baixa integração entre as diferentes ferrovias, sem transportes inter-regionais relevantes, e não se pode atribuir a qualquer eixo da malha alguma função estruturante, com exceção da futura Ferronorte, no Mato Grosso e no Pará, desde que solucionados alguns problemas operacionais de relevo. Pouco se pode esperar dos projetos de expansão do sistema a cargo da Valec, quais sejam, as ferrovias Norte-Sul, Transnordestina e Leste-Oeste, bem como da estatal estadual Ferroeste, no Paraná, em termos de enfrentamento ao esquema rodoviário existente.

Pelo que foi até aqui colocado, dificilmente o setor ferroviário teria em curto e médio prazos condições de competir adequadamente com o transporte rodoviário, principalmente nos grandes eixos inter-regionais, e também porque a lógica dos mais importantes grupos ferroviários não é exatamente essa, voltados que estão para resolver os problemas operacionais com relação às suas cargas próprias, que fazem parte de seu "negócio", que evidentemente não é ofertar serviços de transportes. De outro lado, o governo federal adota posturas bem diversas, que sinalizam políticas conflitantes com relação ao setor: baixa regulação das empresas concessionárias ferroviárias, sem se importar com o fato de que não atendem ao interesse público de prover e incrementar ao máximo a oferta de serviços ferroviários para aqueles usuários potenciais, que irão gerar ganhos econômicos e de produtividade importantes; ao mesmo tempo que deslancha projetos duvidosos de expansão, sem estudos prévios, em áreas vazias, de elevados custos de implantação, que podem significar imenso desperdício de recursos e que igualmente não se contrapõem ao esquema rodoviário por nós comentado.

Entretanto, essa política de expansão cria problemas grandes para a definição de linhas de ação para o desenvolvimento do setor, particularmente pelo peso e pela importância dos investimentos já feitos, especialmente no caso da Norte-Sul, devido ao avanço das obras. Nos outros dois casos, a situação é ainda mais complexa, pela importância política para a região Nordeste das duas ferrovias, mas cabem alguns ajustes em termos de financiamento e *timing* dos investimentos. Detalharemos um pouco mais adiante o encaminhamento dessas questões.

Na área portuária, a parceria com o setor rodoviário tem sido, ao longo dos últimos anos, de fundamental importância para o relevante acréscimo de movimentação de cargas, seja nos portos públicos e terminais arrendados, seja nos atuais TUPs, fora das áreas dos portos organizados. Essa parceria, além disso, tem uma característica extensiva em termos da natureza da carga, envolve carga conteinerizada, carga geral e granéis sólidos, especialmente as *commodities* agrícolas. Ficam de fora os granéis líquidos, algumas cargas cativas das ferrovias e, naturalmente, o minério de ferro, que são transportados pelas ferrovias pertencentes aos grupos exportadores. O esquema montado na área rodoviária, por nós descrito, é um dos responsáveis, se não o maior, pela concentração da movimentação de cargas em determinados portos públicos, especialmente Santos e Paranaguá, dada sua capacidade de coletar mercadorias em um amplo espaço econômico e acessar aqueles portos. O crescimento ininterrupto das áreas de influência desses portos comprova por si só o poderio daquele esquema e a dificuldade de rompê-lo.

De outro lado, os TUPs, caso não façam parte de empresas que detenham participação em ferrovias, reforçam ainda mais o esquema rodoviário, pois significam, na realidade, uma atomização da oferta de movimentação de cargas portuárias, com a consequente dispersão nos acessos terrestres, ao contrário da antiga concentração da movimentação em portos públicos, que de alguma forma poderia facilitar o uso alternativo do transporte ferroviário.

O transporte hidroviário, cada vez mais estudado e que tem todas as condições de se tornar uma opção real para muitos movimentos internos de mercadorias, sofre igualmente com a desleal concorrência rodoviária. Historicamente pouco relevante, enfrenta o fato de que as empresas, em sua grande maioria, estão localizadas ao longo das rodovias, o que leva seu uso a depender de "pernadas" para se concretizar e leva seus custos a serem pouco interessantes para a demanda de seus serviços. Estudos recentes feitos por consultores estrangeiros comprovam esse problema no caso das hidrovias da bacia do Rio Grande do Sul, onde os custos rodoviários são mais baixos do que os do transporte hidroviário.

Tendo em vista o que foi colocado até aqui com relação ao desenvolvimento do setor de transportes, duas grandes opções se abrem: a primeira, no sentido de aprofundar e conceder maior eficiência ao modelo rodoviário existente, com ênfase na privatização da operação e, principalmente, na administração do sistema, que parece ser o caminho já decidido pelo atual governo; e a segunda, de propor um novo modelo por meio de um ajuste estrutural de médio e longo prazo, que possa trazer um equilíbrio crescente entre os vários meios de transporte, a par de uma maior eficiência para o setor, e contribuir, assim, para um incremento da produtividade da economia, nossa preocupação inicial.

Na primeira opção, existem pelo menos três grandes desafios a serem enfrentados, mas que são perfeitamente realizáveis em termos das atuais políticas: melhorias na gestão pública do sistema rodoviário federal, com vistas a resolver definitivamente a qualidade e o estado de conservação da malha; melhoria na gestão do que restou dos portos públicos, que afeta diretamente os tempos e os custos do sistema; e uma melhor definição de como encaminhar o novo modelo de integração ferroviária, dando até uma maior racionalidade aos investimentos públicos em andamento, bem como ao programa das concessões futuras. Todos os três problemas podem ser resolvidos por meio do setor privado, contratando seus préstimos relativos à administração dos sistemas mediante esquemas de parceria público-privada do tipo administrativa, com redução de custos administrativos e maior eficiência.

Vejam bem, não estou afirmando que os demais problemas existentes não tenham de ser enfrentados, porém considero um avanço significativo se as autoridades conseguirem enfrentar e solucionar esses desafios de uma forma clara e definitiva. Existem algumas precondições, que são a manutenção dos atuais subsídios aos transportadores rodoviários, o estabelecimento de uma regulamentação desse sistema que não provoque muitos problemas, especialmente quanto aos fretes, e seguir apoiando financeiramente os grupos concessionários, para que o programa de expansão do setor de transportes federal siga os caminhos preconizados pela EPL em seu planejamento.

Na segunda opção, de muito maior complexidade, com participação pública mais intensa dos estados, o processo seria totalmente invertido, especialmente quanto à questão da infraestrutura. Inicialmente seria definida uma nova rede de transportes, constituída de segmentos ferroviário e hidroviário e de um sistema portuário prioritário, com a definição na rede de polos concentradores de cargas, com o aproveitamento, é claro, dos estudos feitos e em andamento sobres esses sistemas. O governo federal seria responsável pela implantação do sistema, incluindo um programa especial de terminais, pátios, estações de transbordo e demais facilidades de transportes nos polos concentradores e nos portos considerados prioritários, especialmente voltados para os transportadores rodoviário, ferroviário e intermodal. Essas facilidades de transporte seriam concedidas ao setor privado, desde que fossem empresas de logística, operadores ferroviários ou rodoviários.

Vejam bem que até aqui as linhas de ação propostas convivem perfeitamente com o sistema atual, desde que exista real interesse pelas concessões daquelas facilidades, e é claro que existem totais condições de torná-las atraentes financeiramente. Esse fato é importante porque não se pode substituir um sistema existente há tanto tempo opcional de uma hora para outra. A partir desse ponto, inicia-se um processo que pode levar anos, mas que da mesma forma pode levar a ganhos sistemáticos durante esse período, que é o da adequação dos sistemas rodoviários, especialmente os estaduais. A orientação desses sistemas passa a ser direcionada para a nossa rede alternativa de transportes, mais precisamente no sentido dos polos concentradores de cargas, e não necessariamente para a rede troncal federal. Esse processo será facilitado devido à reduzida rede rodoviária pavimentada dos estados e à grande carência deles com relação a implantação e pavimentação das redes coletoras e vicinais, com a única exceção do estado de São Paulo, e desde que o governo federal monte programas de financiamento adequados para os estados promoverem tais ajustamentos.

A ação atual do governo federal com os estados é investir em rodovias federais em cada estado, mas segue a lógica e o esquema que se pretende alterar. Existem, portanto, totais condições financeiras por parte do governo federal para promover tais ajustamentos. Estamos com esse segundo movimento, que altera a política de expansão da rede rodoviária nos moldes do que foi comentado no capítulo referente à crise do setor, promove uma desconcentração da demanda em termos do absurdo uso das rodovias troncais, coloca os demais meios de transporte no sistema, ou, pelo menos, aumenta em muito as possibilidades para que tal ocorra, e finalmente reduz os custos dos investimentos na rede rodoviária, visto que continuar aumentando a capacidade dos eixos troncais é significativamente mais caro e demanda cada vez mais tempo.

Durante todo esse processo é importante que o governo federal acompanhe e calibre a retirada dos subsídios existentes e impute ao transporte rodoviário os variados custos sociais que seu uso provoca. Quanto a esse último ponto, é mais ou menos óbvio que o redirecionamento da rede rodoviária trará como subproduto a própria redução desses custos sociais, especialmente quanto à diminuição de acidentes, que mesmo as concessionárias paulistas, com todo o aparato de segurança usado, pouco conseguiram.

A questão básica nessa segunda proposta é a montagem da rede alternativa de transportes, uma função técnica de planejamento que foge inteiramente ao contexto destes escritos. A definição dos portos voltados para o longo curso e para a cabotagem, bem como os trechos hidroviários mais importantes, é uma tarefa relativamente simples, porém nas ferrovias o problema é maior, por causa do uso das malhas concedidas oriundas das antigas RFFSA e Fepasa e da rede para transporte de carga própria, dos projetos públicos e privados de implantação em andamento e do pacote de concessões ferroviárias anunciado em 2012.

A discussão e a adequação dos contratos de concessão ferroviária são, por assim dizer, uma tarefa para ontem: deveriam ter sido feitas há mais tempo pela ANTT. Relativamente aos projetos de implantação em andamento, muitos deles não poderão ser paralisados, porém existem possibilidades de adequação satisfatórias. O mais importante nessa área seria garantir que na rede alternativa de transportes o sistema ferroviário fosse capaz de competir em todas as ligações inter-regionais com o rodoviário, especialmente entre o Sudeste e o Sul, o Nordeste e o Centro-Oeste e, finalmente, entre o Centro-Oeste e o Norte, mas não restrita à Norte-Sul, e sim pela região central do país, na diretriz prevista pelo projeto Ferronorte. E, claro, resolver os gargalos operacionais mais evidentes, como em São Paulo, e garantir acessos ferroviários adequados a todos os portos prioritários.

O processo aqui preconizado implica mudanças significativas em várias áreas, a começar por uma nova política de transporte, que tenha um caráter nacional, de modo a incorporar os demais membros da federação. O padrão de planejamento *ex-post* e baseado em listagem de projetos precisa ser abandonado por uma visão pública de estratégias e de criação de mecanismos e instrumentos para sua operacionalização, além da redefinição do papel das agências reguladoras, para que possam atuar de acordo com os objetivos e pressupostos de uma efetiva regulação do setor como um todo e usar seus poderes de equilíbrio, neutralidade e mediação entre os agentes econômicos.

Deixamos justamente para o fim uma questão básica em termos do atual setor de transportes que precisa ser enfrentada e resolvida. Sumariando, podemos dizer que existem na verdade dois sistemas de transporte: o rodoviário, da forma como o caracterizamos, e o de carga própria, que absorve e concentra as movimentações nos modais ferroviário e portuário, por meio de suas empresas ferroviárias e de seus terminais privados. Não há como encaminhar uma solução para o setor caso o governo federal não promova e incentive regulamentações e regulações adequadas à transformação dessas entidades em prestadoras efetivas de serviços de transportes ferroviários e de movimentação de cargas portuárias, cujo primeiro passo até já foi encaminhado por meio dos novos marcos regulatórios portuários.

Bibliografia

ABREU, João Capistrano de. *Caminhos antigos e povoamento do Brasil*. Belo Horizonte: Itatiaia, 1988, p. 164 (Coleção Reconquista do Brasil).

ABREU, Marcelo de Paiva (org.). *A ordem do progresso*: cem anos de política econômica republicana, 1889-1989. 9ª. ed. Rio de Janeiro: Campus, c.1990, p. 445.

AGÊNCIA NACIONAL DE AVIAÇÃO CIVIL (Anac). Disponível em: <http://www.anac.gov.br/Area.aspx?ttCD_CHAVE=7>. Acesso em: 6 abr. 2013.

AGÊNCIA NACIONAL DE TRANSPORTES AQUAVIÁRIOS. *Análise da movimentação de cargas nos portos organizados e terminais de uso privativo*. Brasília: Antaq, 2010, p. 10.

______. *Análise da Resolução 2.969 de 4 de julho de 2013, que define a classificação dos portos públicos, terminais de uso privado e estações de transbordo de cargas em marítimos, fluviais e lacustres*. Brasília: Antaq, 2013, f. 7.

______. *Anuário estatístico aquaviário 2012*. Brasília: Antaq, 2012.

______. *Antaq 10 anos*: balanço de gestão. Brasília: Antaq, 2012, p. 79.

______. *Boletim anual de movimentação de cargas 2012:* Análise da movimentação de cargas nos portos organizados e terminais de uso privativo. Brasília: Antaq, 2013, 23 p.

______. *Conheça a Antaq*. Disponível em: <http://www.antaq.gov.br/portal/Institucional.asp>. Acesso em: 19 ago. 2013.

______. *Hidrovias brasileiras/indicadores do transporte de cargas:* tonelada útil transportada (t) e tonelada quilômetro útil (TKU) 2012. Brasília: Antaq, 2013, 50 p.

______. *Plano nacional de integração hidroviária*. Brasília: Antaq, 2013.

AGÊNCIA NACIONAL DE TRANSPORTES TERRESTRES. *Evolução do transporte ferroviário*. Brasília: ANTT, 2012.

______. *Nota técnica nº. 160/Geror*. Metodologia de cálculo das variáveis da fórmula de que trata o artigo 8º da Resolução nº 3.651, de 7 de abril de 2011, republicada no *Diário Oficial da União* de 12 de abril de 2011, Seção 1, p. 73-74. Brasília, 10/11/2011.

______. *Nota técnica 169/Geror/Suinf/2010*. Metodologia de reequilíbrio econômico-financeiro dos novos investimentos e serviços dos contratos de concessão das rodovias federais englobados na 1ª etapa, 2ª etapa-fase I e Polo Pelotas (Ecosul). Brasília: ANTT, 2010, f. 14.

______. *Resolução nº 3.056, de 12 de março de 2009*. Dispõe sobre o exercício da atividade de transporte rodoviário de cargas por conta de terceiros e mediante remuneração, estabelece procedimentos para inscrição e manutenção no Registro Nacional de Transportadores Rodoviários de Cargas (RNTRC) e dá outras providências. Publicada no *Diário Oficial da União* em 13/3/2009. Brasília: ANTT, 2009, f. 31.

______. *Resolução nº 3.651, de 7 de abril de 2011*. Aprova a metodologia de recomposição do equilíbrio econômico-financeiro dos contratos de concessão de rodovias federais da 1ª etapa, da 2ª etapa-fase I e do Polo Pelotas, em decorrência de novos investimentos e serviços. Publicada no *Diário Oficial da União* em 12/4/2011. Brasília: ANTT, 2011, f. 5.

______. *Resolução nº 3.658, de 19 de abril de 2011*. Regulamenta o art. 5º da Lei nº 11.442, de 5 de janeiro de 2007, que "dispõe sobre o transporte rodoviário de cargas por conta de terceiros mediante remuneração e revoga a Lei nº 6.813, de 10 de julho de 1980". Publicada no *Diário Oficial da União* em 27/4/2011. Brasília: ANTT, 2011, f. 18.

______. *Transportadores-Frota/tipo de veículo*. Disponível em: <http://www.antt.gov.br/index.php/content/view/20271/___Frota___Tipo_de_Veiculo.html?naoincluirheader&execview=xml>. Acesso em: 14 ago. 2013.

ALVARENGA, Darlan. "Pacote supera investimento total em transportes nos últimos cinco anos". 2012. Disponível em: <http://g1.globo.com/economia/negocios/noticia/2012/08/pacote-supera-investimento-total-em-transportes-nos-ultimos-cinco-anos.html>. Acesso em: 28 ago. 2013.

AMATO, Fabio, e PASSARINHO, Nathalia. "Entenda os principais pontos da MP dos Portos aprovada pelo Congresso". Disponível em: <http://g1.globo.

com/politica/noticia/2013/05/entenda-os-principais-pontos-da-mp-dos-portos-aprovada-pelo-congresso.html>. Acesso em: 15 dez. 2013.

AMORA, Dimmi. "Concessões começam a sair do papel". *Folha de S. Paulo,* 8 set. 2013. Disponível em: <http://www1.folha.uol.com.br/fsp/mercado/128039-concessoes-comecam-a-sair-do-papel.shtml>. Acesso em: 15 set. 2013.

______. "Concessões terão custo de R$ 70 bilhões". *Folha de S. Paulo,* 25 ago. 2013. Disponível em: <http://www1.folha.uol.com.br/mercado/2013/08/1331556-concessoes-terao-custo-de-r-70-bilhoes.shtml>. Acesso em: 30 ago. 2013.

______. "Empresa que faz estudos para concessões é alvo de investigação". *Folha de S. Paulo,* 20 jul. 2013. Disponível em:<http://www1.folha.uol.com.br/mercado/2013/07/1314041-empresa-que-faz-estudos-para-concessoes-e-alvo-de-investigacao.shtml>. Acesso em: 23 ago. 2013.

______. "Governo vai retomar trechos de ferrovias de concessionários". *Folha de S. Paulo,* 19 ago. 2012. Disponível em:<http://www1.folha.uol.com.br/mercado/1139580-governo-vai-retomar-trechos-de-ferrovias-de-concessionarios.shtml>. Acesso em: 23 jan. 2013.

______. "'Inaugurada' por Lula em 2010, Ferrovia Norte-Sul só funcionará em 2014". *Folha de S. Paulo,* 5 jul. 2013. Disponível em: <http://www1.folha.uol.com.br/mercado/2013/07/1306864-inaugurada-por-lula-em-2010-ferrovia-norte-sul-so-funcionara-em-2014.shtml>. Acesso em: 13 set. 2013.

______. "Lei dos Portos começa a ser implantada". *Folha de S. Paulo,* 8 dez. 2013. Disponível em: <http://search.folha.com.br/search?q=lei%20dos%20portos%20come%E7a%20a%20ser%20implantada&site=online>. Acesso em: 15 dez. 2013.

______. "Ministro dos Portos deixa cargo sem fazer investimento neste ano". *Folha de S. Paulo,* 5 out. 2013. Disponível em: <http://www1.folha.uol.com.br/mercado/2013/10/1352304-ministro-dos-portos-deixa-cargo-sem-fazer-investimento-neste-ano.shtml>. Acesso em: 15 dez. 2013.

______. "Pedágio fica até 77% maior em leilões do fim do ano". *Folha de S. Paulo,* 19 out. 2013. Disponível em: <http://www1.folha.uol.com.br/mercado/2013/10/1359107-pedagio-fica-ate-77-maior-em-leiloes-do-final-do-ano.shtml>. Acesso em: 15 dez. 2013.

______. "Ressarcimento em Santos deve chegar a R$ 1 bilhão". *Folha de S. Paulo,* 25 ago. 2013. Disponível em: <http://www1.folha.uol.com.br/

mercado/2013/08/1331558-ressarcimento-em-santos-deve-chegar-a-r-1-bilhao.shtml>. Acesso em: 20 out. 2013.

______. "Sem entregar obras, OHL retirou lucros". *Folha de S. Paulo,* 6 out. 2013. Disponível em: <http://www1.folha.uol.com.br/fsp/mercado/132528-sem-entregar-obras-ohl-retirou-lucros.shtml>. Acesso em: 15 dez. 2013.

AMORA, Dimmi, e CRUZ, Valdo. "Nova regra de contratação trava obras". *Folha de S. Paulo,* 22 set. 2013. Disponível em: <http://www1.folha.uol.com.br/fsp/mercado/130237-nova-regra-de-contratacao-trava-obras.shtml>. Acesso em: 15 out. 2013.

ANTONIL, André João. *Cultura e opulência do Brasil.* 3ª. ed. Belo Horizonte: Itatiaia, 1982, 239 p. (Coleção Reconquista do Brasil [nova série], v. 70)

ASSOCIAÇÃO BRASILEIRA DE CONCESSIONÁRIAS DE RODOVIAS. *Relatório anual — 2012*. São Paulo: ABCR, 2012. p. 51.

______. *Relatório anual — 2011*. São Paulo: ABCR, 2012.

______. *Relatório anual — 2012*. São Paulo: ABCR, 2013.

______. *Rodovias brasileiras:* gargalos, investimentos, concessões e preocupações com o futuro: comentários sobre o estudo. São Paulo: ABCR, 2010.

ASSOCIAÇÃO BRASILEIRA DA INFRAESTRUTURA E INDÚSTRIAS DE BASE. "Modernização da infraestrutura: o Brasil melhorou, mas o desafio agora é avançar mais rápido". Disponível em: <http://jornalggn.com.br/sites/default/files/documentos/estudo-abdib.pdf>. Acesso em: 23 jun. 2013.

ASSOCIAÇÃO NACIONAL DAS EMPRESAS DE OBRAS RODOVIÁRIAS. *PAC — Síntese:* setor de transporte rodoviário. Brasília: Aneor, 2013, f. 36.

______. *Política de concessão rodoviária:* avaliação e perspectivas. Brasília: Aneor, 1993, p. 118.

______. *Setor de obras rodoviárias:* panorama 2013 e perspectivas. Encontro Nacional de Conservação Rodoviária, 2013, Gramado.

______. *Setor de obras de infraestrutura de transportes:* estudo econômico-financeiro 2010/2011. Brasília: Aneor, 2012, p. 44.

ASSOCIAÇÃO NACIONAL DOS TRANSPORTADORES FERROVIÁRIOS. *Cronologia histórica ferroviária.* Disponível em: <http://www.antf.org.br/

index.php/informacoes-do-setor/cronologia-historica-ferroviaria>. Acesso em: 4 mar. 2013.

______. *Resultados das concessões ferroviárias de 2011*. Disponível em: <http://www.antf.org.br/index.php/informacoes-do-setor/numeros>. Acesso em: 5 fev. 2013.

______. *Transporte ferroviário de cargas no Brasil*. Brasília, 31 jul. 2013. Disponível em: <http://www.desenvolvimento.gov.br/portalmdic/arquivos/dwnl_1375733867.pdf>. Acesso em: 16 jan. 2014.

______. *Regulação do transporte ferroviário de carga no Brasil*. Colóquio de Engenharia. Instituto Tecnológico de Aeronáutica (ITA). São José dos Campos, 18 out. 2011. Disponível em: <http://www.civil.ita.br/graduacao/disciplinas/extras/civ-32_2011_ANTF_Ellen_Martins.pdf>. Acesso em: 23 set. 2013.

BACHA, Edmar. *Belíndia 2.0*: fábulas e ensaios sobre o país dos contrastes. Rio de Janeiro: Civilização Brasileira, 2012, p. 459.

BANCO NACIONAL DO DESENVOLVIMENTO ECONÔMICO E SOCIAL. "Infraestrutura aeroportuária". In ______. *Estudo do setor de transporte aéreo do Brasil*: relatório consolidado. Rio de Janeiro: Mckinsey & Company, 2010, p. 86-88.

BARAT, Josef. *Infraestrutura e crescimento*: reforma do Estado e inclusão social. São Paulo: CLA, 2004, p. 172.

______. *Logística, transporte e desenvolvimento econômico*: a visão histórica. V. I. São Paulo: CLA, 2007, p. 112.

BARBOSA, Murilo de Moraes Rego Corrêa. "Infraestrutura de transportes no Brasil: planejamento, implementações e desempenho". Apresentação em Joinville, 10 ago. 2007. Disponível em: <http://www.antaq.gov.br/portal/pdf/palestras/Ago07InfraEstruturaTransportesBrasil.pdf>. Acesso em: 27 jun. 2013.

BARON, Ruy. "Ferrovia baiana ainda espera pelos trilhos". *Valor Econômico*, 31 jul. 2013. Disponível em: <http://www.valor.com.br/brasil/3216956/ferrovia-baiana-ainda-espera-pelos-trilhos?utm_source=newsletter_tarde&utm_medium=31072013&utm_term=ferrovia+baiana+ainda+espera+pelos+trilhos&utm_campaign=informativo&NewsNid=3215854>. Acesso em: 16 set. 2013.

BELCHIOR, Miriam. *PAC*: oportunidades de investimentos em infraestrutura. São Paulo: CHN, 2008, 14f.

BENEVIDES, Maria Victoria de Mesquita. *O governo Kubitschek*: desenvolvimento econômico e estabilidade política — 1956-1961. 3ª. ed. Rio de Janeiro: Paz e Terra, 1976, 302 p. (Coleção Estudos brasileiros, v. 8)

BETARELLI JÚNIOR, Admir Antonio. "Análise dos modais de transporte pela ótica dos blocos comerciais: uma abordagem intersensorial de insumo-produto". *Revista do BNDES*, Rio de Janeiro, nº 37, p. 287-334, 1 jun. 2012. Semestral.

BIELSCHOWSKY, Pablo, e CUSTÓDIO, Marcos da Cunha. "A evolução do setor de transporte aéreo brasileiro". *Revista Eletrônica Novo Enfoque*, Rio de Janeiro, v. 13, nº. 13, p. 72-93, nov. 2011. Semestral.

BITTENCOURT, Roberto Régis, e SIQUEIRA, Carlos Henrique. "A Ponte Rio-Niterói: marco da engenharia nacional". *Cadernos Rodoviários Aneor*, Brasília, v. 2, 1º mar. 2008.

BOTELHO, André, e SCHWARCZ, Lilia Moritz (org.). *Um enigma chamado Brasil:* 29 intérpretes e um país. São Paulo: Companhia das Letras, 2009, p. 441.

BOUZAN, Ary et al. *Impacto de ação do governo sobre as empresas brasileiras.* Rio de Janeiro: Fundação Getulio Vargas, 1963.

BRASIL. Advocacia Geral da União. *Parecer AGU/RA-03/2012*. Brasília, 2012.

______. Decreto 7.860, de 6 de dezembro de 2012. Cria a Comissão Nacional para Assuntos de Praticagem, com o objetivo de elaborar propostas sobre regulação de preços, abrangência das zonas e medidas de aperfeiçoamento relativas ao serviço de praticagem; e altera o Decreto 2.596, de 18 de maio de 1998. *Diário Oficial da União*, Brasília, 7/12/2012.

______. Decreto 8.033, de 27 de junho de 2013. Regulamenta o disposto na Lei 12.815, de 5 de junho de 2013, e as demais disposições legais que regulam a exploração de portos organizados e de instalações portuárias. *Diário Oficial da União,* Brasília, 28/6/2013.

______. Lei Federal 11.442, de 5 de janeiro de 2007. Dispõe sobre o transporte rodoviário de cargas por conta de terceiros e mediante remuneração e revoga a Lei 6.813, de 10 de julho de 1980. *Diário Oficial da União,* Brasília, 8/1/2007, p. 1.

______. Lei Federal 12.462, de 4 de agosto de 2011. Institui o Regime Diferenciado de Contratações Públicas (RDC); altera a Lei 10.683, de 28 de maio de 2003, que dispõe sobre a organização da Presidência da República e dos ministérios e dá outras providências. *Diário Oficial da União,* Brasília, 5/11/2011, edição extra.

______.Lei Federal 12.619, de 30 de abril de 2012. Dispõe sobre o exercício da profissão de motorista; altera a Consolidação das Leis do Trabalho (CLT), aprovada pelo Decreto-Lei 5.452, de 1° de maio de 1943, e as leis 9.503, de 23 de setembro de 1997, 10.233, de 5 de junho de 2001, 11.079, de 30 de dezembro de 2004, e 12.023, de 27 de agosto de 2009, para regular e disciplinar a jornada de trabalho e o tempo de direção do motorista profissional; e dá outras providências. *Diário Oficial da União,* Brasília, 2/5/2012, p. 5.

______. Lei Federal 12.815, de 5 de junho de 2013. Dispõe sobre a exploração direta e indireta pela União de portos e instalações portuárias e sobre as atividades desempenhadas pelos operadores portuários; altera as leis 5.025, de 10 de junho de 1966, 10.233, de 5 de junho de 2001, 10.683, de 28 de maio de 2003, 9.719, de 27 de novembro de 1998, e 8.213, de 24 de julho de 1991; revoga as leis 8.630, de 25 de fevereiro de 1993, e 11.610, de 12 de dezembro de 2007, e dispositivos das leis 11.314, de 3 de julho de 2006, e 11.518, de 5 de setembro de 2007; e dá outras providências. *Diário Oficial da União,* Brasília, 5/6/2013. Edição extra.

______. Medida Provisória 576, de 15 de agosto de 2012. Altera as leis 10.233, de 5 de junho de 2001, e 12.404, de 4 de maio de 2011, para modificar a denominação da Empresa de Transporte Ferroviário de Alta Velocidade S.A. (ETAV) para Empresa de Planejamento e Logística S.A. (EPL) e ampliar suas competências. *Diário Oficial da União,* Brasília, 16/8/2012.

______. Governo Federal. Programa de Investimentos em Logística: rodovias e ferrovias. Brasília: s.n., 2012.

______. Ministério da Fazenda. Secretaria da Receita Federal. Instalações Portuárias Marítimas — Uso Público. 2013. Disponível em: <http://www.receita.fazenda.gov.br/Aduana/LocaisRecintosAduaneiros/InstPortuarias/Maritimas/MaritimoPublico.htm>. Acesso em: 18 out. 2013.

______. Ministério da Fazenda. Secretaria do Tesouro Nacional. Nota Técnica 663 STN/SEAE/MF. Taxa Interna de Retorno dos Estudos de Viabilidade

Econômico-Financeira da Terceira Etapa de Concessões Rodoviárias. Atualização dos dados referentes à Nota Técnica 56 STN/SEAE/MF, de 21 de outubro de 2008. Brasília, 17/8/2012.

______. Ministério dos Transportes. Departamento Nacional de Estradas de Rodagem (DNER). *Diagnóstico da capacidade gerencial e instalação dos órgãos rodoviários:* relatório síntese. Brasília, 1988, v. 1.

______. Ministério dos Transportes. *Organograma.* Brasília, 2012. Disponível em: <http://www.transportes.gov.br/conteudo/37149>. Acesso em: 17 ago. 2013.

______. *PNLT — Plano Nacional de Logística e Transporte*: permanente intermodal, participativo e integrado: um plano de estado nacional e federativo. Brasília, 2009.

______. Secretaria de Aviação Civil (SAC). *Organograma.* Brasília, 2013. Disponível em: <http://www.aviacaocivil.gov.br/acessoainformacao/institucional-1/organograma/2organograma.jpg>. Acesso em: 17 ago. 2013.

______. Secretaria Especial de Portos (SEP). *Organograma.* Brasília, 2013. Disponível em: <http://www.portosdobrasil.gov.br/acessoainformacao/institucional/organograma/>. Acesso em: 17 ago. 2013.

______. Secretaria Especial de Portos (SEP). *A Secretaria de Portos da Presidência da República (SEP/PR).* Brasília, 2013. Disponível em: <http://www.portosdobrasil.gov.br/acessoainformacao/institucional/sep/>. Acesso em: 17 ago. 2013.

______. Ministério das Cidades. *Organograma.* Brasília, 2013. Disponível em: <http://www.cidades.gov.br/index.php/o-ministerio/organogramamcid.html>. Acesso em: 17 ago. 2013.

BRUTO, Marcelo. "Oficina RDC". Apresentação. Encontro Nacional de Prefeitos e Prefeitas, Brasília, 2013.

BUENO, Eduardo. *Brasil: terra à vista!* A aventura ilustrada do descobrimento. Porto Alegre: L&PM, 2000, p. 112.

______. *Brasil: uma história* — A incrível saga de um país. São Paulo: Ática, 2003, p. 448.

______. *Brasil: uma história* — Cinco séculos de um país em construção. São Paulo: Leya, 2010, p. 480.

______. *Capitães do Brasil:* a saga dos primeiros colonizadores. Rio de Janeiro: Objetiva, 1999, p. 288.

______. *A coroa, a cruz e a espada*. Rio de Janeiro: Objetiva, 2006, p. 272.

______. *Náufragos, traficantes e degredados:* as primeiras expedições ao Brasil, 1500-1531. Rio de Janeiro: Objetiva, 1998, p. 204.

______. *Pau-brasil*. Rio de Janeiro: Axis Mundi, 2003, p. 280.

______. *A viagem do descobrimento:* a verdadeira história da expedição de Cabral. Rio de Janeiro: Objetiva, 1998, p. 140.

CALDEIRA, Jorge. *Mauá:* empresário do império. São Paulo: Companhia das Letras, c.1995, p. 557.

______. "O processo econômico". In SILVA, Alberto da Costa e (org.). *Crise colonial e independência:* 1808-1830. Rio de Janeiro: Objetiva, 2011, p. 161-204. (História do Brasil Nação: 1808-2010, v. 1).

CALÓGERAS, João Pandiá. *Formação histórica do Brasil*. 7ª ed. São Paulo: Companhia Editora Nacional, 1967, p. 388 (Brasiliana, v. 42).

CAMPOS, Helena Guimarães. *150 anos da estrada de ferro Central do Brasil (1858-2008)*. Disponível em: <http://www.ongtrem.org.br/artigos/arquivos/5/artigo_150_EFCB.htm>. Acesso em: 4/3/2013.

CAMPOS NETO, Carlos Alvares da Silva. "Panorama atual das concessões de rodovias no Brasil". Palestra. Brasília, abr. 2012.

CAMPOS NETO, Carlos Alvares da Silva et al. "Uma análise do transporte terrestre de cargas brasileiro". In *Brasil em desenvolvimento 2010*: Estado, planejamento e políticas públicas. v. 2. Brasília: Ipea, 2010, p. 357-378.

______. "Gargalos e demandas da infraestrutura ferroviária e os investimentos do PAC: mapeamento Ipea de obras ferroviárias". Brasília: Ipea, 2010, p. 42 (Texto para discussão).

______. "Gargalos e demandas da infraestrutura portuária e os investimentos do PAC: mapeamento Ipea de obras portuárias". Brasília: Ipea, 2009, p. 53 (Texto para discussão).

______. "Gargalos e demandas da infraestrutura rodoviária e os investimentos do PAC: mapeamento IPEA de obras rodoviárias". Brasília: Ipea, 2011, p. 62 (Texto para discussão).

______. "Investimentos na Infraestrutura de Transportes: avaliação do período 2002-2013 e perspectivas para 2014-2016". Brasília, Ipea, no prelo (Texto para discussão).

CAMPOS, Pedro Henrique Pedreira. "A ditadura dos empreiteiros: as empresas nacionais de construção pesada, suas formas associativas e o Estado ditatorial brasileiro, 1964-1965". Tese de doutorado. Universidade Federal Fluminense, Niterói, 2012, f. 584.

CARDOSO, Fernando Henrique. *Capitalismo e escravidão no Brasil meridional:* o negro na sociedade escravocrata do Rio Grande do Sul. 5ª ed. Rio de Janeiro: Civilização Brasileira, 2003, p. 384.

______. *O modelo político brasileiro e outros ensaios*. São Paulo: Difel, 1972. p. 211 (Corpo e Alma do Brasil, v. 35).

CARNEIRO, José Carlos. "Breve histórico das ferrovias no Brasil". Disponível em: <http://www.ihggs.org.br/index2.php?option=content&do_pdf=1&id=290>. Acesso em: 4/3/2013.

CARVALHO, Diego Francisco de. "Café, ferrovias e crescimento populacional: o florescimento da região noroeste paulista". *Histórica* (revista on-line do Arquivo Público do Estado de São Paulo), São Paulo, nº 27, p. 10-17, nov. 2007. Mensal. Disponível em: <http://www.arquivoestado.sp.gov.br/historica/edicoes_anteriores/pdfs/historica27.pdf>. Acesso em: 14/2/2013.

CASTRO, Newton de. "Os desafios da regulação do setor de transporte no Brasil". *Revista de Administração Pública*, Rio de Janeiro, v. 34, nº 5, p. 119-141, ago. 2000. Trimestral.

______. "Intermodalidade, intramodalidade e o transporte de longa distância no Brasil". Brasília: Ipea, 1995 (Texto para discussão).

CIARELLI, Mônica, DURÃO, Mariana e NEDER, Vinícius. "Chave para êxito de pacote é regulação". *O Estado de S. Paulo,* 18 ago. 2012.

CIGANA, Caio, e TREZZI, Humberto. "Agonia nas estradas". *Zero Hora*, Porto Alegre, 10 mar. 2013. Especial.

CLYDESDALE, Greg. *Cargas:* como o comércio mudou o mundo. Rio de Janeiro: Record, 2012, p. 434.

COIMBRA, Créso. *Visão histórica e análise conceitual dos transportes no Brasil.* Brasília: Ministério dos Transportes, 1974, p. 364.

"Companhias Docas de SP e RJ foram as que menos investiram em portos". *Veja*, São Paulo, 6 dez. 2012. Disponível em: <http://veja.abril.com.br/noticia/economia/companhias-docas-de-sp-e-rj-foram-as-que-menos-investiram-em-portos>. Acesso em: 2 nov. 2013.

COMPANHIA NACIONAL DE ABASTECIMENTO. *Produção brasileira de soja:* safra 2006/2007. Brasília: Conab, 2007.

______. *Produção brasileira de milho:* safra 2006/2007. Brasília: Conab, 2007.

COMPANHIA DOCAS DO MARANHÃO. *Institucional.* São Luiz: Codomar, 2013. Disponível em: <http://codomar.gov.br/institucional.php>. Acesso em: 19 ago. 2013.

CONFEDERAÇÃO NACIONAL DA INDÚSTRIA. *A indústria e o Brasil:* uma agenda para crescer mais e melhor. Brasília: CNI, 2010. p. 235.

CONFEDERAÇÃO NACIONAL DO TRANSPORTE. "Anexo 1 — Lei 8.630/93 e suas alterações" In ______. *Pesquisa CNT do transporte marítimo 2012.* Brasília: CNT, 2012, p. 220-236.

______. "Investimento federal em infraestrutura de transporte no Brasil: evolução recente e desafios". *Economia em Foco*, Brasília, p. 1-2, 24 maio 2013. Disponível em: <http://www.cnt.org.br/ImagensCNT/ECONOMIAFOCO/ECONOMIA_EM_FOCO_24_maio_2013.pdf>. Acesso em: 16 ago. 2013.

______. *Pesquisa CNT de rodovias 2013:* relatório gerencial. Brasília: CNT/Sest/Senat, 2013, p. 389.

______. *Pesquisa CNT do transporte marítimo 2012.* Brasília: CNT, 2012, p. 267.

______. *Projetos prioritários de duplicação de rodovias:* propostas de solução. Brasília: CNT, 2012, p. 92.

______. *Transporte de cargas no Brasil:* ameaças e oportunidades para o desenvolvimento do país: diagnóstico e plano de ação. Brasília: CNT, 2002.

______. *Transporte de cargas:* há espaço para maior recuperação em 2010. Brasília: CNT, 2009.

______. "O transporte dutoviário". *Economia em Foco,* Brasília, p. 1-2, 28 ago. 2013.

CORREA, J. Pedro. "2011 a 2020: as concessionárias de rodovias e a década mundial de ações de trânsito". Congresso Brasileiro de Rodovias e Concessões, jul. 2011, Foz do Iguaçu. *Anais eletrônicos.* Disponível em: <http://cbrcbrasvias.com.br/palestras/arquivos/Pal%20%20JPedro.pdf>. Acesso em: 17 jul. 2013.

CORREA, Vivian Helena Capacle, e RAMOS, Pedro. "A precariedade do transporte rodoviário brasileiro para o escoamento da produção de soja do

Centro-Oeste: situação e perspectivas". *Revista de Economia e Sociologia Rural,* Brasília, v. 48, nº 2, p. 447-472, abr./jun. 2012. Trimestral.

COSTA, Francisco. "Programa de concessões de rodovias federais do Brasil". Apresentação. Bogotá: Iniciativa de Integração da Infraestrutura Regional Sul-Americana, 2008.

CRISTINO, Leonidas. "Regulação do setor portuário". Congresso Brasileiro de Regulação, 8 ago. 2013, Fortaleza. Disponível em: <http://www.congressoabar.com.br/sala-de-imprensa/noticias/61-o-novo-marco-regulatorio-dos-portos-sera-apresentado-no-viii-congresso-brasileiro-de-regulacao>. Acesso em: 18 set. 2013.

CRUZ, Maria Cecília Velasco e. "O porto do Rio de Janeiro no século XIX: uma realidade de muitas faces". *Tempo,* Rio de Janeiro, v. 4, nº 8, p. 123-141, ago. 1999. Semestral.

DAHER, Andrea. *O Brasil francês:* as singularidades da França Equinocial — 1612-1615. Albert Stückenbrick (trad.). Rio de Janeiro: Civilização Brasileira, 2007, p. 358.

DANTAS, Haroldo Stewart. "Aventura na selva amazônica: a construção da rodovia Acre-Brasília". *Cadernos Rodoviários Aneor,* Brasília, v. 1, 1º maio 2007.

DANTAS, Haroldo Stewart, e ROCHA, Mário José Pinto Guedes. "A construção da Rodovia BR-101 Rio-Santos implantada entre a montanha e o mar". *Cadernos Rodoviários Aneor,* Brasília, 3 out. 2010.

D'ARAÚJO, Maria Celina Soares. *O segundo governo Vargas* — 1951-1954: democracia, partidos e crise política. Rio de Janeiro: Jorge Zahar Editor, 1982, p. 181 (política e sociedade).

DEAN, Warren. *A industrialização de São Paulo:* 1880-1945. 2ª ed. São Paulo: Difel, 1976, p. 269 (Corpo e Alma do Brasil, v. 33).

DEPARTAMENTO NACIONAL DE INFRAESTRUTURA DE TRANSPORTES. Diretoria de Infraestrutura Rodoviária. *Acompanhamento do programa Crema:* 1ª e 2ª etapas, 2012. Brasília: DNIT, 2012.

______. Ferroviário: histórico. Disponível em: <http://www.dnit.gov.br/ferrovias/historico>. Acesso em: 31/1/2013.

______. Diretoria de Infraestrutura Ferroviária. Relação de convênios ferroviários: com vigência no ano de 2012. Brasília, 2012. Disponível em: <http://pt.scribd.com/doc/136560013/Contratos-Vigentes-Atualizados>. Acesso em: 22 abr. 2013.

______. *RDC presencial com contratação integrada*: proposta do DNIT: estudo de caso (edital 489/2012-BR-163/PA e edital 542/2012-BR-101/PE). Brasília: DNIT, 2012, f. 8.

DIAS, Maria Odila Leite da Silva. *A interiorização da metrópole e outros estudos*. 2ª ed. São Paulo: Alameda, 2009, p. 163.

"Dilma sanciona MP dos Portos com 13 itens vetados". 2013. Disponível em: <http://g1.globo.com/politica/noticia/2013/06/dilma-sanciona-mp-dos-portos-com-13-vetos.html>. Acesso em: 5 jun. 2013.

DINIZ, Clélio Campolina. "Repensando a questão regional brasileira: tendências, desafios e caminhos". Desenvolvimento em Debate 3 — Painel: Distribuição de renda: redução de disparidades regionais. 2002. BNDES. Disponível em: <http://www.bndes.gov.br/conhecimento/públicacoes/catalago/liv_debate.asp>.

DURÃO, Mariana, CIARELLI, Monica, e TEREZA, Irany. "Pacote investe apenas 6% do que o país precisa para modernizar infraestrutura". *O Estado de S. Paulo*, 18 ago. 2012.

ELLIS JUNIOR, Alfredo. *O café e a paulistânia*. São Paulo: Universidade de São Paulo, 1951, p. 609. (Boletins da Brasileira, nº 13).

EMPRESA BRASILEIRA DE PLANEJAMENTO DE TRANSPORTE. *Avaliação da contribuição dos usuários rodoviários* — Relatório final: contribuição dos usuários e política de financiamento dos dispêndios públicos com a infraestrutura rodoviária. Brasília: Geipot, 1992, p. 119.

"EPL se equipa para tentar um milagre: ser uma estatal eficiente". *Veja*, São Paulo, 21 jun. 2013. Disponível em:<http://veja.abril.com.br/noticia/economia/epl-se-equipa-para-tentar-um-milagre-ser-uma-estatal-eficiente>. Acesso em: 25 dez. 2013.

FAORO, Raimundo. *Os donos do poder:* formação do patronato político brasileiro. 2ª ed. Porto Alegre: Globo, 1975, v. 2.

FEDERAÇÃO NACIONAL DOS ENGENHEIROS. *Nota técnica produzida para o projeto Cresce Brasil:*uma proposta de infraestrutura de transportes para o Brasil 2011-2014, com base na proposta 2007-2012. Consultores: Darc Costa e Raphael Padula. Brasília, 2009, p. 24.

FERNANDES, Florestan. *A revolução burguesa no Brasil:* ensaio de interpretação sociológica. 2ª ed. Rio de Janeiro: Jorge Zahar Editor, 1976, p. 413. (Biblioteca de Ciências Sociais)

"Ferronorte deve escoar quase o total da próxima safra de soja no MT". Disponível em: <http://transporteelogistica.terra.com.br/noticias/integra/188/ferronorte-deve-escoar-quase-o-total-da-proxima-safra-de-soja-no-mt>. Acesso em: 14 set. 2013.

"Ferrovia Transnordestina descarrila de vez". *Brasil 247*, 30 ago. 2013. Disponível em: <http://www.brasil247.com/pt/247/pernambuco247/113383/Ferrovia-Transnordestina-descarrila-de-vez.htm>. Acesso em: 14 set. 2013.

FIGUEIREDO, Leopoldo. "Livro narra a história das maiores companhias de navegação". *A Tribuna*, Santos, 21 jan. 2013. Disponível em: <http://www.atribuna.com.br/porto-mar/livro-narra-a-história-das-maiores-companhias-de-navegação-1.261467>. Acesso em: 1º abr. 2013.

FIGUEIREDO, Pedro Henrique Poli de. *A regulação do serviço público concedido*. Porto Alegre: Síntese, 1999, p. 87.

"Fiol volta a seguir o seu traçado". *Jornal Nova Fronteira*, Barreiras (BA), 26 ago. 2013. Disponível em: <http://jornalnovafronteira.com.br/index2.php?p=MConteudo&i=9371>. Acesso em: 16 set. 2013.

FLOR, Lincoln. "Role of Subsidies in PPPs: World Bank Experience". Apresentação. Transport Research Board Session nº 455, Washington DC, January 14th, 2013.

FONSECA, Bruno, e MOTA, Jessica. "BNDES: 44% dos financiamentos estão completamente às escuras". 2013. Disponível em: <http://economia.terra.com.br/bndes-44-dos-financiamentos-estao-completamente-as escuras,61a3b193ace92410VgnVCM4000009bcceb0aRCRD.html>. Acesso em: 28 nov. 2013.

FRISCHTAK, Cláudio Roberto. "O investimento em infraestrutura no Brasil: histórico recente e perspectivas". *Pesquisa e Planejamento Econômico*, Rio de Janeiro, v. 38, nº 2, p. 324-331, ago. 2008. Quadrimestral.

______. "O PAC e os desafios de infraestrutura". XIX Fórum Nacional. Chegou a vez do Brasil? Oportunidade para a geração de brasileiros que nunca viu o país crescer. Rio de Janeiro, 2007, f. 88 (Estudos e Pesquisas, nº 178).

FUKUYAMA, Francis (ed.). *Ficando para trás:* explicando a crescente distância entre América Latina e Estados Unidos. Rio de Janeiro: Rocco, 2010, p. 333.

FURTADO, Celso. *Formação econômica do Brasil.* São Paulo: Fundo de Cultura, 1964, p. 292 (Biblioteca Fundo de Cultura, Estante de Economia).

FURTADO, Clarissa. "Infraestrutura — O nó dos portos brasileiros". *Desafios do Desenvolvimento*, Brasília, v. 2, nº 8, 1º mar. 2005.

GALVÃO, Luís Eduardo. "Transportes no Brasil: atrasando o futuro".*Rumos*, ano XXII, nº 146, p. 24-33, mar. 1998.

GAZEN, Giovani. RDC — A licitação simplificada. Excepcionalidade (Copa do Mundo 2014; Jogos Olímpicos 2016; Obras aeroportos), f. 9. Disponível em: http://www.gazen.com.br/gazen/mostra_artigodica.php?id=33. Acesso em 23 set. 2013.

GIAMBIAGI, Fabio; PINHEIRO, Armando Castelar. *Além da euforia*: riscos e lacunas do modelo brasileiro de desenvolvimento. Rio de Janeiro: Elsevier, 2012, p. 279.

GIAMBIAGI, Fabio, e PORTO, Claudio (org.). *Propostas para o governo 2015/2018*: agenda para um país próspero e competitivo. Rio de Janeiro: Elsevier, 2013, p. 393.

GIAMBIAGI, Fábio, e TAFNER, Paulo. *Demografia*: a ameaça invisível — O dilema previdenciário que o Brasil se recusa a encarar. Rio de Janeiro: Elsevier, 2012, p. 198.

GIRALDI, Renata. "Governo libera R$ 455 milhões para estradas e ferrovias em decreto publicado no DO". *Agência Brasil*, 16 ago. 2012. Disponível em: <http://agenciabrasil.ebc.com.br/noticia/2012-08-16/governo-libera-r-455-milhoes-para-estradas-e-ferrovias-em-decreto-publicado-no-do. Acesso em: 23 fev. 2013.

GLENIA, Fabíola, e VELASCO, Clara. "Consórcio Planalto arremata concessão da BR-050". Disponível em: <http://g1.globo.com/economia/negocios/noticia/2013/09/consorcio-planalto-arremata-concessao-da-br-050.html>. Acesso em: 20 dez. 2013.

GOLDBERG, David Joshua Krepel. "Regulação do setor portuário no Brasil: análise do novo modelo de concessão de portos organizados". Dissertação de mestrado. Universidade de São Paulo, São Paulo, 2009, f. 225.

GOMES, Laurentino. *1808*: como uma rainha louca, um príncipe medroso e uma corte corrupta enganaram Napoleão e mudaram a história de Portugal e do Brasil. 2ª ed. São Paulo: Planeta, 2010, p. 367.

______. *1822*: como um homem sábio, uma princesa triste e um escocês louco por dinheiro ajudaram D. Pedro a criar o Brasil, um país que tinha tudo para dar errado. Rio de Janeiro: Nova Fronteira, 2010, p. 351.

GONÇALVES, José Manoel Ferreira, e MARTINS, Gilberto. "Raio X da produção, investimento e participação dos modais de transportes". *Revista Engenharia*, São Paulo, nº 591, p. 136-141, 2009. Bimestral.

GOULARTI FILHO, Alcides. "Abertura da navegação de cabotagem brasileira no século XIX". Encontro Regional de Economia. Associação Nacional dos Centros de Pós-Graduação em Economia, Porto Alegre, 2010. *Anais*. Porto Alegre: Anpe, 2010, p. 1-21.

______. "A trajetória da Marinha Mercante brasileira: administração, regime jurídico e planejamento". *Pesquisa & Debate*, São Paulo, v. 21, nº 2, p. 247-278, jul. 2010. Semestral.

______. "Melhoramentos, reaparelhamento e modernização dos portos brasileiros: a longa e constante espera". *Economia e Sociedade*, Campinas, v. 16, nº 3, p. 455-489, dez. 2007.

GRAHAM, Maria. *Diário de uma viagem ao Brasil: e de uma estada nesse país durante parte dos anos de 1821, 1822 e 1823*. São Paulo: Companhia Editora Nacional, 1956, 403 p. (Biblioteca Pedagógica Brasileira v. 8).

GUADALINI, Giuliano. "Infraestrutura: é preciso vencer essa guerra". *Veja*, São Paulo, nº 2.020, p. 82-94, 8 ago. 2007.

______. "A precariedade da infraestrutura no Brasil". *Veja*, São Paulo, nº 2.020, p. 80-82, 8 ago. 2007. Especial

GUERRA, Sérgio (org.). *Regulação no Brasil: uma visão multidisciplinar*. Rio de Janeiro: FGV, 2014, 416 p.

GUIA LOG. "Panorama do transporte rodoviário de cargas no Brasil". Disponível em: <http://www.guialog.com.br/y598.htm>. Acesso em: 27 mar. 2013.

GUIMARÃES, Carlos Gabriel. *A presença inglesa nas finanças e no comércio do Brasil Imperial*: o caos da sociedade bancária Mauá, MacGregor e Cia (1854-1866) e da firma inglesa Samuel Phillips & Cia (1808-1840). São Paulo: Alameda, 2012, p. 340.

GUIMARÃES, Eduardo Augusto de Almeida, e SALGADO, Lucia Helena. *A regulação no transporte rodoviário brasileiro*. Rio de Janeiro: Ipea, 2003, f. 23 (Notas Técnicas Ipea, 4).

HOLANDA, Sérgio Buarque de. *Caminhos e fronteiras*. 3ª ed. São Paulo: Companhia das Letras, 1994, p. 301.

______. *Monções*. 2ª ed. São Paulo: Alfa-Ômega, 1976. p. 163 (Biblioteca Alfa-Ômega de Ciências Sociais, Série 1ª História, v. 8).

______. *Raízes do Brasil*. 26ª ed. São Paulo: Companhia das Letras, 1995, p. 220.

______. *Visão do paraíso*: os motivos edênicos no descobrimento e colonização do Brasil. Rio de Janeiro: José Olympio, 1959, p. 412 (Documentos Brasileiros, v. 107).

HOLLOWAY, Thomas H. *Imigrantes para o café*: café e sociedade em São Paulo, 1886-1934. Rio de Janeiro: Paz e Terra, 1984, p. 297. (Estudos Brasileiros, v. 71).

INSTITUTO ILOS. *Custos logísticos no Brasil*. Rio de Janeiro: Ilos, 2012 (Panorama Ilos).

INSTITUTO DE PESQUISA ECONÔMICA APLICADA. *Panorama e perspectivas para o transporte aéreo no Brasil e no mundo*. Brasília: Ipea 2010.

______. *Rodovias brasileiras*: gargalos, investimentos, concessões e preocupações com o futuro. Brasília: Ipea, 2010, f. 56. (Comunicados Ipea, 52). (Série Eixos do Desenvolvimento Brasileiro).

______. *Rodovias brasileiras*: investimentos, concessões e tarifas de pedágio. Brasília: Ipea, 2012, f. 20 (Comunicados Ipea, 144).

IRIGOYEN, Jose Luis. "PPPs in Infrastructure: Worlwide Overview of Public-private Partnership Financing. Apresentação. Disponível em: <http://

assets.conferencespot.org/fileserver/file/41793/filename/39ge7i.pdf>. Acesso em: 18 abr. 2013.

JAGUARIBE, Hélio. *Desenvolvimento econômico e desenvolvimento político*: uma abordagem teórica e um estudo do caso brasileiro. Rio de Janeiro: Paz e Terra, 1969, p. 236 (Estudos sobre o Brasil e a América Latina, v. 8).

JOBIM, Nelson. Palestra de abertura do evento "Agergs 15 anos: a regulação em benefício da sociedade e do desenvolvimento do estado". Porto Alegre, 28 nov. 2013.

JUSTO, Marcelo. "A guerra dos portos". *Folha de S. Paulo*, 10 mar. 2013.

KOGAN, Jorge. "Experience with PPP Subsidies in Latin America". Transportation Research Board (TRB), 92nd Annual Meeting, Session 455. Washington DC, jan. 13-17, 2013.

KUHN, André. *Contratação de obras rodoviárias pelo RDC (Regime Diferenciado de Contratações)*. Brasília: DNIT. 2012.

LACERDA, Sander Magalhães. "Navegação de cabotagem: regulação ou política industrial?" *BNDES Setorial*, Rio de Janeiro, nº 19, p. 44-66, mar. 2004. Semestral.

LACOMBE, Francisco. Depoimento sobre Azevedo Antunes. Disponível em: <www.usp.br/pioneiros/n/arqs/fLacombe_aAntunes.doc>. Acesso em: 19 abr. 2013.

LAFER, Betty Mindlin. *Planejamento no Brasil*. 3ª ed. São Paulo: Perspectiva, 1975, p. 187. (Debates — Casa Economia).

LAMBERT, Jacques. *Os dois Brasis*. 4ª ed. São Paulo: Companhia Editora Nacional, 1969, p. 277. (Brasiliana, v. 335).

LANG, Aline Eloyse. "As ferrovias no Brasil e avaliação econômica de projetos: uma aplicação em projetos ferroviários". Dissertação de mestrado. Universidade de Brasília, Brasília, 2007, f. 154.

LAZZARINI, Sérgio G. *Capitalismo de laços:* os donos do Brasil e suas conexões. Rio de Janeiro: Elsevier, 2011, p. 184.

LIMONCIC, Flávio. "A civilização do automóvel: a instalação da indústria automobilística no Brasil e a via brasileira para uma improvável modernidade fordista 1956-1961". Dissertação de mestrado. Universidade Federal do Rio de Janeiro, Rio de Janeiro, 1997, f. 230.

LOBO, Carlos Augusto da Silveira. "Os terminais portuários privativos na Lei nº 8630/93". Rio de Janeiro, 2000. Disponível em: <http://www.loboeibeas.com.br/archives/1665>. Acesso em: 10 jun. 2013.

LOHBAUER, Rosane M. "O novo decreto sobre as concessões ferroviárias". 25 out. 2013. Disponível em: <http://www.pppbrasil.com.br/portal/content/artigo-o-novo-decreto-sobre-concess%C3%B5es-ferrovi%C3%A1rias>. Acesso em: 28 out. 2013.

LOPES, Simone Saisse, CARDOSO, Marcelo Porteiro, e PICCININI, Maurício Serrão. "O transporte rodoviário de carga e o papel do BNDES". *Revista do BNDES*, Rio de Janeiro, v. 14, nº 29, p. 35-60, jun. 2008. Semestral.

MANTELI, Wilen. "Administração portuária, a solução". 2012. Disponível em: <http://www.estadao.com.br/noticias/impresso,administracao-portuaria-a-solucao-,939392,0.htm>. Acesso em: 25 set. 2013.

———. *A nova abertura dos portos*: 1993 — A luta pela modernização dos portos brasileiros — Lei nº. 8.630. Porto Alegre: Palomas, 2010, p. 208.

MARINGÁ, João Dirceu N. Carvalho. "Um pouco sobre a história do concreto". 2008. Disponível em: <http://www.ebah.com.br/content/ABAAAAH4sAE/historia-concreto>. Acesso em: 27 fev. 2013.

MARQUESE, Rafael de Bivar. "A dinâmica da escravidão no Brasil: resistência, tráfico negreiro e alforrias, séculos XVII a XIX". *Novos Estudos Cebrap*, São Paulo, nº 74, p. 107-123, mar. 2006. Disponível em: <http://www.scielo.br/pdf/nec/n74/29642.pdf>. Acesso em: 27 fev. 2013.

MARCHETTI, Dalmo dos Santos, e PASTORE, Antonio. "Dimensionamento do potencial de investimentos para o setor portuário". Relatório Técnico, Rio de Janeiro, BNDES, 2006.

MARQUES NETO, Floriano de Azevedo. *Agências reguladoras:* instrumentos de fortalecimento do Estado. São Paulo: Associação Brasileira de Agências Reguladoras, 2003, p. 63.

MARTINS, José de Souza. "O corcoveio da estrada". *O Estado de S. Paulo*, 3 mar. 2013.

MATO GROSSO. Secretaria Extraordinária da Copa do Mundo Fifa 2014. "RDC Contratação Integrada nº 001/Secopa/2012". Cuiabá, 2012, f. 97.

MATOS, Odilon Nogueira de. *Café e ferrovias*: a evolução ferroviária de São Paulo e o desenvolvimento da cultura cafeeira. 4ª ed. Campinas: Pontes, 1990, p. 178.

MAWE, John. *Viagens ao interior do Brasil*. Belo Horizonte: Itatiaia/São Paulo: USP, 1978, p. 243 (Reconquista do Brasil, v. 33).

MELLONI, Eugenio. "As dores do crescimento". *Veja*, São Paulo, nº 52, p. 172-181, 29 dez. 2010.

MILLIET, Sergio. "*Roteiros do café e outros ensaios:* contribuição para o estudo da história econômica e social do Brasil". 4º ed. São Paulo: Hucitec, 1982, p. 183 (Estudos Rurais).

MIOTTO, Ricardo. "Cinco motivos econômicos para esperar novos congestionamentos". *Folha de S. Paulo*, 23 nov. 2013. Disponível em: <http://www1.folha.uol.com.br/mercado/2013/11/1375631-cinco-motivos-economicos-para-esperar-novos-congestionamentos.shtml>. Acesso em: 10 dez. 2013.

MONBEIG, Pierre. *Novos estudos de geografia humana brasileira*. São Paulo: Difel, 1957, p. 236.

MONDOLFO, Mário. "Regulação da concessão de rodovias federais". Apresentação em Brasília, ANTT, 2012.

MONTILHA, Paula Galdo. "O transporte aéreo de cargas no Brasil: conceitos, processos, infraestrutura do país, logística aplicada ao modal e panorama atual. Estudo de caso: DHL Express". Trabalho de conclusão de curso de graduação. Faculdade de Tecnologia da Zona Leste, São Paulo, 2007, f. 157.

MOTA, Carlos Guilherme (org.). *Brasil em perspectiva*. 16ª ed. Rio de Janeiro: Bertrand Brasil, 1987, p. 367 (Corpo e Alma do Brasil, v. 23).

NARLOCH, Leandro. *Guia politicamente incorreto da História do Brasil*. São Paulo: Leya, 2009, p. 319.

NARLOCH, Leandro, e TEIXEIRA, Duda. *Guia politicamente incorreto da América Latina*. São Paulo: Leya, 2011, p. 336.

NASSIF, Luis. "Os planos federais para a infraestrutura". *Carta Capital*, São Paulo, 21 out. 2013. Coluna Econômica. Disponível em: <http://www.cartacapital.com.br/economia/os-planos-federais-para-a-infraestrutura-6351.html>. Acesso em: 25 dez. 2013.

NÓBREGA, Carlos Alberto Wanderley. "O papel da matriz de transportes de cargas na eficiência da cadeia de logística do estado de São Paulo". Apresentação. São Paulo, Fiesp, 28 abr. 2003. Disponível em: <http://www.antaq.gov.br/portal/pdf/palestras/50-palestra%20fiesp.pdf> Acesso em: 23 jun. 2013.

Nota à imprensa do Ministério do Planejamento. "Ferrovia Norte-Sul e Porto de Santos". 22/4/2013. Disponível em: <http://www.pac.gov.br/noticia/cf48af41>. Acesso em: 14 set. 2013.

NUNES, Augusto. "A ferrovia Norte-Sul do Brasil Maravilha e a estrada de ferro que se arrasta no país real: monumento à gastança e à incompetência". *Veja*, São Paulo, 5 jun. 2013. Disponível em: <http://veja.abril.com.br/blog/augusto-nunes/o-pais-quer-saber/ferrovia-norte-sul-um-monumento-a-gastanca-e-a-incompetencia/>. Acesso em: 13 set. 2013.

NUNES, Ivanil. "Acumulação de capitais e sistemas de transportes terrestres no Brasil". In GOULARTI FILHO, Alcides, e QUEIROZ, Paulo Roberto Cimó (org.). *Transportes e formação regional*: contribuições à história dos transportes no Brasil. Dourados: UFGD, 2011, p. 11-39.

OLIVEIRA, Alessandra Pires Fiche de. "Considerações sobre o Regime Diferenciado de Contratações (RDC)". Apresentação no Rio de Janeiro, 2013.

OLIVEIRA, Gesner, OLIVEIRA FILHO, e Luiz Chrysostomo de (org.). *Parcerias público-privadas*: experiências, desafios e propostas. Rio de Janeiro: LTC, 2013, p. 409.

OLIVEIRA, Gesner, FUJIWARA, Thomas, e MACHADO, Eduardo Luiz. "A experiência brasileira com agências reguladoras". In SALGADO, Lucia Helena, e MOTTA, Ronaldo Seroa da (ed.). *Marcos regulatórios no Brasil*. Rio de Janeiro: Ipea, 2005, p. 163-198.

OLIVEIRA, Hércules Alberto de, PESSOA NETO, José Antonio, e TORRES, Rômulo Braz. "Regime Diferenciado de Contratações Públicas (RDC): a experiência da Infraero". Congresso Consad (Conselho Nacional de Secretários de Estado de Administração) de Gestão Pública, 6, 2013, Brasília (Painel 48/182: Experiências inovadoras na gestão de compras e contratos).

OLIVEIRA, Luciano Henrique da Silva. "Requisitos de legitimidade para a exploração dos terminais portuários privativos de uso misto no Brasil". Artigo Científico. Curso de Pós-Graduação em Controle Externo, Instituto Serzedello Corrêa do Tribunal de Contas da União, Brasília, 2011, f. 29. Disponível em: <http://portal2.tcu.gov.br/portal/pls/portal/docs/2432909.PDF>. Acesso em: 28 jul. 2013.

OLIVEIRA, Maria Chambarelli de. *Achegas à história do rodoviarismo no Brasil*. Rio de Janeiro: Memórias Futuras, 1986, p. 137.

OLIVEIRA, Ricardo Wagner Carvalho de. *Direito dos transportes ferroviários*. Rio de Janeiro: Lumen Juris, 2005, p. 264.

OTTA, Lu Aiko. "Estimativa de aporte em rodovias sobe 20%". *O Estado de S. Paulo*, 1° set. 2013. Disponível em: <http://www.estadao.com.br/noticias/impresso,estimativa-de-aporte-em-rodovias-sobe-20-,1070033,0.htm>. Acesso em: 15 set. 2013.

______. "Planalto liga fracasso de leilão a risco jurídico". *O Estado de S. Paulo*, 15 set. 2013. Disponível em: <http://www.estadao.com.br/noticias/impresso,planalto-liga-fracasso-de-leilao-a-risco-juridico-,1074906,0.htm>. Acesso em: 18 out. 2013.

PATRIANI, Luís, e CUNHA, Valdemir. *Paraíba do Sul*: história de um rio sobrevivente. São Paulo: Horizonte, 2010, p. 132.

PAULA, Dilma Andrade de. "Fim de linha: a extinção de ramais da Estrada de Ferro Leopoldina. Tese de doutorado. Universidade Federal Fluminense, Niterói, 2000, f. 356.

PAULA, Tomás Bruginski de, e REZENDE, Fernando (coord.). *Infraestrutura*: perspectivas de reorganização; transportes. Brasília: Ipea, 1998, v. 2.

PEREIRA, Olyntho Carmo. "Soluções de otimização da eficiência energética de uma ferrovia de carga: o caso da Estrada de Ferro Carajás (EFC). Dissertação de mestrado. Pontifícia Universidade Católica, Rio de Janeiro, 2009, f. 126.

PEREIRA, René. "Triunfo oferece 52% de deságio e vence leilão de rodovias". *O Estado de S. Paulo,* 5 dez. 2013, p. 1.

PEREIRA, René, e TEREZA, Irany. "BNDES compra 10,6% da Odebrecht TransPort". *O Estado de S. Paulo*, 24 dez. 2013. Disponível em: <http://agenciat1.com.br/bndes-compra-106-da-odebrecht-transport/>. Acesso em: 25 dez. 2013.

PEREIRA, Vicente P. M. Britto. "Desempenho do setor rodoviário: período 1967-1973. *Revista de Administração Pública*, Rio de Janeiro, v. 8, nº 1, p. 161-208, jan. 1974. Trimestral.

______. "Reordenação financeira e institucional do subsetor de infraestrutura rodoviário". Brasília: Ipea, 1998.

PESSOA, Lenildo Tabosa. *História da aviação comercial brasileira*. São Paulo: Rios, 1989, p. 235.

PESSOA, Ruy Silva. *Uma avaliação dos investimentos na infraestrutura rodoviária no período 1980/1989*. Brasília: Ipea, 1992, 15 p. (Texto para Discussão/Ipea 245).

PETRONE, Maria Thereza Schorer. *A lavoura canavieira em São Paulo*: expansão e declínio (1765-1851). São Paulo: Difel, 1968, p. 241 (Corpo e Alma do Brasil, 21).

PINHEIRO, Armando Castelar. "Reforma regulatória na infraestrutura brasileira: em que pé estamos". In SALGADO, Lucia Helena, e MOTTA, Ronaldo Seroa da (ed.). *Marcos regulatórios no Brasil:* o que foi feito e o que falta fazer. Rio de Janeiro: Ipea, 2005, p. 41-90.

PINHEIRO, Armando Castelar, e FRISCHTAK, Cláudio Roberto (org.). *Gargalos e soluções na infraestrutura de transportes*. Rio de Janeiro: FGV, 2014, 348 p.

PINTO, Lúcio Flavio. "Norte-Sul: ferrovia tortuosa". 2013. Disponível em: <http://valeqvale.wordpress.com/2013/08/09/norte-sul-ferrovia-tortuosa/>. Acesso em: 14 set. 2013.

"Plano Nacional de Logística Integrada ficará pronto em 2015, diz presidente da EPL". Brasília, 17 dez. 2013. Disponível em <http://agenciat1.com.br/plano-nacional-de-logistica-integrada-ficara-pronto-em-2015-diz-presidente-da-epl/#>. Acesso em: 25 dez. 2013.

PORTOPÉDIA. Ferronorte. Disponível em: <http://portogente.com.br/portopedia/ferronorte-78372> Acesso em: 14 set. 2013.

______. Transporte aquaviário. Disponível em:<http://portogente.com.br/portopedia/transporte-aquaviario-76574> Acesso em: 17 mar. 2013.

PRADO, Lafayette. "Política de transportes". *Revista de Administração Pública*, Rio de Janeiro, v. 8, nº 1, p. 27-44, jan. 1974. Trimestral.

PRADO FILHO, Hayrton Rodrigues do. "Por que no Brasil o transporte dutoviário é tão pequeno?" 2012. Disponível em: <http://qualidadeonline.wordpress.com/2012/08/14/por-que-no-brasil-o-transporte-dutoviario-e-tao-pequeno/>. Acesso em: 26 abr. 2013.

PRADO Júnior, Caio. *Formação do Brasil contemporâneo*: colônia. 15ª ed. São Paulo: Brasiliense, 1977, p. 390.

______. *História econômica do Brasil*. 10ª ed. São Paulo: Brasiliense, 1967, p. 338.

______. *A Revolução brasileira*. São Paulo: Brasiliense, 1966, p. 332.

PREBISCH, Raúl. *Dinâmica do desenvolvimento latino-americano*. Rio de Janeiro: Fundo de Cultura, 1964, p. 206.

PROENÇA, Jader Dias. "As políticas de investimentos públicos em infraestrutura e os desafios das agências de regulação no Brasil contemporâneo". Apresentação no evento AGERGS 15 anos — A regulação em benefício da sociedade e do desenvolvimento do estado, realizado em 28/11/2012 em Porto Alegre. Brasília, 2012. Disponível em: http://www.agergs.rs.gov.br/site/eventos_detalhe.php?idEvento=57.

PUPO JUNIOR, Theodoro de Almeida. "Modelos de concessões de rodovias em São Paulo". Congresso Brasileiro de Rodovias e Concessões (CBR&C 2011) e Exposição Internacional de Produtos para Rodovias (Brasvias 2011), jul. 2011, Foz do Iguaçu (PR). *Anais*. São Paulo: ABCR, 2011. Disponível em: <http://cbrcbrasvias.com.br/palestras/anaiscongresso/detalhe-palestra.php?id_pal=46>. Acesso em: 18 jan. 2012.

QUEIROZ, Cesar, e KERALI, Henry. "Uma análise de modelos institucionais para gestão de rodovias: lições para o mundo em desenvolvimento". The World Bank Group, Washington, DC, abr. 2010. Disponível em: <www.worldbank.org/transport>. Acesso em: 16 set. 2013.

QUEIROZ, Cesar, e PROZZI, Jorge. "Should governmental subsidies be provided for public-private partnership projects in Latin America? Transportation Research Board (TRB), 92nd Annual Meeting, Session 455. Washington, DC, jan. 14, 2013.

RAFALDINI, Vamberto Wagner. "História da Ferrovia Mogiana e sua trajetória no município de Mococa". *Revista Logos*, São José do Rio Pardo, nº 20, jul. 2012. Mensal.

REIS, Nestor Goulart. *Memória do transporte rodoviário*: desenvolvimento das atividades rodoviárias de São Paulo. São Paulo: Consultoria de Projetos e Artes, 1997, p. 150.

REVISTA DE ADMINISTRAÇÃO PÚBLICA. Edição especial sobre transportes. Rio de Janeiro: Fundação Getúlio Vargas, v. 8, nº 1, 1º jan. 1974. Trimestral.

RITTNER, Daniel. "Governo e EcoRodovias assinam concessão da BR-101 no ES". 17 abr. 2013. Disponível em:<http://www.valor.com.br/empresas/3090502/governo-e-ecorodovias-assinam-concessao-da-br-101-no-es#ixzz2qF2IJqGP>. Acesso em: 9 dez. 2013.

RODOVIAS BRASILEIRAS: gargalos, investimentos, concessões e preocupações com o futuro. Brasília: Ipea, 2010, f. 56 (Comunicados Ipea, 52) (Série Eixos do Desenvolvimento Brasileiro).

RODRIGUES, Nina. *Os africanos no Brasil.* 3ª ed. São Paulo: Companhia Editora Nacional, 1945, 435 p. (Biblioteca Pedagógica Brasileira, série 5ª, Brasiliana, v. 9)

ROMANINI, Carolina, VILICIC, Felipe, e MELO, Carolina. "Dá para fazer rápido, sim". *Veja*, São Paulo, ed. 2.177, nº 32, p. 84-87, 11 ago. 2010.

ROSA, Marcus Vinicius Figur da, SENNA, Luiz Afonso dos Santos, e LINDAU, Luis Antonio. "Concessões de rodovias: cenário brasileiro". Congresso de Pesquisa e Ensino em Transportes, 23, 9-13 nov. 2009, Vitória. Panorama nacional da pesquisa em transportes 2009: anais [recurso eletrônico]. Rio de Janeiro: Associação de Pesquisa e Ensino em Transportes, 2009, f. 12.

ROSSINI, José Carlos. *Rota de ouro e prata*. São Paulo: GPO, 1995, p. 183.

SAES, Flavio Azevedo Marques de. *As ferrovias de São Paulo:* 1870-1940. São Paulo: Hucitec, 1981, p. 199 (Estudos Históricos).

SAINT-HILAIRE, Auguste de. *Viagem ao Rio Grande do Sul*: 1820-1821. Belo Horizonte: Itatiaia, 1999, p. 215 (Reconquista do Brasil, v. 10).

______. *Viagem à Província de São Paulo e resumos das viagens ao Brasil, Província Cisplatina e Missões do Paraguay*. São Paulo: Martins/USP, 1972, p. 357. (Biblioteca Histórica Brasileira).

SALGADO, Lucia Helena, e MOTTA, Ronaldo Seroa da (ed.). *Marcos regulatórios no Brasil:* o que foi feito e o que falta fazer. Rio de Janeiro: Ipea, 2005, p. 404.

SALOMÃO, Alexa, e GAZZONI, Marina. "Concessões de infraestrutura mudam perfil das grandes construtoras". *O Estado de S. Paulo,* 1° dez. 2013. Disponível em: <http://www.estadao.com.br/noticias/impresso,concessoes-de-infraestrutura-mudam-perfil-das-grandes-construtoras-,1102802,0.htm>. Acesso em: 15 dez. 2013.

SALOMÃO, Alexa, e GERBELLI, Luiz Guilherme. "Investidor pode bancar só 15% dos custos em concessões". *O Estado de S. Paulo*, 17 set. 2013. Disponível em:<http://economia.estadao.com.br/noticias/economia-geral,investidor-pode-bancar-so-15-dos-custos-em-concessoes,164870,0.htm>. Acesso em: 20 set. 2013.

SANTOS, Leandro Bruno. "A indústria de cimento no Brasil: origens, conso lidação e internacionalização". *Sociedade & Natureza*, Uberlândia, v. 23, n° 1, p. 77-94, 1° abr. 2011. Semestral.

SANTOS, Luiz Wagner Mazzaro Almeida, e COSTA, Luiz Sergio Madeira da. "O RDC e outras mudanças recentes em licitações, contratos e convênios: impactos na auditoria de obras públicas, f. 11. Disponível em: <http://ibraop.org.br/XIVSinaop/docs/LuizWagner.pdf >. Acesso em: 18 jul.2013.

SANTOS, Silvio dos. "A febre dos canais". 2008. Disponível em: <http://portogente.com.br/colunistas/silvio-dos-santos/transporte-modal/a-febre-dos-canais-17986>. Acesso em: 27 maio 2008.

______. *Transporte ferroviário*: história e técnicas. São Paulo: Cengag e Learning, 2011, p. 246.

SÃO PAULO. Lei nº 43, de 31 de janeiro de 1947. Autoriza a cobrança da taxa de pedágio dos usuários da Via Anchieta e dá outras providências. *Diário Oficial do Estado de São Paulo*. 3ª ed. São Paulo: Imprensa Oficial, 4 jan. 1948.

______. Assembleia Legislativa. Lei nº 1.260, de 6 de janeiro de 1951. Autoriza o Poder Executivo a cobrar taxa de pedágio aos usuários da Via Anhanguera. *Diário Oficial do Estado de São Paulo*. 248ª ed. São Paulo, 7 jan. 1951. Disponível em: <http://www.al.sp.gov.br/repositorio/legislacao/lei/1951/lei-1260-06.11.1951.html>. Acesso em: 2 out. 2012.

______. Lei nº 2481, de 31 de janeiro de 1953. Dispõe sobre a instituição da taxa de pedágio a ser cobrada nas rodovias do estado. *Diário Oficial do Estado de São Paulo*. 295ª ed. São Paulo: Imprensa Oficial, 31 jan. 1953.

SCHROEDER, Élcio Mário, e CASTRO, José Carlos de. "Transporte rodoviário de carga: situação atual e perspectivas". *Publicações BNDES*, Rio de Janeiro, p. 1-13, dez. 1996. Disponível em: <http://www.bndes.gov.br/SiteBNDES/export/sites/default/bndes_pt/Galerias/Arquivos/conhecimento/revista/carga.pdf>. Acesso em: 12 ago. 2013.

SCHWARCZ, Lilia Moritz et al (coord.). *História do Brasil Nação 1808-2010: a construção nacional 1830-1889*. Rio de Janeiro: Objetiva, 2012, 328 p. v. 2. (História Contemporânea do Brasil).

SCHWARCZ, Lilia Moritz et al (coord.). *História do Brasil Nação 1808-2010: crise colonial e independência 1808-1830*. Rio de Janeiro: Objetiva, 2011, 280 p. v. 1. (História Contemporânea do Brasil).

SCHWARCZ, Lilia Moritz et al (coord.). *História do Brasil Nação 1808-2010: a abertura para o mundo 1889-1930*. Rio de Janeiro: Objetiva, 2012, 332 p. v. 3. (História Contemporânea do Brasil).

SCHWARCZ, Lilia Moritz et al (coord.). *História do Brasil Nação 1808-2010: olhando para dentro 1930-1964*. Rio de Janeiro: Objetiva, 2013, 312 p. v. 4. (História Contemporânea do Brasil).

SCHWARCZ, Lilia Moritz et al (coord.). *História do Brasil Nação 1808-2010: modernização, ditadura e democracia 1964-2010*. Rio de Janeiro: Objetiva, 2014, 320 p. v. 5. (História Contemporânea do Brasil).

SEMINÁRIO DESENVOLVIMENTO DE INFRAESTRUTURA DE TRANSPORTES NO BRASIL: PERSPECTIVAS E DESAFIOS, 2007, Brasília. *Desenvolvimento de infraestrutura de transportes no Brasil:* perspectivas e desafios. Brasília: TCU, 2007, p. 180. Disponível em: <http://portal2.tcu.gov.br/portal/pls/portal/docs/2059174.PDF>. Acesso em: 23 mar. 2013.

SERPA, Egídio. "Transnordestina: descaso e ineficiência". *Diário do Nordeste*, Fortaleza, 17 jun. 2013.

______. "Transnordestina: 450 km por ano". *Diário do Nordeste*, Fortaleza, 25 mar. 2013.

______. "Transnordestina escolhe construtora". *Diário do Nordeste*, Fortaleza, 23 mar. 2013.

______. "Transnordestina: R$ 4,1 milhões por km". *Diário do Nordeste*, Fortaleza, 22 mar. 2013.

______. "Transnordestina: R$ 8 milhões. *Diário do Nordeste*, Fortaleza, 15 mar. 2013.

______. Uma suspeita sobre a Transnordestina. *Diário do Nordeste*, Fortaleza, 22 mar. 2013.

______. "Transnordestina: acordo com dinheiro público". *Diário do Nordeste*, Fortaleza, 23 fev. 2013.

______. "Transnordestina: só com reestatização". *Diário do Nordeste*, Fortaleza, 11 set. 2012.

______. "Transnordestina vai atrasar mais". *Diário do Nordeste*, Fortaleza, 1º mar. 2012.

______. "Transnordestina: obras lentas no Ceará". *Diário do Nordeste*, Fortaleza, 24 fev. 2012.

SILVA, Alberto da Costa e (org.). *Crise colonial e independência:* 1808-1830. Rio de Janeiro: Objetiva, 2011, p. 280. (História do Brasil Nação: 1808-2010, v. 1).

SILVA, Clodomiro Pereira da. *Política e legislação de estradas de ferro*. São Paulo: Laemmert, 1904, v. 2.

______. *Evolução dos caminhos/Evolução das litovias*. São Paulo: Imprensa Oficial do Estado, 1943, p. 246. (Enciclopédia dos Transportes, Livro Segundo, v. 4).

______. *Evolução do transporte mundial*. São Paulo: Imprensa Oficial do Estado, 1940, 476 p. (Enciclopédia dos Transportes, Livro Primeiro, v. 1).

SIMONSEN, Roberto C. *Evolução industrial do Brasil e outros estudos*. São Paulo: Companhia Editora Nacional/USP, 1973, p. 479 (Brasiliana, v. 349).

______. *História econômica do Brasil* (1500-1820). 4ª ed. São Paulo: Companhia Editora Nacional, 1962, p. 475. (Brasiliana, v. 10).

SIMPÓSIO NACIONAL DE HISTÓRIA, 26, 2011, São Paulo. *Rio de Janeiro*: porto e cidade. São Paulo: Associação Nacional de História, 2011, p. 11.

STANDAGE, Tom. *História do mundo em 6 copos*. Rio de Janeiro: Jorge Zahar Editor, 2005.

STEIN, Stanley J. *Grandeza e decadência do café no Vale do Paraíba*: com referência especial ao município de Vassouras. São Paulo: Brasiliense, 1961, p. 372.

TAUNAY, Affonso de E. *História das bandeiras paulistas*. 3ª ed. São Paulo: Melhoramentos, 1975, p. 337, v. 3. (Memória Brasileira — Tomo I).

______. *História das bandeiras paulistas*. 3ª ed. São Paulo: Melhoramentos, 1975, p. 318, v. 3. (Memória Brasileira — Tomo II).

______. *História das bandeiras paulistas*: relatos monçoneiros. 3ª ed. São Paulo: Melhoramentos, 1975, p. 290, v. 3. (Memória Brasileira — Tomo III).

TEREZA, Irany, e PITTA, Antonio. "A briga agora é pelas companhias aéreas" *O Estado de S. Paulo*, 23 nov. 2013. Disponível em: <http://www.estadao.com.br/noticias/impresso,a-briga-agora-e-pelas-companhias-aereas-,1099749,0.htm>. Acesso em: 30 nov. 2013.

TOLEDO, Vera Vilhena, BRANCATELLI, Maria Odette, e LOPES, Helena. *A riqueza nos trilhos*: história das ferrovias no Brasil. São Paulo: Moderna, 1998, p. 96. (Desafios).

TOLOSA, Hamilton C. (coord.). *Os efeitos da infraestrutura no crescimento da economia brasileira*. Rio de Janeiro: Cicepot/CBIC, 1992, p. 115.

TORRES, Benício. "Um balanço das concessões rodoviárias brasileiras". Apresentação. 2008. Disponível em: http://www.ppp.mg.gov.br/eventos/downloads-de-imagens-para-evento-28-de-agosto/Um%20Balanco%20da%20Concessoes%20Rodoviarias%20Brasileiras.pdf/view. Acesso em: 15 abr. 2013.

"Trecho da BR-163, em Mato Grosso, é concedido com deságio de 52% na tarifa de pedágio". Disponível em: <http://blog.planalto.gov.br/tre-

cho-da-br-163-em-mato-grosso-e-concedido-com-desagio-de-52-na-tarifa-de-pedagio/>. Acesso em: 20 dez. 2013.

TRIBUNAL DE CONTAS DA UNIÃO. Projeto de aperfeiçoamento do controle externo da regulação do TCU/Sefid. "Relatório sobre os estudos para desenvolvimento do modelo de fiscalização da regulação técnica do setor ferroviário — produto 3". Brasília, 16 out. 2007, p. 22-58.

TRUJILLO, Lourdes, e NOMBELA, Gustavo. *Privatization and Regulation of theseaport Industry*. Washington: The World Bank, 1999.

"Usando a cabotagem, empresa tira 94 mil caminhões da estrada e reduz drasticamente a emissão de CO2". 24 maio 2012. Disponível em: <http://pedesenvolvimento.com/2012/05/24/usando-a-cabotagem-empresa-tira-94-mil-caminhes-da-estrada-e-reduz-drasticamente-a-emisso-de-co2/>. Acesso em: 27 jul. 2013.

VALEC ENGENHARIA, CONSTRUÇÕES E FERROVIAS S.A. "Conheça a Valec". Brasília, 2013. Disponível em: <http://www.valec.gov.br/ConhecaQuemSomos.php>. Acesso em: 19 ago. 2013.

______."Ferrovia de integração Oeste-Leste". Brasília, 2013. Disponível em: <http://www.valec.gov.br/FerroviasFiol.php>. Acesso em: 13 set. 2013.

______. "Trecho Açailândia (MA)-Palmas (TO)" Brasília, 2013. Disponível em: <http://www.valec.gov.br/FerroviasFNSAcailandia.php>. Acesso em: 13 set. 2013.

______."Trecho Ouro Verde (GO)-Estrela d'Oeste (SP) — Extensão Sul". Brasília, 2013. Disponível em: <http://www.valec.gov.br/FerroviasFNSOuroVerde.php>. Acesso em: 13 set. 2013.

______."Trecho Palmas (TO)-Anápolis (GO)". Brasília, 2013. Disponível em: <http://www.valec.gov.br/FerroviasFNSPalmas.php>. Acesso em: 13 set. 2013.

VELOSO, Fernando et al. (org.). *Desenvolvimento econômico*: uma perspectiva brasileira. Rio de Janeiro: Elsevier, 2013, p. 449.

VELLOSO, João Paulo dos Reis (coord.). *A crise global e o novo papel mundial do Brics*. Rio de Janeiro: José Olympio, 2009, p. 419.

VELLOSO, Raul et al. *Infraestrutura*: os caminhos para sair do buraco. Rio de Janeiro: Instituto Nacional de Altos Estudos, 2012, p. 136.

VIANNA, Geraldo. *O mito do rodoviarismo brasileiro*. 2ª ed. São Paulo: NTC& Logística, 2007, p. 72.

WARTH, Anne L. A. "Governo contestará decisão do TCU sobre ferrovia". 25 dez. 2013. Disponível em: <http://agenciat1.com.br/governo-contestara-decisao-do-tcu-sobre-ferrovia/>. Acesso em: 25 dez. 2013.

WIKIPÉDIA. "Ferrovia Norte-Sul". 2013. Disponível em: <http://pt.wikipedia.org/wiki/Ferrovia_Norte-Sul>. Acesso em: 14 set. 2013.

______. "Macadame". 2013. Disponível em: <http://pt.wikipedia.org/wiki/Macadame>. Acesso em: 27 fev. 2013.

______. "Transnordestina". 2013. Disponível em: <http://pt.wikipedia.org/wiki/Transnordestina>. Acesso em: 11 set. 2013.

______. "Transporte aéreo no Brasil". 2013. Disponível em:<http://pt.wikipedia.org/wiki/Transporte_a%C3%A9reo_no_Brasil>. Acesso em: 21 mar. 2013.

______. "Transporte ferroviário no Brasil". 2013. Disponível em: <http://pt.wikipedia.org/wiki/Transporte_ferrovi%C3%A1rio_no_Brasil>. Acesso em: 31 jan. 2013.

______. "Transporte ferroviário nos Estados Unidos". 2013. Disponível em: <http://pt.wikipedia.org/wiki/Transporte_ferrovi%C3%A1rio_nos_Estados_Unidos>. Acesso em: 27 abr. 2013.

WIZIACK, Julio, e BARBOSA, Mariana. "Manobra ajudou Odebrecht no Galeão". *Folha de S. Paulo*, 1º dez. 2013. Disponível em: <http://www1.folha.uol.com.br/mercado/2013/12/1379038-manobra-ajudou-odebrecht-no-galeao.shtml>. Acesso em: 15 dez. 2013.

WRIGHT, Charles Leslie. *País rodoviário e outros mitos*. Brasília: Ipea/Iplan, 1990, p. 24 (Nota para Discussão Ipea/Iplan 10).

ZANATA, Mauro. "EBP tem pagamentos suspensos pela Justiça". *O Estado de S. Paulo*, 12 nov. 2013. Economia & Negócios. Disponível em: <http://economia.estadao.com.br/noticias/economia-geral,ebp-tem-pagamentos-suspensos-pela-justica,169981,0.htm>. Acesso em: 15 dez. 2013.

______. "Governo prepara pacote de R$ 28 bi para rodovias". *O Estado de S. Paulo*, 8 dez. 2013. Economia & Negócios. Disponível em: <http://www.

estadao.com.br/noticias/impresso,governo-prepara-pacote-de-r-28-bi-para-rodovias-,1105755,0.htm>. Acesso em: 15 dez. 2013.

______. "Ministério Público pede fim de 'privilégios' da EBP". *O Estado de S. Paulo*, 14 nov. 2013. Economia & Negócios. Disponível em: <http://economia.estadao.com.br/noticias/economia-geral,ministerio-público-pede-fim-de-privilegios-da-ebp,170118,0.htm>. Acesso em: 15 dez. 2013.

Este livro foi composto na tipologia Sabon Lt Std,
em corpo 10,5/15,5, e impresso em papel
off-white no Sistema Cameron da Divisão
Gráfica Distribuidora Record.